Wolfgang Victor Ruttkowski

Das literarische Chanson in Deutschland

Eine Gattungsanalyse

Meiner Mutter

Ruttkowski, Wolfgang Victor:
Das literarische Chanson in Deutschland. Eine Gattungsanalyse

1. Auflage 1966 | 2. unveränd. Auflage 2013
ISBN: 978-3-86815-576-1
© IGEL Verlag Literatur & Wissenschaft, Hamburg, 2013
Alle Rechte vorbehalten.
www.igelverlag.com

Printed in Germany

Igel Verlag Literatur & Wissenschaft ist ein Imprint der Diplomica Verlag GmbH
Hermannstal 119 k, 22119 Hamburg
Printed in Germany

Die Deutsche Bibliothek verzeichnet diesen Titel in der Deutschen Nationalbibliografie.
Bibliografische Daten sind unter http://dnb.d-nb.de verfügbar.

Vorbemerkung zur 2. Auflage

1966 erstmals erschienen, schloss dieses grundlegende Werk
eklatante literaturwissenschaftliche Lücken. Bis heute ist es
als einführendes und gattungsbeschreibendes Werk einzigartig,
so dass mit der Neuauflage eine Standardlektüre
endlich wieder greifbar ist.

Einleitung

1. Diese Untersuchung ist einer Gattung gewidmet, die bisher nicht wissenschaftlich beschrieben wurde: dem literarischen Chanson[1]. Schon dieser Satz ist problematisch. Es gilt nämlich zu fragen, in welchem Sinn wir das Chanson als *Gattung* bezeichnen dürfen. Jedenfalls nicht – darüber belehrt uns schon ein flüchtiger Blick auf die Repertoires bedeutender Chansonniers[2] – im Sinn einer festen Sprachstruktur (wie das Sonett) oder auch nur eines typischen Gehaltes (wie Volkslied und Ballade).

Also wäre das Typische in der Darbietungsform zu suchen; von der Vortragssituation (dem Raum, dem Publikum, dem Interpreten selbst) müßten sich die Wesenszüge des Chansons ableiten und erklären lassen. Denn es ist eine Vortragskunst, für den Vortrag konzipiert, und in der Darbietung mit Musik und Mimik erst wird es voll verwirklicht. Auch wo ursprünglich kabarettfremde Texte zum Chanson *kreiert* werden[3], sind sie nach ihrer Vortragseignung ausgesucht. Wir haben deshalb die doppelte Möglichkeit zu beobachten, welche Eigenschaften a) unmittelbar für den Vortrag geschriebene Texte auszeichnen, b) den Interpreten reizen können, andere Texte zu Chansons zu kreieren. – Wir verstehen nun auch, warum häufig literarisch wertlose Texte durch die Kunst des Vortragenden zu bedeutenden Chansons werden.

Die Arbeit soll aber dennoch keine Anleitung zum Chansonvortrag[4] und keine Geschichte des Kabaretts[5] sein, auch wenn in ihr darüber unter anderem gesprochen wird. Sie soll zum erstenmal versuchen, eine Gattung zu überschauen, für die in Deutschland seit 1901 viele bedeutende Autoren geschrieben haben und die ihrerseits andere Zweige der Literatur beeinflußt hat.

Da dieses Buch zuerst einmal die Beschreibung einer bisher wenig beachteten Gattung sein will und sich auf einen handlichen Umfang beschränken muß, kann es dem Spezia-

Einleitung

listen nur einen Überblick über die mit den Vortragsgattungen verbundenen Probleme geben. Auf den historischen Hintergrund der einzelnen Kabaretts und Zirkel, in denen Chansons entstanden sind, kann nur kurz eingegangen werden. Besonders mußte auf den Nachweis ähnlicher Tendenzen in anderen Bereichen der Literatur zu gleicher Zeit verzichtet werden.

Verschiebungen der künstlerischen Zielsetzung um die Jahrhundertwende – zum Beispiel die sich in Bierbaums Programm anzeigenden Ideale der Synthese verschiedener Künste, der Spontaneität, des direkten Publikumsbezuges und der Aktualität – haben nicht nur im Kabarett ihren Ausdruck gefunden. Eine literarsoziologische Studie könnte allein die Rolle des Kabaretts als erste Experimentier- und Bewährungsstätte für junge Schriftsteller untersuchen. Auch, wieweit der Einfluß französischer Vorbilder auf die ersten deutschen Chansonniers nun wirklich im einzelnen reicht, ist noch nicht genau genug erforscht worden. Legenden haben sich hier bereits eingeschlichen, und auch Budzinskis Kabarettgeschichte ist nicht frei davon.

Wie meist auf Neuland, stellt sich uns das methodische Problem: Wie beschreiben wir ein Phänomen, für das es noch keine Normen gibt? Womit beginnen wir: mit der Geschichte des Chansons, – ohne zu wissen, was eigentlich ein Chanson ist? Oder mit einer Beschreibung, – ohne zugleich die Gesamtheit seiner geschichtlichen Ausformungen und Varianten im Blick zu haben?

Wir helfen uns, indem wir der historischen Betrachtung ein Kapitel voranstellen, in dem das Chanson aus seinen allgemeinen Voraussetzungen (Raum, Publikum, Interpreten etc.) soweit beschrieben wird, wie das ohne Betrachtung seiner Einzelformen möglich ist. Diese allgemeinen Beobachtungen sollen uns wie eine «Arbeitsdefinition» den richtigen Blickwinkel für den historischen Teil geben.

Wer heute ein Chanson schreibt oder kreiert, kennt Vorbilder. Auch wenn er versucht, nichts zu imitieren, kann er ihrem Einfluß nicht entgehen. So wirken – beson-

Einleitung

ders jetzt durch Rundfunk und Schallplatte – klassische Chansons bis heute. Wenn wir davon ausgehen, daß sich ihre verwirrende Vielfalt hauptsächlich unter dreierlei Einflüssen entwickelt hat: dem des *Podiums* (worunter wir Raum, Milieu, Publikum, Zensur und ähnliche Faktoren verstehen), dem *literarischer Vorbilder* und dem schöpferischer *Interpreten* – so ergibt sich für die einzelnen Kapitel etwa folgender Aufbau: a) historische Einleitung, Beschreibung des Podiums, b) die wichtigsten, das heißt formschöpferischen und später nachgeahmten, Interpreten, c) die wichtigsten Texter und gelegentlich die Musik, wo diese sich auf die Textgestalt auswirkt, d) wenigstens ein repräsentatives Beispiel wird interpretiert, e) Nachahmungen dieser Form und Mischungen mit anderen werden kurz erwähnt. Die Reihenfolge kann sich natürlich ändern.

Auch wird die Gliederung dieser Kapitel durch viele Überschneidungen erschwert: bedeutende Vorbilder haben häufig mehrere Texter beeinflußt (Villon zum Beispiel Klabund und Brecht). Die meisten Texter und Interpreten haben sich an verschiedenen Chansonformen erfolgreich versucht. (Yvette Guilbert sang mondäne Kokottenlieder ebenso gut wie lyrische Volksliedchen. Kurt Tucholsky schrieb das poetische Japanlied und sozialistische Songs.) In den Cabarets sind unterschiedliche Chansonstile gleichzeitig gepflegt worden, schon um der Monotonie zu entgehen. (Erst im modernen deutschen Kabarett sind fast alle Nummern politisch. Bei den «Elf Scharfrichtern» folgte Wedekind mit seinen zynischen Gesängen der Delvard, die etwa eine französische Volksballade vortrug.)

Wir müssen deshalb stark vereinfachen, indem wir jeweils die neuen und typischen Ausprägungen genauer beschreiben und die schon traditionellen Formen nur nebenbei erwähnen. Auch kann auf die äußerst bunte Kabarettgeschichte – besonders auf die Flut von Neugründungen und Pleiten seit dem ersten Weltkrieg – nicht mehr eingegangen werden, als für die Beschreibung der typischen Lebensformen des Chansons notwendig ist.

Einleitung

2. Nach dem Vorigen ist klar, daß man seine Erfahrungen mit dem Chanson nicht ausschließlich an Texten gewinnen kann. Wir werden zeigen, daß man zum Beispiel verschiedene metrische Eigenheiten erst von der Schallform her verstehen kann. Mir stand eine private Sammlung von etwa 800 Tonaufnahmen zur Verfügung. Außerdem konnte ich in Wien, Berlin, München und Paris die bedeutendsten lebenden Chansonniers hören. Ihre Texte sind zum größten Teil nicht veröffentlicht und nur nach Bandaufnahmen aufzuzeichnen. Da das Chanson und verwandte Vortragsgattungen bisher von der Literaturwissenschaft kaum beachtet wurden, gibt es darüber keine ernsthafte Literatur. Gelegentlich wird in feuilletonistischen Aufsätzen und Büchern über das Kabarett eine Bemerkung über ein Chanson gemacht.

Da die Literatur zu diesem Themenkreis außerordentlich schwierig aufzufinden und zu sondieren ist, gebe ich eine ausführliche Bibliographie. Um schließlich dem Interessierten die Begegnung mit der Schallform des Chansons zu erleichtern, füge ich auch eine Diskographie bei.

Für Verbesserungsvorschläge und freundliche Hilfe beim Korrekturlesen danke ich herzlich Herrn Prof. Dr. H. S. Reiss (Universität Bristol), Fräulein Dr. Trudis Reber (McGill University, Montreal) und den Herren Klaus Weißenberger, Jürgen Walter und Bramy Resnik (University of Southern California, Los Angeles).

Allgemeine Voraussetzungen: Die Lebensform des Chansons

1. Wir beginnen mit Feststellungen, die jedem bekannt sind: Das Chanson gehört zu den Solo-Vortragsformen. Darin ist es mit Kunstlied und Arie vergleichbar. Wie diese hat es eine begrenzte Dauer (im Durschschnitt 4 Minuten) und wird von Musik, Klavier, Guitarre oder Orchester, begleitet. DER VORTRAGENDE ist aber nicht, wie bei Kunstlied und Arie, ein Sänger mit ausgebildeter Stimme, sondern meist ein musikalischer Dilettant. Schauspieler, Maler und Dichter wurden zu Interpreten der ersten Chansons[6]. Deren Mitteln wäre es schlecht angemessen, fortwährend zu singen. Es würde lächerlich, unvollkommen, auf die Dauer peinlich wirken. Der Chansonnier und die Diseuse[7] bedienen sich besser der melodramatischen[8] Rezitation, aller Arten des Sprechgesanges, und überlassen der Begleitung die musikalische Gestaltung[9]. Nur gelegentlich werden ein Refrain oder eine lyrische Stelle durch Gesang vom übrigen abgehoben. So erklärt sich wohl auch der Name *literarisches*[10] Chanson: er meint musikalisch-mimisch dargebotene Literatur. Durch den Neutrum-Artikel heben wir das Kabarettchanson von allen anderen Arten des französischen Liedes ab.

2. Singende und deklamierende Dilettanten, deren Stimme nicht sitzt wie beim ausgebildeten Sänger, werden in besonderem Maß von akustischen Verhältnissen des RAUMES[11] abhängig sein, in dem sie vortragen. Das Chanson entwickelte sich in den Kneipen des Montmartre und dessen deutschen Imitationen, das heißt in kleinen bis mittelgroßen Räumen mit intimer Atmosphäre. Erst später wurde es in die Music Halls, Shows und die unpersönlichen Funkstudios verpflanzt und hatte seine Schallform dem neuen Rahmen anzupassen[12]. Der normale – und wie vielfach erwiesen[13] – dem Chanson günstigste Rahmen ist

Allgemeine Voraussetzungen

jedoch das Podium eines Nachtlokals oder Kabaretts mit nicht mehr als 200 Zuhörern. Das bedeutet, daß der Vortragende nicht sehr laut zu singen braucht und daß jeder die Mimik seines Gesichtes noch ohne Opernglas erkennen kann. Der musikalische Dilettant, der singende Schauspieler kann also durch mimische Gestaltung ersetzen, was ihm an Stimme abgeht. Aber er darf auch nicht übertreiben, denn im intimen Rahmen wirkt jede große Gebärde übertrieben und peinlich. Das Pathos des Opernsängers ist im Kabarett unmöglich. Die Chansonniers werden durch ihr Podium gezwungen, die Kunst der Untertreibung und der feinen Nuance zu entwickeln. Die Texter aber müssen den Chansonniers Texte mit Möglichkeiten zur interessanten mimischen Gestaltung schreiben. Im Idealfall, besonders heute noch in Frankreich[14], sind Texter und Interpreten dieselben Personen. Der Raum beeinflußt bei den Vortragsgattungen auf diese Weise den Text.

3. Aber nicht nur der Raum, sonder auch DAS PUBLIKUM spielt eine entscheidende Rolle. Dieses bestand in den ersten Cabarets aus Bohemiens und décadents des fin de siècle, Großstadtmenschen, die das Raffinement schätzten. Zu diesen gesellten sich dann neugierige Bürger, die sich von der fremden Welt angenehm schockieren ließen. Die Stammgäste der ersten Cabarets in Frankreich und Deutschland kannten sich[15]. Man konnte sich ansprechen. Wenn einer aus ihrer Mitte aufstand, um etwas vorzutragen, sang er für seinesgleichen. Das ermöglichte ihm die feine Pointe und Anspielungen, die verstanden wurden. Vortragende und Zuhörer waren keine naiven Menschen. So mußten auch ihre Gesänge im Stoff wie in der Schallform die Merkmale des Reflektierenden, Gespaltenen aufweisen. Wenn man naiv[16] vortrug, etwa Rokoko-Schäferlieder oder schaurige Volksballaden und Bänkelsang, tat man es gleichsam mit einer Maske, hinter der man sich eine Weile verbirgt und gefällt. Auch die Sentimentalität wurde vielfach durch Selbstironie gebrochen, was man den Texten allein nicht immer ansehen kann. Der Distanz in der Sprechhal-

Die Lebensform des Chansons

tung entsprechen einige Eigentümlichkeiten der Schallform: Als ob sich die *Gespaltenheit* des Vortragskünstlers auch in den äußerlichsten Merkmalen manifestieren wolle, zerfällt auch die Schallform in zwei oder mehrere Stile, Sprache und Gesang und alle ihre Mischungen. Typisch scheint auch die immer wieder begegnende überpräzise Artikulation zu sein, die schon Hermann Bahr an Wedekind auffiel[17].

4. Den Chansonnier verband mit seinem Publikum vor allem die mehr oder weniger versteckte Opposition gegen gesellschaftliche Tabus und gegen die staatliche Zensur. Im intimen Raum und unter seinesgleichen mußte er deshalb die Kunst des Ungesagten oder Halbgesagten und vom Hörer schmunzelnd Ergänzten entwickeln, die Andeutung durch Wortspiel, Reimassoziation und Gebärde. Alles mußte und muß ihm darauf ankommen, den KONTAKT MIT DEM HÖRER herzustellen und während seines Vortrags zu erhalten.

5. Darum wird der Chansonnier sich Texte aussuchen, die ihm besonders viele MÖGLICHKEITEN geben, DEN HÖRER UNMITTELBAR ANZUSPRECHEN. Aber auch das ununterbrochene Ansprechen könnte langweilig werden. Wichtiger noch ist, daß der Text dem Interpreten die Möglichkeit gibt, seine Sprechhaltung und Sprechrichtung zu variieren: in den wörtlichen Reden, in gegliederten Strophenformen mit gegliederter Sprechrichtung und vor allem im Refrain.

Alle Arten von Sprachgebärden werden dem Vortragskünstler willkommen sein, weil sie ihm die Möglichkeit zur Gebärdensprache geben: Variation von Blickrichtung, Stimmtimbre und Lautstärke. Durch Kontraste des Sprachrhythmus innerhalb der Strophe wird dem Musiker ein Wechsel in der Begleitung nahegelegt. Dieser bewirkt wiederum eine veränderte Haltung des Interpreten, so daß im guten Chanson von allen Seiten (Texter, Musiker, Interpreten) zur Verlebendigung durch Kontrast und Nuance beigetragen wird. Aber die Mimik des Gesichtes und der Hände wird sparsam, das heißt präzise und verhalten, angewandt. Auch das Kostüm und Dekor, wenn überhaupt benötigt, neigen zur Stilisierung. Das hat äußere und innere

Allgemeine Voraussetzungen

Gründe: Der Chansonnier kann sich meist keinen Aufwand leisten und muß deshalb improvisieren. In den intimen Cabarets würde außerdem jeder Aufwand übertrieben wirken. Vor allem aber darf der Hörer nicht vom Wesentlichen abgelenkt werden: dem Vortrag mit Musik.

Die Rolle der Musik darf allerdings nicht unterschätzt werden. Die Begleitung kann den Gehalt eines Chansons erst richtig zur Wirkung bringen, sie kann ihn aber auch verdecken[18]. Sie gibt – vor allem im Refrain – dem Chanson das, was den Hörer emotional anspricht: zum Beispiel den mondän einschmeichelnden, den humoristisch verspielten oder den agitatorisch aufpeitschenden Charakter. Schon das musikalische Vorspiel ist außerordentlich wichtig! Es besorgt die Einstimmung sowohl des Publikums als auch des Interpreten selbst auf den Vortrag, wie noch an einem Beispiel gezeigt werden wird[19]. Häufig werden schlechte Texte durch gute Musik bekannt und beliebt, niemals aber gute Texte trotz schlechter Musik. Raum und Stimmittel des Interpreten gebieten der Musikbegleitung eine Beschränkung an Umfang (ein Instrument oder eine kleine Combo sind die Regel) und äußerste Schmiegsamkeit in Tempo und Lautstärke.

6. Es macht einen Unterschied, ob eine Chansonniere auf die Bühne kommt und sich mit ihrem Lied dem Publikum vorstellt: «Je suis Adèle, la reine blonde, on me connait, Messieurs» (Wolzogen) – oder ob hier von *Brigitte B.* (Wedekind) berichtet wird: «Ein junges Mädchen kam nach Baden» – oder ob jemand laut reflektiert: «Ja, so geht es in der Welt, alles fühlt man sich entgleiten» (Klabund) – oder ob schließlich auf jede Handlung und Reflexion verzichtet und dafür Stimmung geschildert wird: «Da ist ein Land, ein ganz kleines Land, Japan heißt es mit Namen...» (Tucholsky.) So lassen sich, wenn wir vom Inhalt des Chansons ausgehen, VIER HAUPTTYPEN DER SPRECHHALTUNG unterscheiden, die allerdings selten in einem Chanson rein vorkommen, sondern sich meistens so mischen, daß einer vorherrscht:

Bei Überwiegen des ersten Typs können wir vom

Die Lebensform des Chansons

Selbstdarstellungschanson oder Vorstellungschanson sprechen. Es ist, wie das Rollengedicht, in der ersten Person geschrieben und scheint sich darum für das Kabarett besonders gut zu eignen.

Beim Chanson des zweiten Typs herrscht die *Handlungsdarstellung* vor, wie meist in der Ballade und im Bänkelsang. Es erzählt in der dritten Person.

Im dritten Typ überwiegt die *Reflexion*. Hier werden unpersönliche Ausdrücke wie «man» und «es» oder «die Menschen» bevorzugt, das Couplet [20] bietet dafür die ideale Sprachform.

Den vierten Typ charakterisiert die *Stimmungs-* und *Zustandsschilderung*.

Es macht ebenfalls einen Unterschied, ob in einem Chanson die Spannung der Handlung so angelegt ist, daß sie sich erst in der letzten Strophe auflöst – oder ob, wie im Couplet, am Ende jeder einzelnen Strophe durch den Kehrreim eine überraschende Wendung und Einordnung des zuvor Gesagten stattfindet. Im letzten Fall könnte man grundsätzlich beliebig viele Strophen aneinanderreihen, vorausgesetzt, daß sich deren Inhalt auf überraschende, meistens witzige Weise dem Motto des Kehrreims anschließen läßt.

Es lassen sich also zwei BAUFORMEN [21] des Chansons unterscheiden: die *horizontal* (auf das Liedende hin) und die *vertikal* (auf das Strophenende hin) orientierte. Die erste ähnelt dem Bau des Dramas mit seiner Konzentration auf *einen* Höhepunkt. Die zweite dem der Revue mit ihren aneinandergereihten Sketchen, die jeder eine eigene Schlußpointe haben und nur durch den *roten Faden* des Themas zusammengehalten werden. Im Kabarett hat immer, im großen wie im kleinen, die letzte dominiert. Auch das läßt sich, wenigstens teilweise, aus den historischen Grundvoraussetzungen erklären: In den Cabarets trafen sich ja dilettantische Individualisten, von denen jeder seine Spezialität zu bieten hatte und sonst nichts. Wenn man ihre Nummern überhaupt zu einem Programm verbinden konnte, dann allenfalls in der Form der Revue mit einem weiten Thema.

Allgemeine Voraussetzungen

7. Die meisten Vortragskünstler identifizieren sich – zumindest unbewußt – mit einem VORBILD oder mehreren, die einmal Eindruck auf sie gemacht haben[22]. Selbst wenn sie Einzigartiges und in jeder Hinsicht Neues leisten wollen, haben sie sich mit negativen Vorbildern beschäftigt, um sich von ihnen absetzen zu können. Ebenso ergeht es den Textern und Komponisten. Wir haben deshalb immer nach anerkannten oder negativen Einflüssen zu forschen, um Traditionen und Wandlungen in der Geschichte des Chansons erkennen zu können.

8. Gemeinsamkeiten können aber auch durch gleichartige ANREGUNGEN DER UMWELT entstehen. So wird ein bestimmtes soziales Milieu, etwa das der Berliner Hinterhöfe, mit seinen charakteristischen Typen von mehreren Künstlern gestaltet werden, ohne daß diese sich gegenseitig nachgeahmt haben müssen. Zeitthemen, aktuelle Ereignisse und Moden haben sich in der Geschichte des Chansons so treulich niedergeschlagen, daß man wirklich von ihm als *Spiegel seiner Zeit* sprechen kann.

Wir werden also unsere Betrachtung zuerst auf wesensverwandte Vorläufer des eigentlichen Cabaretchansons zu richten haben, die irgendwann einmal Vorbilder geworden sind (1). Danach beginnen wir mit der eigentlichen Geschichte des Chansons in Frankreich, weil von dort die Anregung für die deutsche Entwicklung kam (2). Die beiden fast gleichzeitigen deutschen Anfänge in München (3) und Berlin (4) müssen gesondert betrachtet werden, weil sie Modellfälle für die deutsche Kabarettgeschichte ergeben. Dann aber kann diese nicht mehr in ihrer vielfachen Verzweigung verfolgt werden, und wir konzentrieren uns auf die wesentlichsten Typen des literarischen Chansons: den mondänen (5), den volkstümlichen (6), den politischen (7), den gesellschafts-kritischen (8) und den lyrischen (9). Diese Varianten können natürlich weiter differenziert werden und mischen sich vielfach.

Historischer Teil

1. Vorläufer

Das Chanson entspricht Bedürfnissen des Menschen, die nicht erst seit der Jahrhundertwende existieren, – dem Bedürfnis des einzelnen, die Menge durch einen Vortrag mit Musikbegleitung zu fesseln, und dem der Menge, sich von begabten Spezialisten auf diese Weise verzaubern zu lassen. Diesem Bedürfnis hat immer das Berufssängertum in verschiedensten Formen Rechnung getragen. Einmal konnte man den Menschen Neuigkeiten, interessante Ereignisse vortragen. – Vor der Erfindung der Buchdruckerkunst, als nur wenige schreiben und lesen konnten, wird wahrscheinlich die Vortragsdichtung vor der Lesedichtung den wichtigeren Platz im täglichen Leben eingenommen haben. – Zum andern konnte man sie durch die Gestaltung zeitloser Themen unterhalten: humorvolle Geschichten, Liebe und Erotik, Preis der Natur und der Jahreszeiten und was sonst den Menschen immer beschäftigt hat. Schließlich aber läßt sich schon früh das Vergnügen an Zeitkritik und politischen Anspielungen beobachten.

So meint zum Beispiel Klaus Butzinski, mit seiner anschaulich geschriebenen Geschichte des Kabaretts bis in antike Zeiten zurückgehen zu müssen:

«Thespis selbst – ein reicher Gutsbesitzer aus Ikaria, der seinen eigenen Chor hatte – trug seine durchaus politischen Spottgesänge von seinem berühmt gewordenen Karren aus vor, wobei er sich einmal den Unmut des selber dichtenden Staatsmannes Solon zuzog ... Kabarettistische Formen entwickelten sich nach dem Verfall der griechischen Komödie in den altrömischen Lokalpossen, den Atellanen, in welchen die später zur Commedia dell'arte verfeinerten Standardfiguren derb und zotenhaft mit Vorliebe provinzielle Eigenheiten und die städtischen Gewerbe verspotteten sowie die Mythen travestierten ... Noch deutlicher trat

Historischer Teil

das kabarettistische Element bei den Mimen zutage. Bei ihnen ... diente der ›rote Faden‹ ... dazu, in populären Couplets versteckte Kritik an öffentlichen Institutionen und aktuellen Ereignissen zu üben und Anspielungen auf das Privatleben der Kaiser einzuflechten. Nach und nach verfeinerte sich die Kunst des Mimus.» So rühmt Cicero (in *De oratore* II, 258) den Witz, den der Mime aus dem Worte selber zu schlagen versteht: «Es besteht noch eine andere, nicht abgeschmackte Art des Witzes, die im Worte liegt, wenn man nämlich etwas wörtlich und nicht nach dem Sinn nimmt.» – Und der weise Seneca weist auf das moralische Ziel der Mimen hin, wenn er in sein Lob für sie das Bedauern einflicht, daß sie noch so viele Untugenden übergingen. (*De brevitate vitae* 12, 13). – Wie im ersten vorchristlichen Jahrhundert dem geistreichen Cicero der kritische Witz der Mimen ein kennerisches Vergnügen abgewann, so ließ sich zu Anfang des sechsten nachchristlichen Jahrhunderts einer der glänzendsten sophistischen Rhetoren der byzantinischen Epoche, Chorikios von Gaza, zu einer *Apologie der Mimen* hinreißen, die damals von den Kirchenvätern wegen ihrer angeblichen Sittenlosigkeit angegriffen wurden. Darin kommt die politische Färbung in der Satire der Mimen unmißverständlich zum Ausdruck: «Die Mimen», plädiert Chorikios, «rechtfertigen sich nicht nur aufs trefflichste, sondern erweisen auch unserem Gemeinwesen keine geringeren Wohltaten, indem sie die Behörden zu gegebener Zeit durch ihre Witze zur Einsicht bringen. Der Freimut der Mimen wagt sich bis an die Fürsten heran; beugen sich auch die Freunde der Herrscher vor deren Machtdünkel ... so machen dagegen die Mimen unmißverständlich ihre Witze.» Und auf die Form eingehend, bemerkt er: «Wer ihren Spott verdient, den greifen die Mimen nicht schroff und maßlos an, sondern auf eine berückende, zugleich scharf zupackende Weise, nicht ohne ihre bekannte Anmut.» (*Apologia mimorum*, XVI, 8–12.)[23]

Die altgermanischen Skalden, Scopen oder Scofen scheinen feierlicher aufgetreten zu sein. Wir kennen von ihnen

Vorläufer

nur Preislieder, in denen der Humor auf Nebenpersonen und Nebenumstände beschränkt bleibt. Soviel wir wissen, nahmen sie in der Gesellschaft keine Außenseiterstellung ein, sondern gehörten häufig zu den edlen Familien, in deren Hallen sie sangen..

Hermann Reich [24] hat in seinem Buch *Mimus* gezeigt, wie sich die spätantiken Gaukler, Histriones, Mimi und Ioculatores mit ihren Traditionen in das Mittelalter mit seinen Vaganten, Goliarden und Spielleuten aller Arten hinüberretteten. Sie mögen zwischen ihren anderen Kunststücken Vorformen des Chansons vorgetragen haben, ebenso wie Sänger der *Neuen Zeitung*, die Bänkelsänger, die angelsächsischen Barden, Minstrels und Balladmongers, die ukrainischen Kobsaren, die südslavischen Guslaren, die Kloareks der Bretagne und die Dziady Polens [25].

Anfangs lag der Vortrag der ernsten und heiteren Gesänge (etwa von Heldenballade und Tanzlied) wohl meist noch in einer Hand. Schon im Mittelalter beobachten wir aber eine Trennung. Die Troubadours und Trouvères von edler Abstammung und verfeinertem Lebensstil konzentrierten sich auf erhabene Themen wie die höfische Minne, ließen sich aber häufig von den Spielmännern, den Trägern der heiter-frivolen Muse, begleiten. Beeinflussungen blieben nicht aus, besonders im Tanzlied:

> Ruodlieb hub an zu spielen
> und sang ein Lied dazu,
> Es hätte hüpfen mögen
> das Kalb in der Kuh.
> Vom Tische frohlockend
> sprang die schöne Maid
> Und schwang sich gefällig
> und hob mit Anstand das Kleid.

(Aus Simrocks Übersetzung des *Ruodlieb* aus dem Lateinischen).

All das wußten die gebildeten Chansonniers des Berliner «Überbrettls». Sie fühlten sich als moderne Troubadours (Bierbaum) oder gefielen sich zumindest in der Attitude des

Spielmanns unter der Dorflinde, der mit seinen Refrains die Leute zum Hüpfen bringt, – oder des Bänkelsängers (Wedekind), der seinen Hörern eine Gänsehaut über den Rücken jagt.

Erstaunliche Parallelen fallen uns besonders bei den Troubadours auf: Sie gliederten ihre Lieder bereits häufig in solistische Vorstrophen (Couplets) und von allen gesungene Refrains. Auch das enge Nebeneinander von sakralen und profanen Gesängen in den Repertoires der ersten französischen Cabarets ist nicht neu. Im Glogauer Liederbuch von 1480 steht neben *Christ ist erstanden* ein Sauflied:

> Al fol, al fol, al fol –
> Bist du fol, so lege dich nieder,
> Steh auf und folle dich wieder,
> Das ganze Jahr, den abend und den morgen![26]

Die Lyrik der Trouvères trug bereits politische Akzente.

«Doch erst mit François Villon (1431 bis nach 1463) begehrt im Lied zum erstenmal das ganz auf sich selbst gestellte Individuum gegen Korruption und Erbärmlichkeit der Umwelt auf und singt seinen Hymnus auf Liebeslust und Trunkenheit und auf das Leben, das bis zur Neige auszukosten nur jenseits des Schlagbaums zur Bürgerlichkeit möglich ist. Mit Recht gilt François Villon als direkter Ahnherr der zeitkritischen Kabarettdichtung. Von ihm führt eine gerade Linie zum «ça ira!» und zur «Carmagnole» der Französischen Revolution, zu den politischen Chansons Pierre-Jean de Bérangers (1780–1857), zu den politischen Satiren des Wahlfranzosen Heinrich Heine, zur «Internationale» Eugene Pottiers (1816–1887) und schließlich zu den Balladen des großen Volkssängers und ersten bedeutenden Kabarettisten Aristide Bruant (1851–1925)[27].»

Auch in Deutschland hat Villon, besonders seit der Ammerschen Übersetzung, stark gewirkt. Brecht hat aus ihr ganze Strophen für seine Songs der *Dreigroschenoper* übernommen[28], Klabund fühlte sich dem «Himmlischen Vaganten» wesensverwandt und dichtete dessen Werk aus eigenem nach. Wedekind kannte und schätzte ihn, und noch vor wenigen Jahren hat Theo Mackeben einige Chansons des Franzosen neu vertont[29].

Einige Lieder Villons wie die *Von den Frauen vergangener Zeiten, Von der schönen Helmschmiedgattin, Von den Torheiten der Liebe, Von den Frauen von Paris* oder der *Dicken Margot* sind populär geworden wie Volkslieder. Das gleiche gilt für einige Vagantenlieder des lateinischen Mittelalters[30]. Besonders die etwas zotigen Trinklieder mit ihren witzigen Anspielungen konnten Wirkungen erzeugen, die denen gewisser Chansons sehr ähnlich sind. Aber auch auf das lyrische Volkslied, das Liebeslied und das Kinderlied ist von späteren Chansonniers immer wieder direkt oder in Nachahmungen zurückgegriffen worden. Besonders geeignet mußten Lieder erscheinen, die irgendwelche Möglichkeiten für mimische Ausgestaltung boten, wie das provenzalische Kinderliedchen aus dem 15. Jahrhundert *Sur le pont d' Avignon*, das seit Yvette Guilbert immer wieder von bedeutenden Chansonetten vorgetragen wird. Über die Brücke von Avignon gehen die verschiedensten Menschentypen, die mimisch vorgeführt werden können: «Et les messieurs (madames, petites filles, abbées etc.) font comme ça ...» Margot Hielscher hat sich von Kurt Flatow einen anspruchslosen Vortext schreiben lassen, der den gesungenen Refrain rezitativisch einrahmt[31]:

> Wenn ich nach Paris mal geh,
> Wird mir sicher bang,
> Denn ich spreche le français
> Nicht grad' parfait'ment!
> In der Schule, à l'école,
> War ich nicht très bon.
> Ich behielt, wie jammervoll,
> Nur une p'tite chanson.
> Und wenn ich mal nicht weiter weiß,
> sag' ich comme çi, comme ça,
> Und singe dieses Lied ganz leis,
> Es wird schon geh'n, ça va!

Historischer Teil

Refrain:
Sur le pont d'Avignon,
L'on y danse, l'on y danse.

Wenn ich nach Paris nun geh,
Ist mir nicht mehr bang,
Denn ich spreche le français,
Seh'n Sie, parfait'ment.

Pamela Wedekind singt neben den zynischen Liedern ihres Vaters immer wieder französische und deutsche[32] Volkslieder zur Laute, und Lore Lorentz, diese modernsachliche Diseuse, verschmäht nicht für ihr Repertoire das kleine freche Liedchen von der *Straße nach Lyon*[33]. In dieser Gruppe lassen sich die Lieder des Schweden Carl Michael Bellmann (1740–1795) einordnen, die auf das deutsche Chanson eingewirkt haben, weil sich viele Chansonniers mit der durch das Todesbewußtsein vertieften Anakreontik des Dichters identifizierten. Das *Heute rot – morgen tot* dieser Trinklieder ist in Deutschland seit dem «Überbrettl» vielfach variiert worden. Nach dem letzten Weltkrieg hat Carl Raddatz Bellmanns Lieder in Zuckmayers *Ulla Winblad* gesungen[34].

Das Interesse des Publikums für Neuigkeiten und ungewöhnliche Ereignisse hat sich vor allem der *Bänkelsang*[35] zunutze gemacht. Man muß den echten oder auch naiven Volksbänkelsang von allen Formen des stilisierten[36] und parodierten Bänkelsangs unterscheiden. Der echte Bänkelsang lebte auf den Jahrmärkten bis zum Anfang unseres Jahrhunderts und hat noch Bertolt Brecht in Augsburg wesentliche Anregungen gegeben[37]. Er berichtet meist in der dritten Person unerhörte Begebenheiten, deren Wahrheit durch genaue Nennung des Ortes und der Beteiligten beglaubigt werden soll und aus denen am Ende eine, meist recht naive, Lehre («die Moral von der Geschichte») gezogen wird. Eine Unterart hat für das Chanson besondere Bedeutung erlangt: die *Hinrichtungslieder*[38]. Sie haben sich aus den sog. *Relationen* entwickelt und sind in der Ich-Form als

Vorläufer

letzte Bekenntnisse und Lebensbeichten von Schwerverbrechern unmittelbar vor ihrer Hinrichtung durch die Gefängnisgeistlichen aufgeschrieben worden. Diese Fiktion wurde auch bei offenkundigen Fälschungen zur Belehrung und Erbauung aufrechterhalten. Wir finden schon bei Villon mehrere Hinrichtungslieder, die Brecht dann später für seine *Dreigroschenoper* übernimmt. Im Cabaret seit dem «Chat Noir» ist diese Gattung immer wieder variiert worden. Die mimischen Möglichkeiten des Rollenliedes, das Interesse der Bürger an der makabren Situation und an der Psychologie des Asozialen mögen die Gründe für ihre Beliebtheit gewesen sein.

Wir können die Gestaltung des gleichen Themas: ein Missetäter erwartet in kürzester Zeit seine Hinrichtung, in verschiedensten Gattungen vergleichen: im Volkslied (*Zu Straßburg auf der Schanz*, Dichter unbekannt), in der Volksballade (*Der Tambourgesell*), der echten- oder Volksmoritat (*Der Mahne-Friedrich*), der Vagantendichtung (Villons *Grabschrift*), der Kabarettmoritat (Bruants *A la Roquette*), des Brechtsongs (*Dreigroschenoper*, Ballade des Macheath), des Wedekind-Chansons (*Der Tantenmörder*) und in einer der anspruchsvollsten Ausformungen dieses Typs, Oscar Wildes *Ballade vom Zuchthaus zu Reading*. Folgende Motiventsprechungen lassen sich immer wieder feststellen, die in unseren Beispielen markiert sind:

1. Der Verbrecher bittet vor der Hinrichtung um Pardon (freiwillig oder nicht).
2. Werben um Mitleid, Jammern, Selbstbemitleidung, Rührseligkeit, weiches Gedenken, Verzweiflung, Angst.
3. Entschuldigung, Erklärung und Abschieben der Schuld.
4. Vision des Zustandes nach der Hinrichtung.
5. Moral, Warnung der Mitmenschen durch das eigene Beispiel.
6. Rekapitulation der Bindungen an die Welt. Abschied vom Vertrauten.
7. Abrechnung mit den Verfolgern, der Staatsgewalt, den Polizisten etc.

Historischer Teil

8. Schlaflosigkeit in der letzten Nacht vor der Hinrichtung.
9. Gedenken an die nächsten Angehörigen, Weib, Kinder, Geliebte.
10. Erwähnung einer Begnadigung, eines Bittgesuches oder Pardons.
11. Die charakteristische Vollstreckungszeit: der bleiche, kalte Morgen.
12. Ungerührtheit vor dem Tode. – Das Sichzusammenreißen.
13. Häufiger Grund: Ermordung eines alten Weibes in dunkler Nacht.
14. Beklagen der eigenen Jugend.
15. Religiöse Bezüge: Fürbitte Gottes, Mariens und der Heiligen, Vertrauen.
16. Genaue Ortsangabe zur Einführung (= bänkelsängerisch oder «Neue Zeitung»).
17. Wissen um die Unvermeidbarkeit der Hinrichtung, zum Teil Ergebung darein.

Der echte Bänkelsang wurde zweimal parodiert und stilisiert: zum erstenmal schon durch die Zeitgenossen Gleims[39], Bürgers und Th. Vischers im sogenannten *Salonbänkelsang*. Die Anregung dazu kam aus Frankreich von Moncrif, dem Vorleser der Königin. Uns interessiert für das Chanson die Stilisierung durch die Moritatendichter der ersten Kabaretts: Mühsam, Wedekind (*Brigitte B.*), Hans Hyan (*Die letzte Nacht*) und Brecht (*Apfelböck*).

Benzmann[40] hat gezeigt, wie der stilisierte Bänkelsang mit dem politischen Lied (Heine, Herwegh, von Fallersleben, Freiligrath, Glaßbrenner) zur *sozialen Ballade* zusammenwächst. Die Anregung ging wiederum von Frankreich aus. Chamisso und Franz von Gaudy hatten 1813 die politischen Couplets Bérangers ins Deutsche übertragen. Sie machten zuerst viele Deutsche mit dem sogenannten *Varietéstil* bekannt und wurden in der 1848er Revolution bereits erfolgreich nachgeahmt. Tucholsky wird nicht nur wegen seiner Feuilletons zu Recht häufig mit Heine verglichen. Er und die anderen Texter moderner zeitkritischer

Vorläufer

und politischer Chansons sind sowohl den Nachahmern Moncrifs wie auch Béranger und Heine verpflichtet.

Ebenso alt wie das Hinrichtungslied, ebenfalls als Rollengedicht für das Kabarett hervorragend geeignet und – als weibliche Entsprechung zum Ganoven-Chanson – wohl die häufigste Variante des Chansons überhaupt ist das *Dirnenlied*. Das Thema wurde auch von Klassikern nicht verschmäht (Goethe, *Der Gott und die Bajadere;* Brentano, *Schicksal einer Dirne* und *Ich kenn ein Haus, ein Freudenhaus*) und verband sich häufig mit dem der Kindsmörderin (Schiller, *Die Kindsmörderin;* Brecht, *Von der Kindsmörderin Marie Farrar*). Zusammen mit ähnlichen Motiven der Großstadt fand es im Naturalismus Eingang in die Literatur und in die Kabaretts. Über die verschiedenen Dirnentypen im deutschen Chanson könnte ein Buch geschrieben werden: Von der proletarischen *Roten Rosa* Bruants, die von Henckell in das deutsche Kabarett verpflanzt wurde, über die liederlich-leichtsinnige *Madame Adèle* Wolzogens bis zu den vielen mondänen Vamps der Nelson- und Hollaender-Revuen, von der *femme fatale* der dämonischen Mary Irber bis zum *blonden Baby* der Marlene Dietrich, von Wedekinds *Ilse* bis zu Claire Waldoffs *Hannelore* lassen sich gemeinsame Grundzüge erkennen, die denen des Hinrichtungsliedes entsprechen.

Eine ganz ähnliche Sprechhaltung wie im Chanson begegnet uns in *Schäferliedern des Rokoko*. Zur gleichen Zeit, als man sich zum ersten Mal parodierend in der Rolle des Bänkelsängers gefiel, versuchte man auch, in einer anmutig stilisierten Pastorellenwelt Rollen zu finden, die es einem erlaubten, Geistreiches, Kokettes oder Lüsternes mit Grazie vorzutragen. In die Nähe des Chansons rückt diese Literatur die artistische Bewußtheit des Vortragenden, dessen gespielte Naivität als komisch genossen wird, die Freude an geistreichen Frivolitäten und die starke Bezogenheit auf den Hörer. Es verwundert darum nicht, daß von Yvette Guilbert, die solche Lieder mit unvergleichlicher Pikanterie vorzutragen wußte, über die Chansonniers des Berliner «Über-

Historischer Teil

brettl» bis zu Gustaf Gründgens immer wieder Schäferlieder des Rokoko und deren Imitationen als Chansons gesungen wurden. Sie gehören, besonders in der Epoche des Jugendstils, ebenso fest zum Repertoire der Diseusen wie das Dirnenlied.

Auch hier haben sich Typen herausgebildet, die nur variiert werden: die neugierigen oder sinnlichen Mädchen und ihre warnenden oder scheltenden Mütter und die schwärmerischen oder schmollenden Buben. Eigentlich sind es immer nur diese drei Figuren, von den Vätern hört man selten etwas.

Ebenso wie beim Dirnenlied haben auch an den Schäferliedern die Klassiker der deutschen Literatur dichtend teilgenommen[41].

Schließlich wären zu den Vorläufern, die das Chanson beeinflußt haben, noch einige *Operettenarien* zu rechnen, die von den besten Sängern vorgetragen wurden wie Chansons. Man sprach darum gelegentlich auch von Operettenchansons.

Vor allem waren es Fritzi Massary und ihr Gatte, der Komiker Pallenberg, sowie Joseph Giampietro – Operettenstars in Berlin vor dem 1. Weltkrieg –, deren überlegene Vortragskunst uns von bedeutenden Kritikern wie Alfred Polgar, Alfred Kerr und Kurt Tucholsky nicht genug gepriesen werden kann. Es gibt von «der Massary» noch Phonoaufnahmen, die beweisen, daß sie eine der souveränsten Interpretinnen des *mondänen Chansons* hätte sein können, wenn sie jemals in einem Kabarett aufgetreten wäre. Ihr fein nuancierender Stil aber wurde bewundert und imitiert. Sie ist zum Vorbild der großen Dame des Kabaretts geworden, die frivole Pointen durch geistreiche Gelassenheit zu adeln weiß. Ihre Chansons enthalten neben den Gewagtheiten soviel Esprit und sogar Lebensweisheit, daß man versteht, warum diese Frau von den bedeutendsten Köpfen ihrer Zeit ebenso verehrt wurde wie in Frankreich Yvette Guilbert, mit der sie zu Recht verglichen wird. Giampietro persiflierte auf der Operettenbühne im Sprech-

Vorläufer

gesang den Snob, und Pallenberg probierte mit seinem Komikertalent Nuancen des Vortrags, die ihm die Chansonniers der Kabaretts bald nachmachten. Er sang auch die ersten Couplets der «Elf Scharfrichter» in München.

Exkurs: Das Couplet

Das Wirkungsprinzip des *Couplets* ist einfach: Es beruht auf der unerwarteten und daher witzigen Verknüpfung zweier Ebenen. Die eine Ebene stellt der Refrain – die andere die Vorstrophe dar. Beim Witz sind dem Hörer beide Ebenen unbekannt, beim Couplet aber nur in der ersten Strophe, die am wenigsten Wirkung hat. Von der zweiten Strophe ab ist der Refrain bekannt und nur noch jede Vorstrophe neu, bzw. die überraschende Koordinierung beider. Der Name Couplet (von lat. copula) wird deshalb der Bauform gut gerecht. Diese ist so elementar und naheliegend, daß man an mehreren Orten unabhängig voneinander auf sie kommen mußte, nämlich überall dort, wo die Spannung eines normalen Liedes nicht mehr ausreichte, das Interesse der Zuhörer zu erhalten. Das aber ist nur die äußerliche Bedingung. Die innere kommt aus der Sprechsituation des Coupletsängers. Er ist immer ein Raisoneur, ein Grübler, der seine Meditationen witzig darzubieten weiß, – kein Geschichtenerzähler wie der Bänkelsänger, kein dramatisierender Visionär wie gelegentlich der Rhapsode. Seine Betrachtungen können mehr politischer Art sein, wie in den Couplets von Béranger, oder mehr gesellschaftskritischer Natur, wie in denen von Nestroy oder Otto Reutter. Nie aber bleiben sie im erzählenden oder persönlichen Bereich, sondern erheben sich zu allgemeinen Aussagen über zwischenmenschliche Beziehungen.

Wir können gut beobachten, wie in den Sologesängen des Wiener Singspiels bei Raimund sich das Couplet als späte Form zu eigener, durch reflektierenden Gehalt und mimische Bindungen bestimmter Gestalt entwickelt und ausprägt. Sein Meister wird dann Nestroy. In seinen kunst-

Historischer Teil

vollen Couplets[42] wird die Strophe – durch Zeilenverkürzungen mit entsprechend variiertem Aussagecharakter und und weitere Kehrreime – immer mehr gegliedert. Die Kehrreime bestehen aus einem allgemeinen Ausruf, einer Redensart oder einem Bild. Zwei Beispiele aus *Lumpazivagabundus*, Kometenlied des Schusters Knieriem und Lied des Lips:

> Da wird einem halt angst und bang,
> Die Welt steht auf kein Fall mehr lang.
>
> Sich so zu verstelln, na da ghört was dazur.

Die Bilder und Aussagen der Strophen füllen meist parataktisch zwei Verszeilen. Stimmung und Inhalt werden durch Distanz von den Dingen geprägt, die bei Raimund mehr melancholisch-poetisch, bei Nestroy oft grimmig-agressiv ausfällt.

Zur gleichen Zeit entwickelte Béranger in Frankreich aus dieser Technik der Situationsreihung und der schlaglichtartigen Koordinierung mit dem Refrain eine politisch-explosive Wirkung, die ihn wiederum zum Vorbild politischer Dichter in Deutschland werden ließ. Ebenfalls explosiv, wenn auch nur harmlos-komisch, wirkten die Couplets in Berliner Lokalpossen wie *Drei alte Schachteln* (Kollo-Rideamus) und die beliebter Volkssänger wie Otto Reutter und Claire Waldoff.

Daß sich diese Form ausgezeichnet für das politische Chanson eignet – es entspricht der vertikal gespannten Strophenform –, ist offensichtlich. Sie wurde darum so häufig verwandt, daß man die Begriffe verwechselte und das Chanson zu definieren meinte, indem man die Coupletform beschrieb.

Aber für das Couplet ist, wie wir an den obigen Beispielen sahen, der kurze Refrain von etwa einer Zeilenlänge typisch, während das Chanson gelegentlich Kehrreime aufweist, die länger als die Vorstrophe sind. Diese entwickeln dann ein melodisch-rhythmisches Eigenleben, während jene wie eine spitze Pointe wirken. Dieser Unterschied er-

Vorläufer

scheint uns nicht mehr so äußerlich, wenn wir die Wirkung des Refrains als Entladung einer Spannung sehen, die jeweils in der Vorstrophe durch den «intellektuellen Vorsprung» des Solisten vor dem Hörer entstand. Denn jenem ist – nach der ersten Strophe – nur der Refrain bekannt, dieser aber weiß schon, wie er den Inhalt der nächsten Strophe mit dem des Kehrreims verbinden wird. «Worauf läuft das nun wieder hinaus?» mag der Hörer denken, indem er angespannt den Worten der Vorstrophe lauscht. «Ich weiß es schon!» könnte der Vortragende überlegen lächelnd antworten – bis zum Moment des Anschlusses an den Refrain: Nun hat der Hörer sein «Aha-Erlebnis», denn den Refrain hat er sich seit der ersten Strophe gemerkt (oder er kannte ihn bei populären Couplets, zu denen immer neue Strophen gedichtet werden, gar vorher schon), und er amüsiert sich über die witzige Verknüpfung. Bis zur nächsten Strophe darf er seine Aufmerksamkeit entspannen, denn der intellektuelle Vorsprung ist bis dahin überwunden. Das Einverständnis mit dem Solisten erlebt er gelegentlich als so angenehm, daß er am liebsten den Refrain mitsingen möchte. Bei Chansons mit dem längeren, melodiösen Refraintyp kann man immer wieder das Schunkeln beobachten.

So bringt ein gutes Chanson mit Kehrreim (nicht alle haben einen!) ebenso wie ein Couplet das Publikum in einen Rhythmus von intellektueller Anspannung (in der Vorstrophe) und musischer Entspannung (im Refrain), der wie alles Rhythmische lustvoll empfunden wird. Geniale Volkskomödianten und Chansonniers kannten die Macht dieser Sprachstruktur und wußten sie zu nutzen.

Aber auch das politische Chanson des modernen deutschen Kabaretts bedient sich immer wieder der Coupletform.

Das Couplet als einzige feste Sprachform unseres Betrachtungskreises verdient eine eingehendere Veranschaulichung an zwei Beispielen von Nestroy, die uns auch für Chanson und Song Maßstäbe gibt:

Historischer Teil

Lumpazivagabundus
Knieriems Kometenlied
(Extempores eingeklammert)

1. Es ist kein Ordnung jetzt mehr in die Stern,
D'Kometen müßten sonst verboten wer'n;
Ein Komet reist ohne Unterlaß
Um am Firmament und hat kein Pass;
Und jetzt richt a so a Vagabund
Uns die Welt bei Butz und Stingel z'grund;

   Aber lass ma das, wie's oben steht,
Auch unt sieht man, daß's aufn Ruin losgeht.

9. Abends traut man sich ins zehnte Gewölb nicht hinein
Vor Glanz, denn sie richtens wie d'Feentempel ein
Der Zauberer Luxus schaut blendend hervur,
Die böse Fee Crida sperrt nachher's G'wölb zur.

13. Da wird einem halt angst und bang,
Die Welt steht auf kein Fall mehr lang.

15. (Am Himmel is die Sonn' jetzt voll Capriz,
Mitten in die Hundstag gibt's kein Hitz;
Und der Mond geht auf so rot, auf Ehr',
Nicht anderster, als wenn er b'soffen wär.
Die Millistraßen oben, die verliert ihren Glanz,
Die Milliweiber oben verpantschen's ganz.

    Aber lassen wir das, herunt geht's zu bunt,
Herunt schon sieht man's klar, die Welt geht z'grund.

23. Welche hätt so ein g'scheckten Wickler einst mögen,
A Harlekin is ja grad nur an Spitzbub dagegen,
Im Sommer tragen's Stiefeln, a-jour-Strümpf im Schnee,
Und statt Haubn habns gar Backenbärt von tull anglais.

27. Da wird einem halt angst und bang,
I sag: d'Welt steht auf kein Fall mehr lang.)

29. Der Mondschein, da mögn's einmal sagen, was' woll'n,
Ich find, er is auf einer Seiten geschwolln,
Die Stern wern sich verkühln, ich sags voraus,
Sie setzen sich zu stark der Nachtluft aus.

Vorläufer

Der Sonn ihr G'sundheit ist jetzt a schon weg,
Durchn Tubus sieht man's klar, sie hat die Fleck;

Aber lass ma das, was oben geschicht,
Herunt schon sieht man, s'tut's in d'Länge nicht.

37. Sie habn Zeitungen jetzt, da das Pfennig-Magazin,
Da is um ein Pfennig all's Mögliche drin;
Jetzt kommt g'wiß bald a Zeitschrift heraus, i parier',
Da kriegns d'Pränumeranten umsonst Kost und Quartier.

41. Da wird einem halt angst und bang,
Die Welt steht auf kein Fall mehr lang.

43. (Die Fixstern, sag'n's, sein allweil auf einm Fleck,
's is erlog'n, beim Tag sinds alle weg;
's bringt jetzt der allerbeste Astronom
Kein saubre Sonnenfinsternis mehr zusamm'
Die Venus kriegt auch ganz eine andre Gestalt,
Wer kann davor, sie wird halt auch schon alt;

Aber wenn auch obn schon alles kracht,
Herunt ist was, was mir noch Hoffnung macht.

51. Wenn auch's meiste verkehrt wird, bald drent und bald drübn,
Ihre Güte ist stets unverändert geblieben,
53. Drum sag ich, aus sei'm Gleis wird erst dann alles flieg'n,
Wenn sie Ihre Nachsicht und Huld entziehn.

Da wurd einem erst recht angst und bang,
56. Denn dann stund d'Welt gewiß net mehr lang.)

(Die mundartlichen Zusammenziehungen sind in den einzelnen Ausgaben sehr schwankend wiedergegeben.)

Historischer Teil

Johann Nestroy: Der Zerrissene
Lied des Lips (II, 11)

1. 's betrügt ein'm die Frau, 's wird gesteckt von die Leut'.
   «Ha, Elende, jetzt mach zum Tod dich bereit!»
   So möcht man ihr donnern ins Ohr in der Hitz'
   Und ihr antun zehn Gattungen Tod auf ein'n Sitz.
5. Doch halt – lieber nachspionieren ohne G'säus,
   Sonst lacht s' ein'm noch aus, sagt, man hat kein Beweis.
   Jetzt kommt's aufgeputzt ins Zimmer. «Ich geh' in d'Visit',
   s' hat a Freundin mich eing'ladn!» – «No ja; warum nit!
10. A Bußerl, mein Herz, unterhalte dich nur!»
    Kehrreim: Sich so zu verstelln, na, da g'hört was dazur.

11. Man redt mit ein'm Herrn, der kann nutzen und schaden,
    Mit dem sich z'verfeinden, das möcht ich kein'm raten,
    Sein Benehmen is stolz, was er spricht, das is dumm,
    Den ein'n Esel zu heißen, man gäbet was drum –
15. Doch halt – für den Esel müßt teuer man büßen,
    Lieber legt man sich ihm untertänig zu Füßen;
    Euer Gnaden, dero Weisheit und hoher Verstand
    Geht mit hochdero Edelsinn stets Hand in Hand,
    Euer Gnaden strahl'n als Musterbild uns allen vur.
20. Sich so zu verstelln, na, da g'hört was dazur.

21. Ein Herr, der macht Musik, blast fleißig Fagott,
    Seine Frau, die macht Vers', man möcht krieg'n die Schwernot,
    Der Sohn patzt in Öl. – «Leut', wo habt's euer Hirn!» –
    Möcht man ihnen gern sagen – «ös tuts' euch nur blamiern!»
25. Doch halt, man is ja in die Tochter verliebt
    Und die kriegt a drei Häuser, wanns Elternpaar stirbt,
    Jetzt muß man dem Alten sein Balserei lobn,
    Der Frau sag'n: «Sie stehen auf dem Parnass ganz oben»,
    Dem Lackel: «Sie sein ein' Correggio-Natur» –
30. Sich so zu verstelln, na, da g'hört was dazur.

31. Man liebt eine Schwärmerin, jausent bei ihr,
    Sie bringt ein'm a Mili und im Leib hat man Bier,

Vorläufer

Gebärdenmöglichkeiten:	Blickrichtungen:
	Publikum
Wut	imag. Frau
	Publikum
Nachdenken	zu sich selbst
(Finger an die Stirn)	
Stimmimitation	imag. Frau
Falschheit	
Grimm	Publikum
	Publikum
bedeutungsvoll	
starker Wunsch	
Nachdenken	zu sich selbst
devote Gebärde	
Falschheit	zum imag. Herrn
	Publikum
Gebärde des Spielens	Publikum
Ohrenzuhalten	
beschwörend	zum Publikum
Nachdenken	zu sich selbst
	Publikum
Schmeichler	zur Frau
	zum Sohn
	Publikum
	Publikum

Historischer Teil

Dann kommts' noch mit Erdbeern, die sie selber tut
pflücken,
Man möcht ihr gern sagen: – «Kind, da krieg i ja's Zwicken!»

35. Doch halt, das zerstört die Illusion,
Der Schwärmerin z'Lieb muß man essen davon –
Und ausrufen während dem Schmerzenverbeißen:
«Ach, sieh dort die Taube, die Lämmer, die weißen,
O wie reizend der Abend auf der blumigen Flur!»

40. Sich so zu verstelln, na da g'hört was dazur.

41. Ein'm dramatischen Künstler wird mitgespielt oft übel,
Und dann hat ma Täg, wo man besonders sensibel,
Man feindt d'ganze Welt an, sich selber am meisten,
Nein, in dieser Stimmung, da kann ich nichts leisten –

45. Doch halt – glaubst denn, Dalk, daß das wen intressiert,
Ob ein Unrecht dich kränkt oder sonst was tuschiert,
's is Simi, s' wird aufzogn, jetzt renn auf die Szen',
(Im Thaddädl-Ton) «O Jegerl, mein Trudl, die is gar so
schön,
Und i g'fall ihr, ich bin a kreuzlustiger Bur!»

50. Sich so zu verstelln, na, da g'hört was dazur.

Vorläufer

Abwehr	zu ihr
Nachdenken	zu sich
heimliches Bauchhalten	
schwärmerisch	in die Ferne
zeigend	
	Publikum
auf sich zeigend	Publikum
Nachdenken	zu sich
Stimmimitation	zu imag. Publikum
Verstellung	
Grimasse	reales Publikum

mindestens 20 verschiedene Gebärdeneinstellungen werden durch den Text nahegelegt.

ca. 25 Änderungen der Blickrichtung oder (inneren) Sprechrichtung sind im Text angelegt.

Historischer Teil

Die Eingangssituation: Der köstlich «spinnerte» Schuster Knieriem bleibt einen Moment allein auf der Bühne zurück, nachdem die resolute Peppi erfolglos versucht hatte, ihn zu einem ordentlichen Leben zu bekehren. Er ruft ihr noch nach: «Madame, der Komet –»; dann hält er rabulistische Selbstgespräche über den kommenden Weltuntergang, die schließlich ein Lied über das gleiche Thema einleiten. Es ist eigentlich nur eine Fortsetzung seiner Meditationen. Doch tritt Knieriem an die Rampe; und so steht sein Lied ebenso im Stück, wie der Song bei Brecht; zwar mit Handlung und Rahmenszene durch den Gehalt eng verbunden, doch eigenbündig in der Form, allgemein im Inhalt und – letztlich dramaturgisch überflüssig. Oft sind die Übergänge von der Rahmenszene zum Couplet so wenig überzeugend, daß man den Eindruck gewinnt, Nestroys Couplets seien häufig schon vor dem Stück entstanden und später rein artistisch eingebaut. Dabei braucht das Grundthema des Kehrreims noch nicht einmal dem Grundthema der letzten Situation zu entsprechen, sondern es genügt häufig die Entsprechung eines einfachen Mottos oder einer zufälligen Redeweise.

Dieses Motto – oft ein Gemeinplatz – bildet nun den Kehrreim, der bei Nestroy eben durch seine allgemeine Art sehr biegsam für alle Betonungsnuancen und Variationen ist, die der Stropheninhalt anregt. Einige Beispiele:

> Na, da hab ich schon g'nur, na, da hab ich schon g'nur!
> Ja, die Zeit ändert viel.
> Ja, die Männer hab'n 's gut, hab'n 's gut, hab'n 's gut.
> Sich so zu verstellen, na, da g'hört was dazur.
> Und es schickt sich doch offenbar nicht.
> So gibt es halt allerhand Leut auf der Welt.
> Das is a verruckte Idee!
> Da wird wohl auch was g'handelt wern.

oder auch zweizeilig:

> Da wird einem halt angst und bang,
> Die Welt steht auf keinen Fall mehr lang.

Vorläufer

Drum auf d'Haar' muss man gehn,
Nachher trifft man's schön.

Die Kehrreime sind fast immer hart, das heißt unverändert. Dafür bieten die vielen «Na», «Ja», «Und» am Anfang des Kehrreims die mannigfaltigsten Betonungsmöglichkeiten vom grimmigsten Affekt bis zur melancholischen Resignation.

In unserem kunstvoll gebauten Kometenlied aber gibt es zwei Kehrreime. Hier wird – mit den Extempores – viermal die gleiche, große Bewegung vollzogen: in den ersten sechs vierhebigen Zeilen werden auf originell-kauzige Weise Betrachtungen über die schlechten Verhältnisse in der Sternenwelt angestellt. In den zwei folgenden Zeilen richtet der Betrachter sein Augenmerk auf die Erde, auf der auch vieles zum Unrechten steht (= weicher Kehrreim). Meisterhaft wird die Wendung zum ersten Kehrreim in jeder der folgenden Strophen variiert. In den nächsten vier Zeilen werden Mißstände auf der Erde – genauer: in der damaligen Wiener Gesellschaft – besprochen. Endlich schließt die Strophe mit der Sentenz des zweiten (harten) Kehrreims: «Die Welt steht nicht mehr lang.» In der vierten Strophe (Extempore) verbeugt sich Nestroy-Knieriem nach alter Praxis vor seinem Publikum und verkehrt souverän den Pessimismus der vorigen Strophen in Kompliment und Empfehlung.

Wenn uns bei diesem Beispiel die starke innere Richtungsänderung des Sprechers auffällt, so werden wir ähnliche Beobachtungen in Bruants Hinrichtungslied machen. Hier scheint etwas dem Vortragslied Wesentliches zu liegen, auf das wir zurückkommen müssen.

Wenn man alle Bühnengesänge von Raimund und Nestroy überschaut, kann man an ihnen gut verfolgen, wie sich allmählich das Bedürfnis nach Reflexion und Meditation die ideale Form des Couplets schafft, in der Betrachtungen verschiedenster Art auf witzige Weise durch ein Leitthema miteinander verbunden werden können. Denn nur der brillant-aphoristisch schweifende Gedankengang kann sich

Historischer Teil

auf der Bühne behaupten: er muß nach den psychologischen Gesetzen der Komik wirken: so gesehen ist das Couplet die Form für das *parataktische* Denken, das Einfall an Einfall reiht, – nicht aber für ein *hypotaktisches* Denken, das ein Ergebnis auf dem anderen nach logischen Gesetzen aufbaut. Es darf aber das zweitwichtigste Element nicht vergessen werden, das zur Ausformung des Couplets beigetragen hat: das Mimische[43].

Aus der auf S. 34f. gegebenen Aufstellung von Kehrreimen bei Nestroy geht hervor, daß sie meist aus einer Sprachgebärde (und zwar häufig einem Ausruf) bestehen, die nach jeder Strophe – sich an deren Inhalt anpassend – variiert werden kann. Aber auch in den Strophen selbst finden wir eine ungewöhnliche Fülle von Ausrufen, Betonungsänderungen, die im Text angelegt sind, Stimmimitationen, Änderungen der Sprechrichtung (Publikum, Mitspieler, imaginäre Personen, von denen berichtet wird, zu sich selbst, in den Hintergrund etc.) und «gestischen Rhythmus» (Brecht), – alles Züge, die das Couplet in eine Reihe stellen mit dem Chanson und dem Song.

Wenn wir im zweiten Nestroy-Couplet auf fünf Strophen mindestens zwanzig verschiedene Gebärdeneinstellungen und ungefähr fünfundzwanzig Blick- und Sprechrichtungsänderungen zählen, so wird uns klar, daß diese Couplets nur für den Vortrag und dessen Wirkung geschaffen sind, ebenso wie Chanson und Song.

2. DIE ANREGUNG AUS FRANKREICH

Das aktuelle Chanson spielte in Frankreich schon eine wichtige Rolle, bevor es zur charakteristischen Form des *Cabaret artistique* wurde, in den *Café chantants* oder *Cafés concerts*. Zwischen den Kriegen von 1870 und 1914 waren es derer so viele wie heute Kinos nicht nur in Paris, sondern auch in den Provinzstädten. Vierzig Jahre lang blieben sie die wahrhaften Vergnügungsstätten des Volkes[44]. Die politischen

Die Anregung aus Frankreich

Volkssänger, wie Béranger und Paulus, fanden dort ihr Publikum.

Der Anfang dessen, was wir heute auch in Deutschland unter Cabaret verstehen, hatte fast den Charakter eines Vereins. Die «Académie des hydropathes» (der Wasserapostel), eine Gruppe von Bohemiens und intellektuellem Proletariat, die sich bisher immer im Café Voltaire des Quartier Latin getroffen hatte, mußte auf die «Butte sacrée», den Montmartre, umziehen, weil das Quartier seinen alten intimen Reiz verloren hatte. Für sie gründete der Maler Rodolphe Salis (1835-1897) am 18. November 1881 auf dem Boulevard Rochechouart Nr. 84 das «Cabaret artistique Chat Noir». (Man nimmt an, daß der Name von E. A. Poes Schauergeschichte angeregt wurde, die Salis damals illustrierte.) Dort traf sich die Künstlergesellschaft unter dem Vorsitz des Präsidenten Emile Goudeau jeden Freitagabend im oberen Saal, der etwa 60 Personen faßte. Die wenigen erhaltenen Zeichnungen dieses Auditoriums [45] und die Beschreibung von H. H. Ewers [46] zeigen uns, daß es nie die Unpersönlichkeit eines Theaters annahm, sondern die Intimität eines Vereinslokals auch behielt, als Salis dem Ansturm der neugierigen Bürger nachgab und fremde Gäste zuließ. Jeder Neukommende wurde vom Hausherrn zeremoniell begrüßt. Wie auch in den späteren deutschen Kabaretts bezahlten viele junge Künstler ihr Bier mit ihren Gemälden, die alle Wände zierten und Salis später zu einem reichen Mann machten. Die «Académie» gab auch eine Wochenschrift (*Chat noir*) heraus mit den Gedichten ihrer Mitglieder und den kühnen Karikaturen von Rivière, Steinlen, Willette, Henri Somn, Caran d'Ache und vielen anderen. Als die Mißgunst der in der Umgebung ansässigen Dirnen und Zuhälter zu Messerstechereien ausartete, wobei ein Kellner ermordet und Salis selbst schwer verwundet wurde, zogen die Künstler am 10. Juni 1885 um Mitternacht in feierlicher Prozession mit allen Andenken und der ganzen originellen Dekoration in die Rue de Laval (jetzt: Victor-Massé) um, wo sie sich das Haus des Malers Alfred Stevens [47]

Historischer Teil

prächtig herrichteten. Im alten Haus blieb der Volkschansonnier Aristide Bruant, der von den Zuhältern als einer der ihren geduldet wurde. Er nannte sein Cabaret «Mirliton» (Rohrflöte) und pflegte seine Gäste, im Gegensatz zu Salis' höflichen Anreden, in ordinärster Weise zu beschimpfen. Die Bürger der Belle Epoque fühlten sich durch beides geehrt. Sie genossen es, das ihnen aus Murgers *Scènes de la vie de bohème*[48] vertraute «lustige Künstlervölkchen» in Freiheit dressiert vorgeführt zu sehen, und ließen sich von den scharfen sozialen Anklagen und der Verachtung des Bourgeois in den Chansons von Bruant, Mac Nab und Marcel Legay wohlige Schauer über den Rücken jagen. Das Cabaret wurde ein Geschäft, doch es bewahrte sich seinen persönlichen Charakter, weil die Darbietungen improvisiert blieben. Man debattierte, rezitierte, sang sich gegenseitig Chansons vor und sang gemeinsam alte Volkslieder, oder man ergötzte sich an Schattenspielen. Jeder konnte, wie er Lust hatte, mitmachen oder passiv bleiben. Am Klavier saß Charles de Sivry, der Schwager Verlaines, und Claude Debussy dirigierte den «brausenden Chorgesang» mit einer Blechgabel.

Die beiden überragenden Interpreten dieser ersten Epoche des französischen Cabaret artistique sind die Diseuse Yvette Guilbert und der Volkssänger Aristide Bruant. Dieser, aus ärmlichsten Verhältnissen, hatte bei Salis herausgefunden, daß der Bürger, der unter den Künstlern das Gruseln lernen wollte, sich dabei gern unsanft anfassen läßt. Der französische Dramatiker Maurice Donnay, der im «Chat Noir» vor allem durch seine Schattenspiele berühmt war, beschreibt Bruants Art folgendermaßen: «Er singt beim Hin- und Hergehen oder er geht singend hin und her. Die Gäste singen den Refrain im Chor mit. Kommen neue Gäste herein, so werden sie beschimpft – und sind es zufrieden. Gehen sie, werden sie wieder beschimpft – und sind es zufrieden ...[49]»

In einer «realistischen Szene», die in der Zeitschrift *Mirliton*[50] abgedruckt wurde, sind Gespräche Bruants mit

Die Anregung aus Frankreich

seinem Publikum festgehalten, etwa: «Na, ihr blöden Fressen? Dreckhaufen! Hierher, meine Damen, hierher! Neben den kleinen Dicken da! Das geht doch sehr gut, sitzen ja nur fünfzehn Mann auf der Bank! Mein Gott! Kneift halt die Arschbacken ein bißchen zusammen!...» und dann stimmte er den traditionellen Refrain an:

> Tous les clients sont des cochons,
> La faridon don don, la fari dondaine,
> Et surtout les ceus qui s'en vont,
> La faridondain' la fari don don[51]!

Auf einem eindrucksvollen Plakat von Toulouse-Lautrec und wenigen, schlechten Schallplattenaufnahmen seiner Spätzeit können wir noch heute einen Abglanz vom vulgären Charme dieses Chansonniers erhaschen. Er sah aus wie ein Mittelding zwischen Apache und Löwenbändiger: schwarze Samtjacke, rotes Flanellhemd, schwarze Samthosen in hohen schwarzen Stiefeln, rote Leibbinde um den Bauch und einen breitkrempigen Filzhut auf dem Kopf – «so schritt der kräftig gebaute Mann in seiner Kneipe auf und ab, schwang sich plötzlich auf ein Bierfaß und gebot seinen Gästen unter Beschimpfungen Schweigen. Und dann sang er von den Dirnen und Zuhältern, den Mördern und Dieben, von Glanz und Elend, Reichtum und Armut der großen alten Stadt Paris, und unter dem rauhen Argot mit seinen grausigen Bildern blühten die Poesie und die Melancholie, die Bitterkeit und die Trauer dessen, der mit den Erniedrigten fühlt und leidet[52].»

«Er liebte die Verkommenen, wie Franziskus von Assisi die Aussätzigen geliebt hat», schreibt Yvette Guilbert in ihren Erinnerungen, und voller Wehmut erinnerte er sich selbst manchmal seiner Militärzeit, wo er sich nicht «von zehn Uhr abends bis zwei Uhr früh heiser zu schreien brauchte, um einen Haufen von Idioten zu amüsieren, die nicht nur nicht verstehen, was ich ihnen vorsinge, sondern die auch gar nicht begreifen können, was Hunger heißt – sie, die mit einem silbernen Löffel im Maul zur Welt ge-

Historischer Teil

kommen sind ... Ich revanchiere mich, indem ich sie beleidige und schlimmer behandele als einen Hund. Darüber lachen sie Tränen, weil sie meinen, ich machte Spaß. Und dabei stößt mir so oft die Vergangenheit auf, das Elend, das ich erduldet, der Dreck, den ich gesehen habe, und drängt sich mir auf die Lippen, daß ich so rede, wie ich rede[53].»

In diesem Selbstbekenntnis mag sich Echtes mit gespielter Attitude mischen. Bruant ist jedoch für die Geschichte des Cabarets und des Chansons eine der bedeutendsten Figuren geworden, weil seine Erscheinung, seine Haltung und seine Chansons als exemplarisch für geniales Volkssängertum gelten, wie es uns von Villon bis zu Brassens immer wieder begegnet.

Yvette Guilbert (geb. 1866 in Paris, gest. 1944 in Aix-en-Provence) wird von allen Fachleuten übereinstimmend als die bedeutendste Chansonniere und Diseuse bezeichnet, die es bis heute gegeben hat. Wer ihre Bücher[54] und ihr Repertoire[55] sowie die kostbaren Schallplattenaufnahmen[56], die wir von ihr besitzen, kennt, kann dieser Frau seine Bewunderung nicht versagen. Ihre Ausdrucksmöglichkeiten und ihre Gestaltungsleidenschaft reichten von den leichtesten Liedchen bis zu gregorianischen Kirchenweisen. Sie hat sich große Verdienste um die Wiederentdeckung altfranzösischer Poesie erworben. Alte Legenden sang sie ebenso ergreifend wie Schäferpoesie pikant. Ihre Technik bleibt bis heute unerreicht. Sie war auch eine begeisterte Pädagogin ihrer Kunst, gründete und leitete erfolgreich Schauspielschulen in Frankreich, der Schweiz und Amerika, und ihr verdanken wir das einzige, höchst aufschlußreiche Büchlein über die Technik des Chansonvortrags[57]. Ihre Schülerin, Marya Delvard, hat in München seit 1901 bei den «Elf Scharfrichtern» dem deutschen Chanson entscheidende Impulse gegeben. Nur wer die anderen Frauentypen kennt, die zu dieser Zeit auf den Bühnen der *Café Concerts* kunstlos tanzten und ihre schlüpfrigen Liedchen sangen, kann ermessen, wie einzigartig und neu die Guilbert war, und wieviel ihr alle späteren großen Diseusen bis zu Lore Lorentz

Die Anregung aus Frankreich

verdanken. Erich Klossowsky[58] gibt uns eine gute Beschreibung ihrer Erscheinung: «Eine große hagere Person, mit eckigen, saloppen, gesucht unschönen, aber suggestiven Gesten; Gesten von einer unsagbaren, scabreusen Gemeinheit, einem erschreckenden Cynismus, einer verruchten Blasiertheit ... Scharf und heiser, doch mit einem hysterisch leidenschaftlichen Accent zwischen den großen, schmalen Lippen hervorgestoßen, fallen die Worte: in einem degoutierten, ennuyierten Ton, rhythmisch abgehackt ... Das blaß knochige Gesicht, in dem über den spitzen Backen nur die grauen harten Augen zu glühen scheinen, wie phosphoreszierend unter dem verblichenen Rot der welken strohigen Haare; die weite, helle Masse des schlichten, damenhaften Kleides jäh durchschnitten zuweilen von den wie getuschten langen zittrigen Flecken der Handschuhe, in denen die dürren Arme stecken ... Dieses lebendig gewordene Plakat, dieses Mannweib, halb verblühte Kokotte, halb englische Gouvernante – das ist Yvette Guilbert.»

In seinem Buch *Das Varieté*[59] schildert Moeller van den Bruck, wie die Guilbert drei verschiedene Chansons auf drei grundverschiedene Weisen singt: ein lyrisches, ein schauriges (von Bruant) und ein kokettes. Das lyrische singt sie, «die Hände im Schoß gekreuzt, das Kinn und die Nase ein wenig und schräghin nach oben gereckt, die Augen halb geschlossen, das Haar rot:

> Par un clair de lune
> Nous nous somm's connus ...

– die Essenz französischer Sentimentalität, mit der verglichen das deutsche Schmachten noch eine Brutalität ist. Aber sie selbst hat nichts Gleitendes, Sinkendes dabei und vor allem nichts Himmelndes. Wenn sie die Lippen schließt, zuckt es wie überlegener Hohn zu dem Text darüber, sie scheint die Sentimentalität zu persiflieren, indem sie sie äußerlich bis zum letzten durchführt. Ihre Linien sind zu stolz, zu reich und zu kühn, die ganze Erscheinung zu zäh und zu kräftig, als daß man auch nur einen Augenblick glauben könnte, sie schmachte in ihrem Herzen mit. Und man fühlt, diese Frau hat sich allezeit festen Boden unter die Füße verschafft und Raum für sich mit den schönen starken Armen; einmal war sie vielleicht ein hysterisches Mädchen, aber es ist lange her und auch nur einmal; doch von jener Zeit her kennt sie den Überschwang, der nicht groß und trunken schwärmt, sondern leise selig anbetet; und lächelnd legt sie wohl seinen Gefühlsinhalt in ihr Chanson

> Sur la butt' fleurie
> On sentait l' printemps ...

Denn es ist ganz sonderbar, was plötzlich an dieser Stelle des Chansons mit ihr vorgeht. Alle Kraft ebbt ab vor ihrer Gestalt. Alles wird jetzt wirkliche Weichheit, Hingebung, Verklärung – sie hebt die Arme ein wenig und kreuzt sie über der Brust ... sie singt nicht mehr, tief wie aus unendlichem Hingerissensein spricht ihre Stimme:

> Comm' tes yeux sont grands ...

und alles, was es je auf Erden an Liebesversunkenheit in mondbeschienenen Frühlingsnächten gab, klingt aus ihren Tönen ... Doch dann, es scheint, als risse sie sich gewaltsam los von ihrer Stimmung, dann geht es über ihr Gesicht wie ein häßliches Erwachen in regnerischer, grauer, schmutziger Morgenfrühe, ein Erkennen von allerlei Häßlichkeiten, bis dahin ungeahnt –

> Oh, ce coeur sans tache
> Tu l'as immolé ...

Und wenn nun das Chanson zu Ende ist, war es ein ganzes Schicksal von einer, der es just passierte, der nur nicht das Herz darüber brach, aber an der der Ekel und die doch so süße Erinnerung fraßen, bis sie ihren Schmerz in eine Weltanschauung rettete, der nichts Menschliches mehr fern[60] ...»

Wir haben so ausführlich zitiert, weil die obige Beschreibung doch wesentlich mehr ergibt, als die subjektiven Gefühlsschilderungen eines ergriffenen Zuhörers: Sie zeigt erstens, wie schwierig es ist, die Wirkung eines Chansons

Die Anregung aus Frankreich

überhaupt mit Worten zu beschreiben, – zweitens, wie wenig uns der Text allein, hier der eines einfachen Volksliedchens, über das Kunstwerk in der Schallform aussagt. Die Interpretin komprimiert hier in das einfache Liedchen die schmerzlich-süße Liebeserfahrung einer gereiften Frau. So ist es zu verstehen, wenn sie in ihrem Buch[61] einmal sagt: «La chanson n'est rien d'autre qu'un drame condensé.» Wir erfahren aus zeitgenössischen Berichten, daß die Chansons der Guilbert die Wirkung eines Dramas haben konnten. Ja, das folgende Zitat wird zeigen, daß sie auch das Atmosphärische einer Stadt, einer Kultur einfangen konnten. Zugleich aber werden in diesem Bericht unsere theoretischen Überlegungen des ersten Kapitels empirisch bestätigt: Überzeugend wird die artistische Grundhaltung der Vortragenden beschrieben, ihre Gespaltenheit, die Bewußtheit ihrer Gestaltung, die innere Distanz vom Vorgetragenen, die Verwendung des Sprechgesangs. Wenn Klossowsky vor allem die Erscheinung der großen Diseuse schildert und van den Bruck ihre Vortragsart, so konzentriert sich Julius Bab[62] auf ihre kulturelle Bedeutung: «Unter seinen zahlreichen Talenten hat das Pariser Kabarett nur ein Genie hervorgebracht, und das war ... eine Frau![63] Yvette Guilbert ist es, die das künstlerische Ergebnis des Pariser Montmartre, soweit es irgend von seinem Ursprungsort abzulösen ging, durch die Welt getragen hat. Eine Könnerin und Kämpferin in Kunst und Leben: Aus der Tiefe des Volkes kommt sie, eine hungrige kleine Modistin, bei der man Stimme entdeckt, eine Kaffeehaussängerin, die man auspfeift. Aber sie bildet ihren Stil, erzwingt ihren Weg. Am Moulin Rouge hat sie zuerst Erfolg, und nun wird sie die Königin der Montmartreleute. Sie ist berühmt geworden mit dem Plakat Chérets[64], das sie zeigt: den wüstroten Schopf über dem lachend wilden Gesicht und mit den langen schwarzen Handschuhen, über die aufgewölbte Nase die Augen funkelnd frech und gefährlich – ein dämonischer Gassenjunge! Diese Frau bedeutet in ihrem Kreise eine letzte Vollendung, nicht anders als Stanislawski oder die

Historischer Teil

Duse. Aber was sie in so grenzenloser Vollkommenheit ausdrückt, ist eben nicht reine Menschennatur wie bei den Russen oder der Italienerin, sie drückt den Genius, der das Kabarett und die ganze Stadt Paris geschaffen hat, so vollkommen aus, weil sie alles Natürliche sofort in kultureller Bindung zeigt! Überall hat der bildende Geist sich schon des Naturlautes bemächtigt. Ob sie den sakralen Ton alter Legenden oder die ritterliche Melodie mittelalterlicher Balladen anschlägt, ob sie als Rokokodämchen kokettiert oder als Bérangers *Großmutter* aus behaglich keckem Lebensgenuß der bürgerlichen Kultur lächelt – sie gibt immer einen vollkommenen Stil! Aber sie hat diesen Stil, diese grenzenlos sichere Formung des Stoffes auch schon in Bereitschaft, wenn sie sich mit einer einzigen Bewegung der Schulter, einem einzigen Zucken des Mundes in einen Zuhälter vom Montmartre verwandelt oder wenn sie (in Richepins berühmter Ballade *La Glu*) die zärtliche Stimme der gemordeten Mutter plötzlich mit einer orgelhaften Wucht empordonnern und hinschmelzen läßt. Und sie gibt letzten Extrakt ihres eigenen Wesens, der Stadt Paris, der französischen Kultur, wenn sie Blick und Ton verschleiert, walzersummend, eine Zigarette in den Fingern, am Kamin lehnt: ‹Je suis la femme, on me connaît›. – Diese Vortragskünstlerin ohnegleichen war es vor allem, die den farbigen Reichtum dieser neuen Pariser Schöpfung Kabarett über die Welt geschüttet hat ... Die Befruchtung, die das Kabarett und die große Yvette vor allem dem europäischen Theater brachten, ging von seinen Inhalten, von dem bunt schillernden Reichtum an Stimmungen, von dem wiedererweckten Mut zu außerwirklich starken, grausigen und grotesken Wirkungen aus.»

Wenn Hans Heinz Ewers[65] sagt: «Auf der ‹Butte sacrée› wurde Zola zuerst innerlich überwunden und von ihr ging die Renaissance der Romantik aus» – zielt er damit wahrscheinlich, ähnlich wie Julius Bab, daraufhin, daß die Neuromantik, wenn wir mit diesem schwankenden Begriff einmal alle antinaturalistischen Bestrebungen dieser Zeit

Die Anregung aus Frankreich

umfaßen wollen, entscheidend durch das Cabaret angeregt wurde. Es genügt festzustellen, daß die Kabarettbewegung an dem antinaturalistischen Trend der Literatur heftig teilnahm. Mit gleichem Recht darf aber gesagt werden, daß sie – besonders in den Chansons von Bruant – auch naturalistischen (Proletariermilieu und soziale Anklage gestaltenden) Bestrebungen Raum gab, die später im deutschen Kabarett fortgesetzt werden sollten.

Was wurde vorgetragen, im «Chat Noir» selbst und in seinen vielen Ablegern? Die «Académie» des «Chat Noir» fing damit an, alte französische Volkslieder wieder aufleben zu lassen. Zuerst sang man sie noch häufig gemeinsam. Später übernahmen sie die Solisten in ihr Repertoire und entdeckten immer neue hinzu. So wurde das provenzalische Kinderlied *Sur le pont d'Avignon* wieder populär. Fast ebenso bekannt wurde eine Ballade, in der geschildert wird, wie St. Nikolaus zu den armen Kindern kommt[66]. Die Guilbert sang auch immer wieder ein Prozessionslied der Kinder aus der Champagne des 18. Jahrhunderts: *C'est le Mai* und eine *Eloge des Vieux* aus der gleichen Zeit, die von einem Abbé de Lattaignant aufgezeichnet worden war. Wie historisch ihr Repertoire ausgerichtet war, zeigt die Gliederung einer Sammlung, die sie in München während ihrer ersten Deutschlandtournee herausgab:

Chansons du Moyen Age au XVIIIème siècle ...
Chanson du XVIIème siecle ...
Chansons du XVIIIème siecle ...
  Chansons dites à danser ...
  Rondes populaires ...
  Refrains célébrés à Versailles ...
  Petits airs tendres français et anglais ...
  Chansons de Jean-Jaques Rousseau ...
  Old English songs XVIIIth century ...
  Chansons des Veillées ...
  Quelques Chansons modernes ...

Die englischen Lieder sang sie in der Originalsprache und in Übersetzungen. Die Rokokopoesie trug sie meistens mit

Historischer Teil

den Originalmelodien vor, wie das berühmte: *A vous direz-je, Maman!*, dessen Melodie (wie: *Morgen kommt der Weihnachtsmann!*) Josef Haydn für sein Schäferliedchen (*Zu späte Ankunft der Mutter ...*) übernahm.

Die modernen Chansons schrieben ihr besonders Léon Xanrof vom «Chat Noir» (*Le fiacre – L'Hotel du numéro 3 – La complainte des quatre étudiants –*), Paul Marinier (*D'elle à lui*) und Maurice Donnay (*Les vieux messieurs*). Einige schrieb sie sich auch selbst (*Madame Arthur*). Besonders unvergeßlich blieb vielen Hörern Richepins Schauerballade *La Glu*, die auch Bab erwähnt. Der Titel bedeutet Vogelleim, – dann, übertragen, eine Frau, an der die Männer sich wie an einer Leimrute fangen. Die Diseuse erreichte die große Wirkung vor allem durch die Variation des Refrains in der zweiten Zeile jeder Strophe.

> Y avait un' fois un pauv' gas
> Et lon, lonlaire, lonlonla,
> Y avait un' fois un pauv' gas
> Qu' aimait cell' qui n' l'aimait pas!
>
> Ell' lui dit: «Apport' – moi d'main
> L'coeur de ta mèr' pour mon chien!»
>
> Va chez sa mère et la tue,
> Lui prit l'coeur et s'encourut.
>
> Comme il courait, il tomba,
> Et par terr' le coeur roula!
>
> Et pendant que l' coeur roulait,
> Entendit l' coeur qui parlait.
>
> Et l' coeur disait en pleurant:
> «T'es-tu fait mal, mon enfant[67]?»

Ebenso bekannt wie diese Ballade und ebenso häufig ins Deutsche[68] übertragen, wurde das Muster eines Hinrichtungsliedes im Cabaret, Bruants nachempfundener Abschiedsbrief eines zum Tode Verurteilten an seine Liebste. («La Roquette» war das Pariser Gefängnis, vor dem die öffentlichen Hinrichtungen stattfanden.) Wir geben neben

Die Anregung aus Frankreich

dem französischen Original eine direkte Übertragung von Albert Langen und eine Umsetzung in den Berliner Dialekt, die Hans Hyan für sein Cabaret «Punschterrine» verfaßte.

Aristide Bruant: *A la Roquette*

1. En t'criant ces mots j'frémis
   De tout mon être
   Quand tu les liras j'aurai mis
   L'nez à la fenêtre;
5. J' suis réveillé depuis minuit,
   Ma pauv' Toinette,
   J'entends comme un' espèc' de bruit
   A la Roquette.

9. L'président n'aura pas voulu
   Signer ma grâce,
   Sans dout' que ca y aura déplu
   Que je me la casse.
13. Si l'on graciait a chaqu' coup
    Ca s'rait trop chouette!
    Faut d'temps en temps qu'on coupe un cou
    A la Roquette!

17. Déjà l'soleil blanchit les cieux,
    La nuit s'achève;
    Ies vont arriver ces Messieurs,
    V'la l' jour qui s' lève.
21. J'entends déjà distinctement
    L'peuple en goguette
    Chanter sur l'air de l'enterr'ment,
    A la Roquette.

25. Tout ca, vois-tu, ca n'me fait rien,
    C'qui m'paralyse,
    C'est qu'il faut qu'on coupe avant l'mien
    L'col de ma ch'mise.
29. En pensant au froid des ciseaux,
    à la toilette,
    J'ai peur d'avoir froid dans les os
    A la Roquette.

33. Aussi j' vas m'raidir pour marcher

47

Historischer Teil

Sans qu' ca m'emeuve.
C'est pas moi que j'voudrais flancher
Devant la veuve.
37. J' veux pas qu'on dis' que j'ai eu l'trac
De la lunette,
Avant d'eternuer dans l' sac
40. A la Roquette.

         Aristide Bruant: *A la Roquette*
         (übersetzt von Albert Langen)

1. Bei diesem Brief bebt mir der Leib
Im kalten Fieber.
Wenn du es liest, was ich hier schreib' (17)
Ist es vorüber.
5. Seit Mitternacht schlaf ich nicht mehr, (8)
Mein klein Toinette, (9)
Ein dumpf Geräusch dringt zu mir her
Von La Roquette.

9. Mein Bittgesuch wies man zurück. (10)
Für mein Verbrechen
Der Präsident will mein Genick
Nun einmal brechen.
13. Zu oft begnadigen geht nicht an – (17)
Das ist's – ich wette –
Von Zeit zu Zeit muß einer ran
Auf La Roquette.

17. Die Nacht war lang; herein zu mir (11)
Scheint bleich der Morgen.
Bald sind die Herrn vor meiner Tür,
Die mich besorgen.
21. Gendarmen stehn in Reih und Glied
Rings um die Stätte,
Das Volk heult – ein Begräbnislied
Auf La Roquette.

25. Das rührt mich nicht – ich bin kein Tropf!
Nur daß der Kragen (12)
Vom Hemde muß, eh sie den Kopf
Vom Hals mir schlagen!
29. Die Schere hat nicht viel Gefühl

Die Anregung aus Frankreich

    Bei der Toilette,
    Und früh am Morgen ist es kühl
    Auf La Roquette.
37. Mit festen Schritten will ich gehn (11a)
    Zur Guillotine, (12a)
    Und keiner soll mich wanken sehn!
    Vor der Maschine!
37. Verdammt, wenn mir der Nacken zuckt,
    Steckt er im Brette,
    Bevor ich in den Sand gespuckt
40. Auf La Roquette!

    Hans Hyan: *Die letzte Nacht*

    Verdammt, nu sitz ick in det Loch
    schon fast n Jahr und janz in Eisen.
    Un een Jestendnis hat ma noch
    bis jetz keen Richta konnt entreißen.
    't wa doch mitten in de Nacht! ... (13)
    Wer weeß et denn, det ick die Olle
    mit meenen Schneitling dotjemacht,
    daß mir det Blut spritz an de Tolle?

    Und trotzdem wa de Sache jlatt.
    Et hieß, ick hätte ihr jeschlachtet – –
    Der Pebel, der dabei saß, hat
    det Todesurteil ooch awachtet ...
    Mir jab et doch n mechtjen Stoß,
    ich   man so, als mißt ick lachen ...
    Na, un heit morjen jeht et los –
    Bejnadijung? – Is nich zu machen! (10)

    Janz scheen wa jestern det Suppeh!
    Zuerscht bestellt ick «falschen Hasen»,
    denn Bier und ooch Zigarren – zwee –
    Ich kann so scheene Ringe blasen ...
    Zwee Uffsichtsräte waen bei,
    den eenen, n jewissen Werder,
    den uzt ick noch, wie ick ma frei
    uff morjen – da jibbts «kalten Merder»!

    Un nachher wollt ick schlafen jehn,

Historischer Teil

Ick lechte mir uff die Madratze,
da hab ick alderhand gesehn:
Die Olle ... ooch! ... jeblutet hat se
wie'n Schwein ... dann fiel se uff mir druff.
Ick schrei un lieje an de Erde –
selbst der Beamte schreckte uff ...
Ob ick woll noch ma schlafen werde? (8)

Mein Jott, es ist doch schwer, so jung (14)
Wie ich bin, schon ant Messer missen! ...
Ick mechte vor de Hinrichtung
blos nochma meine Mieze kissen!! ... (9)
Ob die woll jetzt ooch an mir denkt? (2)
Se hette doch ma kennen kommen ...
Det Armband, wat ick se jeschenkt,
det hams ihr wieda wechjenommen.

Wie kleen der Jas uff eenma brennt!
Da Morjen kraucht schon durch de Jitta. (11)
Na Maxe, nu man nich jeflennt! (12e)
Jetzt heeßt et: Mut! ... un keen Jezitta!
Sie kommen! ... was? is denn schon Zeit? ...
Na ja, det is vor di son Futta! ...
«– Wat? ... ick? ... jawoll, ich bin bereit ...
Herr Paster! ... meine Mutter ... Muttall» (2)

Durch die wörtliche Rede werden wir ohne Einleitung mitten in eine «Grenzsituation» menschlichen Erlebens versetzt. Ein seine Hinrichtung erwartender Mörder formuliert den letzten Brief an sein Mädchen. Klein Toinette wird so unmittelbar angesprochen, als stünde sie neben dem Freund im Kerker (besonders durch die direkte Anrede und das «Du» in Z. 3–6). Aber bleibt das so? Die Äußerung kann später ebenso als an die Zuhörer gerichtet aufgefaßt werden (Z. 33–40). Die Sprechrichtung verschiebt sich unmerklich in jeder Strophe: jede wird mit einer direkten Aussage eingeleitet, von der sich dann der «innere Blick» des Sprechers[69] zu den Einzelheiten des unentrinnbaren, grausigen Endes weitet. Diese Verschiebung der Vorstellungswelt des Mörders bestimmt aber auch das Ganze des Liedes: Die direkten Ansprachen am Beginn jeder Strophe

Die Anregung aus Frankreich

werden immer kontaktloser – die schaurigen Visionen immer anschaulicher und eindringlicher. So wissen wir zum Beispiel nicht, ob die Worte «Mit festen Schritten will ich gehn –» noch an Toinette gerichtet sind oder an die Zuhörenden – oder gar an sich selbst, um sich Mut zuzusprechen.

Von dieser fortwährenden Verschiebung der Sprechrichtung erhält das Lied seine Spannung und Vortragseignung. Sie bietet dem Chansonnier Gelegenheit, die Gespaltenheit des Verbrechers – in kaltschnäuzig gefaßte Ansprache an die Freundin und angstvolle Erwartung und Vorausschau des Kommenden – auch mimisch[70] zu gestalten.

Die Antwort auf die Frage nach dem äußeren und inneren *Raum* dieses Hinrichtungsliedes ergibt eine Entsprechung zum Vorhergesagten: Der äußere Raum des Sprechers bleibt immer die Gefängniszelle. Der Ausdruck der Sprache entspricht aber dem inneren – d.h. dem vorgestellten Raum. Dieser ändert sich mit der Sprechrichtung: Anfangs ist er klein und intim, der normale Sprechraum des Briefschreibers. Toinette ist dem Verbrecher so nahe, daß er ganz leise und einfach sprechen kann. Dieser enge Kontakt wird erstmalig unterbrochen, wenn der Sprecher auf das dumpfe Geräusch horcht, das im rhythmischen Pochen des Refrains wiedergegeben wird: xxx / $\bot$ / $\bot$ / ʌʌ.

Der Kontakt wird aber in der zweiten Strophe sofort wieder hergestellt – nur ist der Ton heftiger geworden und steigert sich bald zur bitter-verzweifelten Ironie der Zeilen 13–16. Im französischen Original wird diese Steigerung in der nächsten Strophe fortgeführt, während die deutsche Übertragung sie noch einmal zurücknimmt («Die Nacht war –»). Dann aber weitet sich der innere Raum des Sprechers unaufhaltsam von der Enge der Zelle zur furchtbaren Öffentlichkeit der Gerichtsstätte. Falls die musikalische Begleitung das gröhlende Volk malt, muß der Verbrecher unbedingt lauter werden, wie – um sich über die Pöbelmenge hinweg seiner Freundin noch verständlich machen zu können.

Historischer Teil

Auch die Erregung wird in den beiden letzten Strophen eine Steigerung der Lautstärke bedingen. Das wird in der deutschen Sprachgestalt für uns sichtbar durch die vielen Ausrufezeichen, die Voranstellung der adverbialen Bestimmung am Beginn der letzten Strophe und besonders das einleitende «Verdammt» (Z. 33) des letzten Satzes.

Der Refrain besteht nur aus einer einfachen Ortsangabe. Nicht diese allein kann ihm seine eigenartige Faszination bewirkt haben, wenn auch der Name des berüchtigten Gefängnisses dem Interesse der Pariser Montmartre-Besucher für alles Makabre entgegenkam. Auch nicht der oben erwähnte wirkungsvolle Rhythmus dieser Zeile. – Es war vor allem die meisterhafte Einfachheit, in der er jeweils auf doppelte Weise an das Strophenganze gebunden ist: durch den nie krampfhaft wirkenden Reim – und durch den Sinnzusammenhang des letzten Satzes jeder Strophe, die diese simple Ortsangabe so zwanglos abschließt. Der Hörer, der ja den Refrain schon kennt, wartet jedesmal darauf, wie die Strophe diesmal wieder in den drei Wörtchen aufgehen wird, – und genießt unbewußt die ästhetische Befriedigung über die organische und zwanglose Art, in der es schließlich geschieht.

Ein anderes beliebtes Chanson Bruants zeichnet mit knappen Worten das Elend der «Pierreuses», der Straßenmädchen:

> All' sont des tas
> Qu'ont plus d'appas
> Et qui n'ont pas
> D' sou dans leurs bas
> Pierreuses, Trotteuses etc[71].

Diese Chansons kann man naturalistisch nennen, insofern sie soziales Milieu beschreiben. Meist haben sie das Leben der kleinen Leute in Paris als Thema (*Sur l'pave – A batignolles – J'suis dans l'bottin – Au Bois de Boulogne*), und häufig richten sie einen bitteren Humor gegen das satte Bürgertum, wie in der *Geschichte vom Weisheitszahn, den man besser*

Die Anregung aus Frankreich

plombieren als ziehen sollte. Nur selten war die Komik harmlos (*Ma Gigolette, elle est perdue, ma p'tite môme*)[72].

Bruant gab, ebenso wie dem Hinrichtungslied, auch der Tradition des Dirnenlieds entscheidende Impulse, die in Deutschland sofort aufgenommen wurden. Wir geben deshalb eines seiner Dirnenlieder in der freien Verdeutschung für das Berliner Kabarett von Karl Henckell[73]:

Die rote Rosa

Bin die Rosa...! Mit mir geht Leichenludewig.
Meine roten Haare trag ich à la Schneppenstrich.
Geh ich vorüber, sagt man: «Die rote Rosa ist das
von der Rotengaß.»

Manche Männer sehn alles schneeweiß gut,
sind dösige Dickwänste, haben kein Blut!
Meiner hat Blut, sieht alles rot wie Haß
in der Rotengaß.

Sein Oller sah alles schwarz, der war
wie der Leichenträger im «Assemoir».
Leichenludewig heißt er ja auch von das
in der Rotengaß.

Mein Lude hat seinen Sport, er sticht
einen Mann ab wie ein Karnickel, ganz schlicht,
nix Saftges bleibt übrig, sucht der sich mal was
in der Rotengaß.

Halt ich son Herrchen im Winkel an,
steht er auf der Lauer... rückt näher ran...
Morgens findet's der Polizist blutklitschenaß
in der Rotengaß.

Zusammenfassend läßt sich über das Cabaret «Chat Noir» sagen: Es hat bereits, zumindest im Keim, alles entwickelt, was später in Deutschland weitergepflegt werden sollte. Alle Voraussetzungen für die Entwicklung des Chanson, wie wir es kennen, waren hier erfüllt: der intime Rahmen (60 Personen), der Hörerkontakt des Solisten (der Vereinscharakter der *Hydropathen*), das Verständnis des Publikums und die reflektierende Bewußtheit der Vortragenden. Man

Historischer Teil

griff bewußt auf literarische Traditionen zurück: Volkslied, Kinderlied, Liebeslied, Rokokopoesie, politische Spottgesänge und soziale Satire, Bänkelsang und Schauerballade, besonders in der Form des Hinrichtungsliedes, Dirnenlied – gab ihnen aber teilweise im Vortrag einen neuen, bewußteren, pointierten, eben den Chansoncharakter.

Die beiden überragenden Solisten, Aristide Bruant und Yvette Guilbert, wurden zu Modellpersönlichkeiten, der erste als Volkschansonnier und die letzte als wandlungsfähige und zugleich absolut stilbewußte Diseuse. Besonders Yvette Guilbert entwickelte die Vortragstechnik des Chansons bereits zu einer solchen Meisterschaft und Bewußtheit, daß spätere Generationen in Frankreich und Deutschland nur noch neue Nuancen hinzufügen konnten.

Schließlich hat das Pariser Cabaret sich durch die Gunst der Zeitumstände und die Faszination seiner Vertreter soviel öffentliches Interesse und Anerkennung erworben, daß die deutschen Imitationen davon profitieren konnten.

3. DIE ANTWORT AUS DEUTSCHLAND

Es ist kaum mehr zu ermitteln, in welchem Kreise die Idee eines künstlerischen Kabaretts nach französischem Vorbild zuerst aufgetaucht ist. Das *Brettl* war ein allgemeines Bedürfnis des deutschen Großstadtpuplikums um die Jahrhundertwende. 1890 entwickelt Holger Drachmann in seinem Roman *Verschrieben*[74] den Plan einer Hebung des damals allzu platten Tingel-Tangels. 1897 umreißt Otto Julius Bierbaum in seinem «Roman aus der Froschperspektive» *Stilpe*[75] das Projekt eines künstlerischen Varietés. Kurz vorher diskutierte Frank Wedekind mit Freunden diese Idee[76]. Vor allem erwogen Lyriker in jener Zeit, ihren Werken ein wirkungsvolleres Podium zu geben. Die sogenannten «Jüngstdeutschen», worunter man die literarischen Gruppen um Michael Conrad und seine Zeitschrift *Die Gesellschaft* in München und um die Brüder Hart

Die Antwort aus Deutschland

und ihr Organ *Die Moderne* in Berlin verstand, verband in ihrer Frontstellung gegen Moral und Gesellschaftsformen des in den Gründerjahren reich und steril gewordenen Besitzbürgertums manches mit den Revolutionären des Pariser Cabarets. Besonders *Die Moderne* eroberte dem sozial-anklägerischen Naturalismus die Bühnen. Ihnen stand der Begründer des Berliner «Überbrettls,» der radikale Pamphletist Ernst von Wolzogen nahe. Wie aber für jene Zeit überhaupt die Gleichzeitigkeit verschiedener Kunstrichtungen und Stile charakteristisch ist, so wurde auch die Brettlbewegung in Deutschland gleichzeitig von zwei Richtungen beeinflußt: vom Naturalismus und vom Jugendstil.

Vom Naturalismus, indem sie soziale Dichtung nach dem Vorbilde Bruants zum Vortrage brachte, besonders Dirnenlieder[77], vom Jugendstil in zweifacher Weise: einmal durch das gemeinsame Anliegen der *angewandten Kunst*, zum andern – besonders bei Wolzogen und Bierbaum – durch den Stil der Chansons selbst. Besonders Otto Julius Bierbaum und seine literarischen Mitstreiter lehnten sich gegen den künstlerischen Historismus der siebziger Jahre auf und verlangten nach einer nach funktionalistischen Gesichtspunkten angewandten Kunst überhaupt und einer Popularisierung der Dichtkunst im besonderen. Diese Bestrebungen entsprachen denen der Darmstädter Künstlerkolonie, die 1901 mit der Ausstellung *Jugendstilbewegung* der Öffentlichkeit ihre Ziele bekannt gab. Daß die Darmstädter Künstler und die Begründer der ersten deutschen Cabarets in Kontakt miteinander standen, wird auch dadurch bewiesen, daß Wolzogen zuerst 1893 in München eine «Freie literarische Gesellschaft» gründete und dort in seinem gastfreien Hause sowohl die Propagatoren des Naturalismus als auch die des Jugendstils verkehrten, daß er später sein erstes Cabaret in Darmstadt, in einem extra von dortigen Künstlern dafür entworfenen Hause, eröffnen wollte – und daß vor allem zum ersten Sammelbändchen deutscher Chansons (*Brettl-Lieder*)[78] folgende Dichter einträchtig Beiträge lieferten:

Historischer Teil

Richard Dehmel, Gustav Falke, Ludwig Finckh, Alfred Walter Heymel, Arno Holz, Detlev von Liliencron, Rudolf Alexander Schröder, Frank Wedekind und Bierbaum und Wolzogen selbst. In dem *Brief an eine junge Dame anstatt einer Vorrede* zu dieser Sammlung schreibt Bierbaum (Auszüge) «... Wir haben ja Kunst für das Varieté zusammengestellt. Da möchte und mußte das Schrille neben dem Zarten, das Ausgelassene neben dem Ernsten, heißes Gefühl neben Tändelei, Sentimentalität und Ironie nebeneinander stehen. – Lyrik und Tingeltangel, wie reimt sich das zusammen? – Wir haben nun einmal die fixe Idee, es müßte jetzt das ganze Leben mit Kunst durchsetzt werden. – So wollen auch wir Gedichte schreiben, die nicht nur im stillen Kämmerlein gelesen werden, sondern vor einer erheiterungslustigen Menge gesungen werden mögen. *Angewandte Lyrik* – da haben Sie unser Schlagwort. Aus diesen Worten kann man die ästhetischen Gesetze des Chansons, wie wir es meinen, ziehen. Es müssen Lieder sein, die gesungen werden können, das ist das erste. Das zweite und nicht minder wesentliche aber ist, daß sie für eine Menge gesungen werden können, die nicht etwa, wie das Publikum eines Konzertsaales, darauf aus ist, ‹große Kunst› kritisch zu genießen, sondern die ganz einfach unterhalten werden will.

Unsere Meinung ist nun, daß auch dazu die Kunst nicht zu gut ist. Wir halten es vielmehr für verdienstlich, dem Unterhaltungsbedürfnis unserer Mitmenschen mit künstlerischen Mitteln auch dort gerecht zu werden, wo bisher fast ausschließlich rohe Unkunst herrschte. –

Der heutige Stadtmensch hat, wenn Sie Gütige mir das gewagte Wort erlauben, Varieténerven; er hat nur noch selten die Fähigkeit, großen dramatischen Zusammenhängen zu folgen, sein Empfindungsleben für drei Theaterstunden auf einen Ton zu stimmen, er will Abwechslung, – Varieté. – Was wir hier bringen und in Ihre zarten Hände legen, ist eine bescheidene Gabe von Baubeiträgen. Wir wollen zeigen, daß unsere lyrische Kunst schon früher, als Aussicht auf Verwendung war, kleine anspruchslose Dinge

Die Antwort aus Deutschland

geschaffen hat, unter denen sich wohl das eine und andere Brauchbare finden möchte. Es werden sich, wenn einmal die Theater dafür da sind, viele einstellen, die mehr und vielleicht Besseres bringen; hier ist ein kleiner Grundstock. Es soll nur gezeigt werden, daß es an dichterischen Kräften für das deutsche Chanson nicht fehlt, und daß diese Kräfte mannigfaltig genug sind, um auch damit dem Wesen des Varietés zu genügen. –»

H. R. Bär versuchte diese Entwicklung 1930 schon mit einigem Abstand zu erklären (*Sachwörterbuch der Deutschkunde*, 1930, S. 764): «– Entscheidend für die Beurteilung der Lage (der Lyrik ab 1900) aber ist die Skepsis der Lyriker selbst. Nur wenige Gruppen der Jüngsten haben noch Zutrauen zum Sinn des unverhüllten Seelenausdrucks (etwa Brockmeier); die meisten und zeitnahesten ringen sich durch Sarkasmus und Spiel. Das lyrische Empfinden versteckt sich. Infolgedessen lebt, da die Buchlyrik stirbt, im wesentlichen das gesprochene, aktuelle Gebrauchsgedicht, das Chanson, das von Wedekind zu Mehring, Brecht, Kästner, Ringelnatz, Peter Panter und anderen hin immer mehr an Geltung gewinnt. Der Lyriker will – unter Verzicht auf ‹Ewigkeitswerte› – seiner Zeit an Forderung und Widerspruch, aber doch auch schon wieder an Trost und Mitleiden geben, was sie gerade braucht. So stellt sich – häufig auf dem Weg über Bühne oder Kabarett – eine neue Verbindung zwischen Lyrik und Volk her.»

Die ersten *Kontakte mit Frankreich* bahnte Franz Wedekind an, das spätere Mitglied der Münchner «Elf Scharfrichter», als er 1891–1893 in Paris weilte. Im Jahr 1899 gab das französische Cabaret «Roulotte» sein erstes Gastspiel in Deutschland. – Anläßlich der Weltausstellung sahen im Jahre 1900 viele Deutsche in Paris zum ersten Mal ein echtes Cabaret. Schließlich machte 1902 Yvette Guilbert selbst eine große Tournée (*Montmartre en ballade*, mit ihrem Gatten, Dr. Schiller, und Marcel Legay, Gabriel Montoya, Georges Fragerolles und Clement-Georges) durch Deutschland und Österreich.

Historischer Teil

Die einzige deutsche Stadt, die eine dem Pariser Montmartre vergleichbare, geschlossene Boheme besaß, war *München*. In Schwabing saßen allerdings Bürgertum und Künstlervolk wesentlich enger und friedlicher beisammen als an der Seine, aber es war doch ein besserer Nährboden für das Cabaret französischen Stils als Berlin. Hatten in Paris die Cabarets («Chat Noir» und «Mirliton») florierende Zeitschriften hervorgebracht, so erhofften sich in München der Herausgeber des *Simplicissimus* (seit 1896), Albert Langen, und seine Mitarbeiter (Frank Wedekind, Korfiz Holm, Ludwig Thoma und die Zeichner: Thomas Theodor Heine, Bruno Paul und Rudolf Wilke) das Umgekehrte. Langen und Wedekind hatten das französische Cabaret in Paris selbst kennengelernt. Warum sollte in München nicht der satirischen Zeitschrift das Cabaret folgen? Diesen noch theoretischen Erörterungen gab im Jahre 1900 ein neuer Zensurgesetzentwurf (Lex Heinze) neuen Auftrieb. Schließlich verdichteten sich die Diskussionen der *Simplicissimus*-Mitarbeiter mit den Studenten und Schauspielern vom «Akademisch-Dramatischen Verein», und den jungen Malern der Sezession in der *Dichtelei*, einer Künstlerkneipe in der Adalbertstraße, unter dem Einfluß des früheren Chansonniers und Conférenciers in Pariser Cabarets in der Nachfolge des «Chat Noir», Marc Henry, zu konkreten Plänen für ein Münchener Kabarett nach Pariser Vorbild. Henry (Achille Georges d'Ailly-Vaucheret) lebte als Student und Korrespondent französischer Blätter in München und gab seit 1899 eine *Revue Franco-Allemande* heraus. Er brachte seine Freundin, die Musikstudentin Marya Delvard aus Lothringen, mit, die zur bedeutendsten Diseuse der «Elf Scharfrichter» wurde. Am 13. April eröffnete man im alten Fechtsaal des Hirschen in der Türkenstraße 28. Otto Falckenberg, einer der Scharfrichter, beschreibt in der Zeitschrift *Bühne und Brettl*[79] das Ergebnis des Umbaus durch den damals bekannten Architekten Max Langheinrich: «Mehr als hundert Personen haben hier nicht Platz. Glatte Wände, bis zu halber Höhe mit Holz verkleidet, darüber mit Stoff be-

Die Antwort aus Deutschland

spannt, in ruhigen, vornehmen Farben gehalten und mit den (von Wilhelm Hüsgen geschaffenen) Porträtmasken der ‹Elf› sowie auserlesenen Gemälden, Lithographien, Radierungen und Zeichnungen moderner Meister (Félicien Rops, Steinlen, Léandre und Arpad Schmidhammer von der *Jugend* und dem *Simplicissimus*) geschmückt; zu beiden Seiten des Eingangs je eine behagliche Loge, deren eine von dem *Schandpfahl* dem Wahrzeichen der ‹Scharfrichter› flankiert wird: einem zopfperückengekrönten Totenschädel, in dem noch das Henkerbeil sitzt; einfache, aber sehr bequeme Stühle und Tische und, dem Eingang gegenüber, die Bühne – das ist das Scharfrichtertheater[80].

An den Schandpfahl angenagelt fand das interessierte Publikum Zensurentscheide, Gerichtsurteile, amtliche Verlautbarungen oder was immer den Zorn der ‹Elf› erregt hatte. Die ‹Scharfrichter› hatten sich ihrem blutigen Gewerbe entsprechende Decknamen zugelegt: der lauteschlagende Rechtsanwalt Robert Kothe nannte sich ‹Frigidius Strang›, Langheinrich ‹Max Knax›, der Szenenbildner Neumann ‹Kaspar Beil›, Hüsgen ‹Till Blut›, der Lyriker und Kurzszenen-Autor Greiner ‹Dionysius Tod›, Falckenberg, der Regisseur, Puppenspiel- und Einakter-Autor, ‹Peter Luft›, der musikalische Leiter und Komponist Hans Richard Weinhöppel ‹Hannes Ruch›, der Maler Wille Örtel ‹Seraphion Grab›, der Maler Viktor Frisch ‹Gottfried Still›, der Sketch-Autor Willy Rath ‹Willibaldus Rost› und Marc Henry, der Conférencier, ‹Balthasar Starr› ... zu den eigentlichen ‹Scharfrichtern‹ zählten noch mehrere ‹Henkersknechte›. So der neunzehnjährige Geometerstudent Heinrich Lautensack – Mädchen für alles, Dramaturg, Stückeschreiber und genialisch-grotesker Lyriker, der 1918 am Grabe seines Idols Frank Wedekind wahnsinnig wurde; Bruno Walters Bruder Paul Schlesinger, der später unter dem Pseudonym ‹Sling› ein namhafter Ullstein-Journalist war, und der nachmalige Münchener Verleger Richard Piper, der in den Puppenspielen die von Waldemar Hecker modellierten Puppen führte, sowie Hecker selbst ... Als

Historischer Teil

cabareterfahrener Spiritus rector und Organisator wußte Marc Henry, worauf es ankam: in gedrängtem Rahmen Kunst aller Art zu vermitteln. Seine Künstlerschar sollte nur das vortragen, was sie aus eigenem zu sagen hatte. Bei allem mußte der Eindruck des Unmittelbaren, des Improvisatorischen gewahrt bleiben, die Rampe ignoriert und dem Publikum suggeriert werden, daß jeder etwas zum besten geben könne, wenn er wolle. Um sich vor der Zensur zu schützen, gab man die Vorstellungen nicht öffentlich, sondern spielte als Verein vor ‹geladenem Publikum›, nicht ohne im Programmheft bekanntzugeben, wo Einladungen zu erhalten seien. Die ‹Exekutionen› fanden zunächst nur montags, mittwochs und samstags um acht Uhr abends bei freiem Eintritt gegen Entrichtung einer Garderobegebühr von 2,99 Mark statt. Solche Exklusivität erhöhte natürlich den Reiz der Sache.»

All diese äußeren Voraussetzungen mußten den «Elf Scharfrichtern» den großen Erfolg verschaffen, den sie tatsächlich gehabt haben. Und Arthur Kutscher, der sie noch selbst erlebt hat, sagt in seiner Wedekindbiographie: «Sie waren zweifellos das bedeutendste Kabarett Deutschlands[81].»

Aber auch hier lösen sich wieder vom Hintergrund des Ensembles zwei Persönlichkeiten, die als Chansoninterpreten Besonderes und Exemplarisches geleistet haben: Marya Delvard und Frank Wedekind. Die Tochter eines wohlhabenden Pariser Professoren wirkte auf den jungen Carossa, als wäre sie eben erst dem Grab entstiegen[82]. Karl Wolfskehl beschreibt ihre Wirkung[83]:

«Nichts wußte man von ihr, ein Legendenkreis legte sich in tausendfältigen Windungen um ihr Dasein, die Fülle mehr oder weniger geflüsterter Anekdoten machte sie berühmt und beredet. Aber alles vergaß sich, wenn sie dastand, hoch, schlank, strengumrissen, fast unbeweglich und doch voll zitternden Lebens, die gallisch großen, ausdrucksschönen Hände übereinandergelegt, wenn ihr schwerer, das bleiche Antlitz leidenschaftlich betonender Mund sich auftat und

Die Antwort aus Deutschland

mit glockenhaft tiefer Stimme ihre Lieder und Balladen nicht nur sang, sondern wahrhaft erstehen ließ ... Ob sie, unter sorgsamer Abwägung von Licht und Schatten, eine ihrer geliebten alten Balladen gibt, gibt in jenem ihr eigentümlichen, durch seine Monotonie und die starke Herausarbeitung des Rhythmus besonders ergreifenden Erzählerton, mit dem sie, wie ein alter Minstrel, im Mondschein die Menge bannt – ob sie durch ein Liebeslied das Aufschluchzen des Herzens zittern läßt: immer bleibt sie Künstlerin, immer Herrin des Werkes, des Stoffes, ihrer eigenen glühenden und stolzen Natur.»

Die letzten Sätze weisen wieder – wie bei Yvette Guilbert – auf jene artistische Distanz vom Stoff hin, die dem Chansoninterpreten so eigentümlich zu sein scheint. Sie war es noch mehr als für die große Interpretin des *Chanson macabre* für Frank Wedekind. Dieser wohl bedeutendste «Scharfrichter», der seine Lieder auch selber vertonte, wird von Hermann Bahr anläßlich eines Gastspiels in Wien folgendermaßen charakterisiert[84]: «... anscheinend fast schüchtern im Auftreten, freundlich, recht behäbig, wozu aber das maskenhafte der starren Miene, der kalte Blick der grausamen Augen und ein gieriger Zug um die bösen Lippen gar nicht recht stimmen will. – Und nun beginnt er seine berühmten zynischen Lieder, *Brigitte B.* und *Ilse* zu singen, mit einer unendlich wehmütigen, wie reuig klagenden Stimme, dabei so messerscharf artikulierend, als hätte er die boshaftesten Witze zu erzählen. – Ich muß gestehen: für mich hat diese vieldeutig aus Ironie, Härte und Sehnsucht zusammengemischte Art einen solchen Reiz, daß ich ihm stundenlang zuhören könnte.»

Wedekind hat 1899 (unter dem Pseudonym «Hieronymus» im *Simplicissimus*) das erste deutsche politische Chanson veröffentlicht. Es trug ihm zwei Jahre Festungshaft ein, weil Kaiser Wilhelm II. nicht dulden wollte, daß man seine Palästinareise verspottete.

Der Menschheit Durst nach Taten lässt sich stillen,
Doch nach Bewunderung ist ihr Durst enorm.

Historischer Teil

Der du ihr beide Durste zu erfüllen
vermagst, sei's in der Tropenuniform,
Sei es in Seemanstracht, im Purpurkleide,
Im Rokokokostüm aus starrer Seide,
Sei es im Jagdrock oder Sportgewand,
Willkommen, teurer Fürst, im Heiligen Land!

(= 3. Strophe)

Dergleichen konnte man auch in München nur in «geschlossener Veranstaltung» singen, und als die «Scharfrichter» in Berlin ein Gastspiel geben wollten, wurden sie von der Zensur verboten. Getreu ihrem Eingangschor, nahmen sie Mißstände aller Art aufs Korn, ließen aber auch Volkspoesie hören.

    Erbauet ragt der schwarze Block
    Wir richten scharf und herzlich.
    Blutrotes Herz, blutroter Rock,
    All unsre Lust ist schmerzlich.
    Wer mit dem Tag verfeindet ist,
    Wird blutig exequieret!
    Wer mit dem Tod befreundet ist,
    Mit Sang und Klag gezieret.

Nach diesen blutrünstigen Zeilen sang Hannes Ruch in der Eröffnungsvorstellung zur Laute zwei Lieder von Liliencron und das *Schwarzbraune Mägdelein* aus *Des Knaben Wunderhorn*. Eine Nichte des damals amtierenden Reichskanzlers von Bülow rezitierte Gedichte, die Wiener Soubrette Friederike Gutman-Umlauft trug drei Lieder vor, darunter Henckells *Die Dirne*[85]:

    Schleiche auf dunklem Flur.
    Schleppe grauen Gram.
    Bin ja, bin ja nur
    Eine alte Hur;
    Habt mich für Geld
    Kenne auf der Welt
    Keine Scham –
    Ein Tier!
    War doch auch ein Kind,
    Rein wie ihr,

Die Antwort aus Deutschland

>Las in dem Angebind,
>Dem Samtbrevier:
>Herr Gott, dich loben wir –
>Bin wie ihr gesprungen
>Zu Spiel und Tanz,
>Habe so hell gesungen
>Auf sonniger Heide:
>Wir winden dir den Jungfernkranz –
>Jungfernkranz! –
>Mit veilchenblauer Seide ...
>
>Schleiche auf dunklem Flur,
>Häßliche, alte Hur,
>Gehorsamer Diener!
>Gehorsamer Diener!
>Gott!! –
>Mütterchen, was sagt der liebe Gott
>«Beten, beten!»
>Heißa, heißa, hopsassa!
>La la la ...
>Hopsassa!
>Schöner grüner,
>Schöner grüner Jungfernkranz!
>– – Mir wird schlecht. –
>Hunger – Brot! Brot!
>Liebste fürn Lumpengeld,
>Ist doch ne elende Welt! –
>O läg ich tot! ...

Nach Sketchen und einem Puppenspiel nach dem Muster der Schattenspiele im «Chat Noir» sang die Delvard, «groß, schlank, den Kopf nach hinten, mit hängenden Armen, keiner Bewegung fähig», Bierbaums *Lied in der Nacht*[86] in der Vertonung durch Hannes Ruch:

>Straßen hin und Straßen her
>Wandr' ich in der Nacht,
>Bin aus Träumen dumpf und schwer
>Schluchzen aufgewacht.
>Tränen,
>Sehnen,
>Lust und Schmerz –
>Ach, wohin treibt mich mein Herz?

Historischer Teil

Anschließend wiederum ein Lied aus *Des Knaben Wunderhorn* und schließlich, «wachsbleich, die Hand in den Vorhang verkrallt», Wedekinds *Ilse*[87]:

> Ich war ein Kind von fünfzehn Jahren,
> Ein reines, unschuldsvolles Kind,
> Als ich zum erstenmal erfahren,
> Wie süß der Liebe Freuden sind.
>
> Er nahm mich um den Leib und lachte
> Und flüsterte: Oh, welch ein Glück!
> Und dabei bog er sachte, sachte
> Mein Köpfchen auf das Pfühl zurück.
>
> Seit jenem Tag lieb ich sie alle,
> Des Lebens schönster Lenz ist mein;
> Und wenn ich keinem mehr gefalle,
> Dann will ich gern begraben sein.

Donnernder Applaus. «Man stürmte die Bühne, umarmte und küßte die große Diseuse ...[88]» Wir haben von diesem Lied, gesungen von der Tochter des Verfassers, Pamela Wedekind, eine Schallplattenaufnahme, die einen Eindruck vom Vortragsstil der «Scharfrichter» vermittelt[89].

Man sang aber nicht nur Wedekind, sondern zum Beispiel auch Dehmels *Der Arbeitsmann*[90] («Uns fehlt nur eine Kleinigkeit, um so frei zu sein, wie die Vögel sind; nur Zeit!») und von Bierbaum die Ballade *Im Schlosse Mirabell* («Der Erzbischof von Salzburg, ein gar stolzer Mann, der liebt die schönen Jungfräulein und sieht sie freundlich an[91].»)

«Eine von Marya Delvards oft gesungenen Balladen hieß *Die blinde Harfnerin* und erzählt, vom Vortrag der Delvard auf dem schmalen Grat zwischen Kunst und Kitsch gehalten, von einer Blinden, die von Wirtshaus zu Wirtshaus ziehend, unter dem Grölen der Männer und Kreischen der Weiber «lüsterne Lieder von ihm und ihr» singt, «und die Harfe will immer weinen dazu». Ihr Liebster, den sie «geliebt und toll gemacht und sein wild lieb Seelchen umgebracht» hatte, stach ihr die Augen aus und ging in die Welt:

> Seit er mir stahl das Augenlicht,
> Muß ich ihn suchen und find' ihn nicht.

Die Antwort aus Deutschland

Gebt Geld, gebt Geld, gebt viel und mehr,
Den ich muß wandern bis über das Meer,
Das Grab zu finden,
Drauf groß in den Winden
Tiefrote Blumen schwanken hin und her.»[92]

Dieses Lied wie das von Henckell und Wedekinds *Ilse* setzen die Tradition des Dirnenliedes fort. Wedekind läßt auch das Hinrichtungslied wieder aufleben:

Der Tantenmörder

Ich hab meine Tante geschlachtet,
Meine Tante war alt und schwach;
Ich hatte bei ihr übernachtet
Und grub in den Kisten-Kasten nach.

Da fand ich goldene Haufen,
Fand auch an Papieren gar viel
Und hörte die alte Tante schnaufen
Ohn Mitleid und Zartgefühl.

Was nutzt es, daß sie sich noch härme –
Nacht war es rings um mich her –
Ich stieß ihr den Dolch in die Därme,
Die Tante schnaufte nicht mehr.

Das Geld war schwer zu tragen,
Viel schwerer die Tante noch.
Ich faßte sie bebend am Kragen
Und stieß sie ins tiefe Kellerloch.

Ich hab meine Tante geschlachtet,
Meine Tante war alt und schwach;
Ihr aber, o Richter, ihr trachtet
Meiner blühenden Jugend-Jugend nach[93].

Ebenso wird der in dritter Person berichtende Moritatenton wieder aufgenommen: Brigitte B., ein Ladenmädchen aus Baden (die genaue Ortsangabe soll den Bericht beglaubigen), wird bei einem nächtlichen Botengang von einem «Individuum» verführt, »was die Madam verzeihlich fand», nicht aber, daß die zu befördernde Ware dabei abhanden gekommen war. Brigitte bereut zwar tränenreich, verfällt dem «Individuum» aber mehr und mehr und verschafft ihm Eingang in die herrschaftliche Wohnung. Der Kerl nimmt mit, was er kriegen kann, «und zollt ihr nicht mal mehr den Dank».

> Brigitte, als sie nun gesehen,
> Was ihr Geliebter angericht',
> Entwich auf unhörbaren Zehen
> Dem Ehepaar aus dem Gesicht.
>
> Vorgestern hat man sie gefangen,
> Es läßt sich nicht beschreiben, wo;
> Dem Jüngling, der die Tat begangen,
> Dem ging es gestern ebenso [94].

Es ist schwer, in unserer Zeit, die ganz anderes gewöhnt ist, noch herauszufühlen, was das Publikum um die Jahrhundertwende bei Wedekinds Versen empfand. Der kalte Griff, mit dem der Dichter gesellschaftliche Tabus einriß, hatte nichts mehr von der Poesie des viel ernsthafteren Bruant – und wirkte darum schockierender. Wedekinds Chansons stachen von der Jugendstilpoesie durch ihre brutale Unverhülltheit ab, von den schlüpfrigen Tingeltangelliedern durch ihre Sachlichkeit und von den naturalistisch-sozialen Chansons durch ihre Arroganz und Schnoddrigkeit. Typisch sind folgende Strophen für den neuen Ton, der mit Wedekind in das deutsche Kabarett kam:

Die Realistin [95]

> Rosetta behauptet, die Liebe
> sei lediglich Schweinerei,
> die man nur deshalb betriebe,
> weil einem so wohl dabei.
>
> Daß Menschen an Liebe gestorben,
> das sei nicht zu verstehn.
> Sie hätten sich eben verdorben,
> wie's öfter pflegt zu geschehn.
>
> Sie selber nähme das peinlich,
> denn ein verliebtes Schwein
> das müsse auswendig so reinlich
> wie ein Engel inwendig sein.

Die Antwort aus Deutschland

Dieser Ton ist in unserer Zeit verschärft von Erich Kästner wieder aufgenommen worden:

Moralische Anatomie[96]

Da hat mir kürzlich und mitten im Bett
eine Studentin der Jurisprudenz erklärt:
Jungfernschaft sei, möglicherweise, ganz nett,
besäß aber kaum noch Sammlerwert.

Ich weiß natürlich, daß sie nicht log.
Weder als sie das sagte,
noch als sie sich kenntnisreich rückwärts bog
und nach meinem Befinden fragte.

Sie hatte nur Angst vor dem Kind.
Manchmal besucht sie mich noch.
An der Stelle wo andre moralisch sind,
da ist bei ihr ein Loch.

Die «Scharfrichter» scheiterten schließlich im vierten Jahre ihres Bestehens an ihrer geschäftlichen Untüchtigkeit. Das Ensemble hatte sich schon vorher mehrfach aufgelöst und umgebildet. Marc Henry und Marya Delvard gaben dem Wiener Cabaret («Nachtlicht» und «Fledermaus») die entscheidenden Impulse, Wedekind trat noch gelegentlich als Solist auf. Dieses erste Cabaret nach Pariser Muster auf deutschem Boden hatte aber doch ein Beispiel gegeben, an das sich viele erinnerten. In den Memoiren der Zeitgenossen[97] kommt zum Ausdruck, daß manche diesem Vorbild folgten. Viele Kabarettisten der späteren Jahre, besonders im «Simplicissimus» der Kathi Kobus, mögen mehr oder weniger bewußt das Beispiel der «Scharfrichter» als Leitbild in sich getragen haben. Was diese bedeutend gemacht hat, läßt sich folgendermaßen zusammenfaßen:

Durch kluge Beschränkung im Raum erreichten sie die intime und scheinbar improvisatorische Atmosphäre, die dem Chanson so förderlich ist. Die Intimität der Abende wurde durch den erzwungenen Clubcharakter (Zensur) nur gefördert. Eine Fülle begabter und origineller Mitarbeiter sorgte für die bunte Vielfalt der Programme und die an-

Historischer Teil

regende Ausstattung. Unter diesen befanden sich Dichter, die – wie im französischen Cabaret – ihre eigenen Werke vortrugen. Die Auswahl der Texte garantierte eine gewisse Qualität des Programmes. Durch die verhältnismäßig günstigen Umstände im damaligen München wurden echte politische Satire und soziale Themen ermöglicht. Vor allem aber besaß dieses Cabaret mindestens zwei überragende Interpretenpersönlichkeiten, die das Publikum anzogen und hielten: Marya Delvard und Frank Wedekind.

4. Jugendstil-Brettl in Berlin: Wolzogens «Bunte Bühne»

Die deutsche Kabarettgeschichte beginnt mit zwei fast gleichzeitigen Gründungen in den beiden Metropolen München und Berlin. Die erste war, wie wir gesehen haben, erfolgreich, wenn auch nicht von langer Dauer. Die zweite, von Wolzogen am 18. Januar 1901 in Berlin gegründet, wurde eine Pleite von noch kürzerer Dauer.

«Schon Lage, Art und Größe des Raumes, den er wählte, kündigten die Katastrophe an. Wolzogen etablierte, da die auf Anteilscheine erworbenen 10000 Mark zum Ausbau des ursprünglich vorgesehenen Theatersaales Unter den Linden nicht ausreichten, sein ‹Überbrettl› im Berliner Osten, in der Secessions-Bühne Alexanderstraße 40, nahe dem Alexanderplatz. Das Theater faßte 650 Plätze, die jeden Abend mit einem aufnahmebereiten, doch am Alexanderplatz bestimmt nicht beheimateten Publikum zu füllen waren, dem zudem Logenpreise von zehn Goldmark nicht zu teuer sein durften. Solange das interessierte Publikum aus dem Zentrum und dem Westen kam, ging alles gut ...

Das später herbeiströmende Publikum pfiff auf die Veredelungsabsichten und erfreute sich an den geschickt aufgeputzten, musikalisch versüßten und wirkungsvoll dargebrachten Nichtigkeiten wesentlich mehr als an poetischen oder szenischen Leckerbissen, wie sie für literarische

Jugendstil-Brettl in Berlin

Feinschmecker, wenn auch auf einer viel zu großen Schüssel, angerichtet wurden[98].»

Wolzogen wählte also eine regelrechte Varietébühne für sein Vorhaben und engagierte Berufsschauspieler. Damit war die französische Tradition verlassen und das literarische Chanson, wie wir es im ersten Kapitel umschrieben haben, hätte sich entweder umbilden (dem größeren Rahmen anpassen) müssen, wie wir im siebenten Kapitel beschreiben werden, – oder es konnte seine eigentümliche Wirkung nicht entfalten. Das letztere geschah.

Es kam nämlich noch ein weiteres Negativum hinzu: Unter den Berufsschauspielern[99], die bei Wolzogen auf traten, fanden sich keine Chansoninterpreten, die mit Wedekind und Delvard oder gar mit Bruant und Guilbert zu vergleichen wären. Jedenfalls wird uns nicht von ihnen berichtet, und es liegen eine ziemlich große Anzahl von Erinnerungen[100] an das «Bunte Theater» oder «Überbrettl» vor. (Den zweiten Namen fand Wolzogen in Anlehnung an den durch Nietzsche bekannt gewordenen Begriff «Übermensch». Seine Bühne sollte auf höherem Niveau als das «Brettl», wie man in Süddeutschland das Varieté nannte, stehen und doch kein regelrechtes Theater sein.) Seine Künstler verlangten aber relativ hohe Gagen. Sie waren nicht bereit, wie die Idealisten in München, «auf Teilung» zu spielen. Wolzogen aber war kein Geschäftsmann wie Salis. Außerdem herrschte bald Mangel an geeigneter Vortragsliteratur, da die Vortragenden nicht selber schrieben. Schließlich beschnitt der «Maulkorb der Zensur»[101] auf oft groteske Weise jede Möglichkeit der Tagessatire. So waren die Darbietungen den Kritikern zu seicht und verspielt, dem breiten Publikum um den «Alex» aber noch nicht flach genug. Mehr noch als anderswo entwickelte sich in Berlin nach Wolzogens Anfangserfolg eine Flut von Konkurrenzunternehmen[102].

Nach den oben geschilderten Umständen läßt sich erwarten, daß auch die *Texte* von wesentlich schlechterer Qualität sein mußten als bei den «Scharfrichtern». «Die Eröffnung

Historischer Teil

des ‹Bunten Theaters› (Überbrettl) am 18. Januar 1901 fiel auf den 200. Jahrestag der preußischen Monarchie, was, wenn es ein Zufall, ein bezeichnender war. Wolzogen sprach die Eröffnungsworte und conferierte das Programm. Der erste Teil enthielt Gedichte von Wolzogen, Bierbaum, Hugo Salus und Robert Eysler, das eine und andere vertont von James Rothstein, Victor Hollaender, und Bogumil Zepler, vorgetragen von Olga d'Estrée, Olga Wohlbrück (der Tante des Schauspielers Adolf Wohlbrück, die eigentlich Schriftstellerin war) und dem singenden und tanzenden Paar Bozena Bradsky und Robert Koppel. Nach der Pause amüsierte Wolzogen sein Publikum, darunter die Größen der zeitgenössischen Berliner Theaterkritik, mit der Verlesung der Kritiken, die anderntags erscheinen würden – verfaßt von ihm selber. Im zweiten Teil brachte er etwas Neues: Er führte die Szene ins Cabaret ein, und zwar mit einer Parodie Christian Morgensterns auf Gabriele d'Annunzio, *Das Mittagsmahl* (*Il pranzo*), und einem Einakter aus Arthur Schnitzlers Zyklus *Anatol;* ferner brachte er eine als Schattenspiel aufgezogene Ballade von Detlev von Liliencron und die Pantomime *Pierrots Tücke, Traum und Tod* von Rudolph Schanzer mit der Musik von Oscar Straus ...[103]»
Straus war eine der stärksten Begabungen in Wolzogens Ensemble. Mit seiner Musik gab er auch den albernsten Chansons noch einen Zauber, der sie populär machte (Liliencrons *Die Musik kommt*)[104], der gelegentlich allerdings ihren eigentlichen Sinn zudeckte. So war Bierbaums *Der lustige Ehemann*[105] anfangs als Parodie auf ein Schäferlied – mit einer zeitkritischen Spitze gegen das unpolitisch sorglose Bürgertum gedacht. Wenn aber das Paar Bradsky-Koppel sich zu den reizvollen Klängen der Musik von Straus in Biedermeierkostümen drehte und die neckischen Verse vortrug, gab es beim Publikum nur einmütige Begeisterung – und einmütiges Mißverstehen.

Ringelringelrosenkranz,
Ich tanz mit meiner Frau,

Jugendstil-Brettl in Berlin

Wir tanzen um den Rosenbusch,
Klingklanggloribusch,
Ich dreh mich wie ein Pfau.

Die dritte Strophe heißt:

Die Welt, die ist da draußen wo,
Mag auf dem Kopf sie stehn!
Sie intressiert uns gar nicht sehr,
Und wenn sie nicht vorhanden wär,
Würds auch noch weitergehn: ...

Aus dem sozialen Chanson Bruants ist bei Wolzogen ein flacher Singsang vom *Laufmädel*[106] geworden, das von Wolzogen zu eifrigen Botengängen mit der Aussicht auf den Märchenprinzen angespornt wird, der ihr Schicksal einmal wenden wird. Statt dessen kommt nur der Tod in Gestalt einer berufsbedingten Schwindsucht:

Mädel, wie sie dich bepacken!
Schau, wie glühn dir bloß die Backen!
Kindel, hast du's auf der Brust,
Daß du gar so husten mußt?
Nebel schieben,
Flocken stieben –
Fasching kam mit Geigenklingen ...
Warum magst du denn nicht springen?
Kille, kille, Kleine,
Brauche deine Beine –
Trippeltrab trappauf und ab,
Stöckelstiefel klippeklapp –
Bald ein End hat alle Not –
Frühling wird's – dann kommt der Tod.

Selbst einer der wenigen wirklichen Dichter des Kreises um Wolzogen, Detlev von Liliencron, wird auf der Bühne hilflos und albern. Sein berühmt gewordenes Chanson *Die Musik kommt* verdankt all seinen Charme der Musik von Straus. Die revolutionäre Vitalität der Münchener Kabarettisten war hier zu konservativ-bourgeoiser Servilität pervertiert, die sich in der Geburtstagshuldigung des «Überbrettls» an Wilhelm II. dokumentiert:

Historischer Teil

Duckmäuser, die im Dunkeln düster grollen,
Das sind wir nicht. – Gelt, du wirst Spaß verstehn?
Und wenn wir mal ein Wörtchen wagen wollen,
So wirst du gern uns durch die Finger sehn.

Wir ballen nicht die Fäuste in den Taschen,
Wir wandeln frank und frei im hellen Tag –
Und wenn wir knechtisch nicht nach Beifall haschen,
Der starke Herr uns umso lieber mag.

Darauf vertraun wir Überbrettlleute –
Lieber Herr Kaiser, gelt, du sagst nicht nein?
's klingt zehnmal lauter, wenn dir zehn Gescheute,
Als hunderttausend Esel hurra schrein[107]!

Ein Chanson des «Überbrettls» verdient es aber, genauer betrachtet zu werden. Weil wir uns in den vorigen Kapiteln mehr auf Moritat und Hinrichtungslied konzentriert haben, sehen wir uns hier ein Dirnenlied an:

Ernst von Wolzogen: *Madame Adèle*[108]

1 Je suis Adèle, la reine blonde –
On me connait, messieurs, parbleu!
Je suis la reine, la reine, la reine du Demimonde.
Adèle est la – faites votre jeu!
Oje, Oji, hab nur ka Angst –
Ich sing auch Deutsch, wenn d'es verlangst,
Denn mein Französch' g'langt nur – oje!
8 Zum Hausgebrauch fürs Varieté:
Ein Franzos ist nur mein Schneider –
Echt Paris sind diese Kleider.
Und drunter das ist auch kein Quark:
C'est un jupon pour achtzig Mark,
Die seidnen Strümpf kriegst schon für acht –
Trulala, Trulala –
Was glaub'n Sie, wie das glücklich macht!

16 Nicht immer wühlt ich so in Spitzen,
Einst trug ich Barchent und Flanell –
Ich mußte tipp-tipp-tipp an der Maschine sitzen,
Und auch die Feder führt ich schnell.
Ole, oli – 's war wenig da –

Jugendstil-Brettl in Berlin

Und ein Korsett verbot Mama,
Doch unverfälscht und g'sund dazu,
Wie warme Milch frisch von der Kuh!
24 Abends kriegt ich Käs und Rettich,
Und dann kroch fein satt ins Bett ich – – –
Jetzt jede Nacht im Separé
Mit feschen Herren ein Souper!
Da schleck ich, bis das Mieder kracht – –
Trulala, Trulala –
Was glaub'n Sie, wie das glücklich macht!

31 Ich zählte eben siebzehn Jahre,
Da nahte schon sich mein Geschick:
Ein Herr vergaffte sich in meine blonden Haare
Und in den veilchenblauen Blick.
Halli! Hallo! Wie war ich froh!
Er fragt nicht lang und nahm mich so ...
Im vierten Stock haust' mein Poet ...
Und da geschahs – wie das so geht! –
39 Himmelhoch und himmelweit –
Heimlich süße Seligkeit!
Ach, wenn ich an seinem Halse hing,
War ich ihm alles – ich dummes Ding – –
Da ward ich wissend über Nacht – –
Trulala, Trulala –
Was glaub'n Sie, wie das glücklich macht!

46 Goldkehlchen mein und Sonnenscheinchen,
Sein süßes Mädel, lieb und dumm –
So nannt er mich und lobte meine Elfenbeinchen
Und trug mich buckelkrax herum.
O Gitt, o Gott! 's ist jammervoll,
Daß solche Lieb auch enden soll! –
52 Doch vom Talent wird man nicht satt,
53 Wenn man nicht eine Rente hat! – –
Der zweite war ein Her Assessor,
Der stand sich schon erheblich besser ...
Ja, meine Herrn – die Jugend flieht!
Ein kluges Kind wird früh solid!
Treu hat noch nie was eingebracht – –
Trulala, Trulala –
Was glaub'n Sie, wie das glücklich macht!

Historischer Teil

61 Der erste nahm sich nicht das Leben,
Als ich zum zweiten mich gewandt,
Er hieß mich schleunigst nur die Trepp hinunterschweben – –
Worauf er aus der Stadt verschwand.
Trali! Trala! 'sist lang schon her,
Bin längst kein dummes Mädel mehr! –
Ich fahr zum Rennen viere lang,
Und hab mein Konto bei der Bank!
69 Flog ins Licht als graue Motte –
Doch jetzt bin ich grande Cocotte!
Je m'en fiche de tout ce que m'accuse!
Hein! Messieurs, je vous amuse?
Vlan les volants! He Kreischt und lacht!
Trulala! Trulala –
75 Was glaub'n Sie, wie das glücklich macht!

Wir haben es hier wohl mit dem einfachsten und naheliegendsten Typ des Chansons zu tun: eine kostümierte Person betritt die Bühne und stellt sich dem Publikum vor: «Je suis –». Französisch spricht die mondäne Adele; und das ist bezeichnend für das Prestige, das die französischen Vorbilder des deutschen Brettl-Liedes bis zum Aufkommen des sozialistischen Songs ausübten. Außerdem galt es in der *Demimonde* natürlich für fein, seine Reden mit französischen Sprachfetzen zu schmücken.

Schon die erste Strophe zeigt, wie gern das gute Chanson dem Vortragenden Gelegenheit bietet, zum Publikum Kontakt zu finden: Hier wird die Publikumsanrede so variiert, daß selbst der Leser des Textes sieht, wie die Chansonette sich zuerst an alle wendet (Z. 1–4), dann vielleicht an einen verschüchtert aussehenden einzelnen in der ersten Reihe (Z. 5–9), dann wieder an mehrere (Z. 10–12), danach nochmals an einen einzelnen (Z. 13) – und schließlich nach einigen Tanzschritten im Dreivierteltakt (Trulala-Trulala) nochmals an alle (Z. 15).

Die zweite Strophe wird ganz von einem Topos dieses Typs gefüllt: dem Gegensatz, den Adeles ärmliche Vergangenheit zu ihrer luxuriösen Gegenwart bildet.

Auch die dritte Strophe bringt einen Topos: die Schil-

Jugendstil-Brettl in Berlin

derung der ersten Liebe, die gleichzeitig den Anfang ihrer «Karriere» bedeutet. Hier fallen die temperamentvollen Zwischenrufe auf (Z. 35, 38, 40, 42), die immer auf den Zuschauer gerichtet vorgestellt werden müssen.

Die vierte Strophe wird sogar von längeren Zwischenbemerkungen und Reflexionen unterbrochen, fast aufgelöst, die für den Vortragenden mimische Möglichkeiten bedeuten (Z. 50/51, 52/53, 56/57, 58).

Die letzte Strophe schließlich beendet die Erzählung aus Adeles Vergangenheit. Es ist, als ob die leichtsinnige Kokotte noch zu faul wäre, geordnet zu erzählen: ihre Gedanken schweifen wieder zur Gegenwart. Schließlich verfällt sie wieder in ihr Französisch, in dem sie die Herren nun unmittelbar anspricht und zum Lebensgenuß auffordert (Z. 72). So wird ihre ärmliche Vergangenheit – in den drei Mittelstrophen in deutscher Sprache erzählt – von ihrer Demimonde = Gegenwart – in der ersten und der letzten Strophe durch die französische Sprache charakterisiert – wirksam abgehoben und eingerahmt.

Durch die krampfhafte Ausgelassenheit der letzten Zeilen und des Refrains klingen das Grauen und die Verzweiflung, wie sie Chansons dieses Themenkreises am Schluß oft durch eine plötzliche Wendung ins Tragische vertiefen. Es bleibt der Interpretin überlassen, das scheinbar läppische «Trulala» des Refrains allmählich mit bitterer Ironie aufzuladen und dadurch seine Wirkung von Strophe zu Strophe zu steigern – bis zum Aufschrei einer «Gesunkenen».

Die Strophen dieses Chansons sind stark untergliedert und können in mindestens fünf Teile zerlegt werden: Metrisch heben sich jeweils von den ersten vier Zeilen die nächsten vier durch ihren regelmäßig männlichen Ausgang ab. Auch bilden in allen Strophen die beiden Vierzeiler jeweils einen Sinnzusammenhang. Doch wirken in der ersten Strophe die ersten vier Zeilen wesentlich länger (nicht nur die dritte, die es tatsächlich ist) als die folgenden. Das bedingen die vielen Binnenpausen, die sich im metrischen Schema nicht wiedergeben lassen. (Jede Zeile enthält mindestens eine: Z. 1 nach «Adèle», Z. 2 nach «Messieurs», Z. 3 nach den ersten beiden «Reine» und Z. 4 nach «la».) Wir spüren die breite, pompöse Gebärde, mit der die Kokotte sich vorstellt. Das nächste Zeilenpaar bildet wiederum eine Sinneinheit, metrisch ausgedrückt durch den Übergang vom jambischen in den trochäischen Rhythmus. Danach fällt die Sprache wieder in den jambischen Rhythmus mit männlichem Zeilenausgang – bis zum Dreivierteltakt des Refrains.

Die metrisch stark gegliederte Strophe veranlaßt den Musiker, seine Begleitung ebenfalls zu variieren. Durch den sich häufig ändernden Rhythmus von Sprache und Musik wird der Vortragende seinerseits inspiriert, sogar genötigt, seine Ausdrucksmittel der Abwechslung anzupassen. So wird das Chanson lebendig. Besonders wird ein zündender Refrain niemals den gleichen rhythmisch-melodischen Charakter wie die Vorstrophe haben. Der Hörer erwartet den Wechsel und genießt ihn.

Das «Überbrettl» war nach eineinhalb Jahren bankerott. Unzähligen andern Bretteln, die nach Wolzogens Anfangserfolg sowohl in Berlin als in München wie Pilze aus dem Boden schossen, erging es nicht besser. Die Flut von Neugründungen, Sezessionen und Pleiten in den Jahren bis zum 2. Weltkrieg läßt sich selbst in einer dickleibigen Kabarettgeschichte kaum überschauen. In allen Kabaretts wurden nun Chansons vorgetragen, gute und schlechte, und die bedeutendsten Interpreten wechselten häufig von einem Unternehmen zum andern. Mit wenigen Ausnahmen entwickelten die neuen Kabaretts nicht mehr einen so ausgeprägten Stil wie das «Chat Noir» und die «Scharfrichter». Es genügt uns deshalb, von den einzelnen Kabaretts absehend, einige Haupttypen des Chansons zu beschreiben, die uns auf verschiedenen Podien wiederbegegnen.

Das mondäne Chanson

5. DAS MONDÄNE CHANSON

Es wurde gesagt, daß große Operettenstars wie Fritzi Massary häufig ihre Arien wie Chansons vortrugen. Das gleiche läßt sich bei den Ausstattungsrevuen nach Pariser Vorbild, etwa im Metropoltheater mit Giampietro, beobachten. Der Mann, der für ein mondänes Großstadtpublikum die Eleganz und musikalische Farbigkeit der guten Operette mit dem Esprit des Kabaretts verband, hieß Rudolf Nelson. Er hatte sich als eines von sieben Kindern eines jüdischen Kaufmannes namens Lewinsohn im Berliner Osten durch seine ungewöhnliche musikalische Begabung zum Liebling der Berliner Hocharistokratie und des Hohenzollernhauses hochgearbeitet. Mit dieser «Kundschaft» und seiner brillanten musikalischen Phantasie konnte er von 1904 bis zum 2. Weltkrieg immer neue, erfolgreiche Kabaretts gründen, Interpretentalente entdecken (übrigens auch Moissi) und vor allem Chansons kreieren, die zum Besten gehören, was auf diesem Gebiet geleistet worden ist: «1904 – Berlin hat das rasche Blühen und Vergehen des ‹Überbrettl›-Rausches überstanden. Abgebrüht und begierig auf Neues, weniger Butzenscheiben-Lyrisches, strömen die verwöhnten Spitzen der Gesellschaft nun in den ‹Roland von Berlin›. Und erleben zum erstenmal etwas Weltstädtisches. Anmut und Ironie mischen sich in Nelsons Musik, samtweiche Melodik vereint sich mit einem stählernen Anschlag in seiner Selbstinterpretation am Flügel. Die Themen der Chansons sind aus dem Leben gegriffen und haben das elektrisierende Frou-Frou-Rauschen von Delikat-Verbotenem ...[109]»

Das aber war nur der Anfang. Nach dem ersten Weltkrieg schuf Nelson für das Kabarett die Form der *Kleinen Revue* oder *Revuette*. Sie glichen den großen Revuen nur in der Form, in der einzelne Nummern durch einen *roten Faden* verknüpft waren, – nicht aber in der Größe und Ausstattung. Für diese *Revuetten* schrieb er in erstaunlicher Produktivität die meisten Chansons, die fast alle große Erfolge waren. In dieser Begabung kann nur ein zweiter mit ihm verglichen

Historischer Teil

werden: Friedrich Hollaender: «In Friedrich Hollaender besitzt das deutsche Kabarett sozusagen seinen Geniefall. Geerbt hat der 1896 in London geborene Berliner seine vielfältigen Gaben von den drei großen Hollaenders der Zeit um die Jahrhundertwende: die musikalische Begabung von Onkel Gustav, dem Begründer und Leiter des Sternschen Konservatoriums; die literarische von Onkel Felix, dem Romancier und Chefdramaturgen von Max Reinhardt; die Show-Begabung von seinem Vater Victor, dem Hauskomponisten des Metropoltheaters, der die Berliner Lebewelt vor 1914 alle Jahre mit einer neuen Operette überrachte ..., denen Fritzi Massary und Joseph Giampietro den Glanz der singenden, schneidigen und verliebten Traumwelt verliehen[110].»

Hollaender hatte über Nelsons erstaunliches Anpassungstalent hinaus eine satirische Begabung, die ihn befähigte, seine Texte selbst zu schreiben.

Diese beiden haben in Berlin und München, zwischendurch in der amerikanischen Emigration und beim Film, unzähligen begabten Chansoninterpreten ein Podium geboten, wie der jungen, blonden Käthe Erlholz, die später Nelsons Frau wurde. «Mit Käthe Erlholz wurde die Diseuse Berliner Provenienz geboren: keß, schlagfertig, voll trockenen Humors und doch mit der Grazie und Grandezza der Dame – einer weltstädtischen Dame eben, die sich Witz und Frivolität leisten kann[111].»

Bezeichnend für die schwierige Überschaubarkeit des damaligen Kabarettbetriebs in Berlin ist, daß in Nelsons mondänem Umkreis, durch seinen Mitarbeiter Schneider-Duncker, auch die abolut nicht elegante Claire Waldoff entdeckt wurde, das spätere Urbild der «Berliner Pflanze». Die Waldoff sang burschikos-ordinäre Couplets, und auch Hollaenders Frau, Blandine Ebinger, spezialisierte sich mit ihren berühmten *Liedern eines armen Mädchens* auf das volkstümliche und soziale Chanson Berliner Prägung. Lange Zeit lieferte sogar Kurt Tucholsky für jedes Nelson-Programm alle 6 Wochen ein aktuelles politisches Chanson.

Das mondäne Chanson

Typisch aber für Nelsons und Hollaenders besondere Begabungen war eine Art des Chansons, die wir, grob zusammenfassend, *das mondäne* nennen möchten. Denn in Wirklichkeit handelt es sich natürlich um die verschiedenartigsten Ausprägungen, die nur eines gemeinsam haben: jenen weltstädtisch-kultivierten, eleganten und doch zugleich geistreichen Charakter, von dem oben in der Kritik über Nelsons Debut die Rede war. Verglichen mit diesem wirkt der Biedermeier-Jugendstil der «Scharfrichter» und vor allem des «Überbrettls» beinahe spießig. Die Interpreten der ersten Kabaretts waren, wenn sie ernsthaft sein wollten, häufig zu schwerfällig, – wenn sie witzig sein wollten, albern. Es fehlte ihnen die leichte Hand, mit der die souveräne Massary schon in dieser Zeit in ihren Operettenchansons das Amüsante durch ihre Vortragskunst bedeutend machte.

Denn von der Operette, und besonders von der viel bewunderten Massary, kam der mondäne (weltstädtische) Stil, an den wir eigentlich heute meistens denken, wenn wir vom Chanson sprechen. Entwickelt wurde er vor allem in den Kabaretts und Revuetten von Nelson und Hollaender durch deren brillante Chansons. Nelson war in erster Linie Musiker. Er gab häufig unbedeutenden Texten durch seine Begleitungen einen Charme, der sie zu Schlagern werden ließ. Bei vielen dieser einschmeichelnden Lieder fragt man sich, ob sie noch den Namen «literarisches Chanson» verdienen. Sie nähern sich gar zu sehr dem Schlager. Diese Zweifel werden durch die Interpretation einer der großen Diseusen schnell wieder verscheucht. Sie wertet durch ihren geistreichen Vortrag den bedeutungslosen Text ebenso auf, wie eine große Schauspielerin die dürren Worte eines schlechten Dramas durch ihr Spiel zum Klingen bringt. Erstaunlich ist nun, daß doch der mondäne «Nelson-Stil» auch eine Wirkung auf die Chansontexte seit seiner Zeit ausgeübt hat. Wir merken das zuerst daran, daß uns neben den besten Nelsonchansons nicht nur Musik und Vortragsweise, sondern auch die Texte des «Überbrettls» hausbacken und altmodisch

Historischer Teil

vorkommen. Man muß sich diese Rückwirkung wohl damit erklären, daß der Chansontexter (etwa Tucholsky) beim Schreiben meist eine lebhafte Vorstellung von der Gestaltung seiner Worte durch einen bestimmten Interpreten hat. Die meisten großen Chansons seit Nelson sind ja einer Vortragspersönlichkeit, deren Eigenart der Texter genau studiert hatte, auf den Leib geschrieben. Ein einigermaßen sensibler Texter kann aber einer eleganten Diseuse keinen hausbackenen Text schreiben, besonders wenn er, wie Tucholsky bei Nelson, die Musikbegleitung schon im Ohr hat. Denn auch das kommt nun neu hinzu: bedeutende Chansontexter hielten es nicht für unter ihrem Niveau, die Worte zu einer bereits fertigen Melodie zu schreiben. Hatten bisher immer die Komponisten sich der fertigen Sprachgestalt unterzuordnen, so ließen sich nun häufig die Kabarettdichter durch eine zündende Melodie zu einem passenden Text anregen und sahen keine Abwertung ihrer geschmeidigen Kunst darin. Es ist auch nicht einzusehen, warum es bei entsprechender Begabung nicht auch auf diesem Wege zur Einheit von Wort und Musik kommen soll, die das gute Chanson ausmacht. Bei Talenten wie Friedrich Hollaender, die Texter und Komponist zugleich sind, läßt es sich ohnehin häufig schwer ausmachen, was zuerst da war: Sprache oder Musik. Es wird berichtet[112], daß ein berühmtes Chanson der Ebinger, Hollaenders Frau, dadurch entstand, daß ihr Gatte einmal unauffällig notierte, was sie in einigen Minuten zusammenschwatzte, und Musik dazu erfand. Andererseits entstand ein durch Marlene Dietrich[113] weltberühmt gewordenes Lied, *Johnny, wenn du Geburtstag hast* –, während Hollaender in Hut und Mantel, die Handschuhe an den Händen, auf seine Frau wartete, die für die Gesellschaft, zu der man gemeinsam gehen wollte, noch Toilette machte. Spielerisch klimperte Hollaender in seiner Ungeduld über die Klaviertasten – innerhalb von zwei Minuten hatte er den Refrain beisammen, die Worte und die Musik:

Das mondäne Chanson

Johnny, wenn du Geburtstag hast,
Bin ich bei dir zu Gast
Die ganze Nacht ...[114]

Ein verwöhntes Mädchen schmachtet in diesem Chanson nach ihrem Johnny. Die Dietrich singt das mit ihrer rauchigen Stimme zu Tangorhythmen; *Eartha Kitt* intoniert es noch ein wenig langsamer, lasziver; – beide aber, indem sie die wollüstige Stimmung, die schon in der Musik liegt, bis aufs Äußerte treiben, distanzieren sich gleichzeitig von ihr. Damit machen sie das Lied künstlerisch erst möglich. Ohne die innere Distanz, die wir schon so häufig beobachtet haben, wäre es eine Geschmacklosigkeit. So aber – in der Gestaltung, deren Möglichkeit man aus dem Text allein nur ahnen, nicht ablesen kann, – gewinnt es etwas von dem Reiz der Parodie, indem es eine Stimmung völlig auslebt und sie gleichzeitig durch die artistische Distanzhaltung ad absurdum führt.

Marlene Dietrich wurde mit Hollaenders Chansons in dem Film *Der blaue Engel* weltberühmt. Im Grunde sind diese nur neue, mondäne Versionen des Dirnenliedes. Der alte Typ: eine Kokotte tritt auf und stellt sich dem Publikum vor:

Ich bin von Kopf bis Fuß
Auf Liebe eingestellt,
Und das ist meine Welt
Und sonst gar nichts ...

Auch der *Vamp* als Figur war nicht neu. Nelson hatte ihn schon zuvor mit der von ihm entdeckten blonden Hilde Hildebrand im «Blauen Saal» des Berliner Eden-Hotels (1932) als Neuauflage der *femme fatale* eingeführt. Auch die Hildebrand distanzierte sich in ihrem erfolgreichsten Chanson parodierend von ihrem eigenen Typ:

Der Vamp
(Nach Tonbandaufnahme notiert)

1. Immer wieder muß ich lüstern flüstern
   und mit sinnlich leicht bewegten Nüstern
   mich so schlaksig hintenrum bewegen,

Historischer Teil

um die Herren Männer aufzuregen.
Wenn ich meine Augen schwül verrenke,
hält kein Mann bei seiner Frau mehr aus.
Mir wächst das erotische Menkenke
aber schon stundenlang zum Hals heraus.

R. Ich bin die Sünde persönlich.
Ich bin ganz außergewöhnlich.
Ich mache die Männer scharf,
aber keiner darf, Ätsch!
Erst werd ich vampig
und dann werd ich pampig.
Erst tu ich so, als ob;
dann lach ich Hohn!
Ich bin von Fuß bis Kopf:
ein kleiner Dämon.

2. Immer wieder lass ich aus Versehen
ein Stück Beinfleisch oder sowas sehen.
Ach ich finde mich dabei so dämlich,
doch die Herren Kerle reizt das nämlich.
Alle werden sie zu meinen Sklaven.
Ach mir macht das absolut kein Spaß.
Ich verführe selbst die feinsten Grafen –
aber mich, – ja mich verführt kein Aas!

R. Dabei bin ich die Sünde persönlich!
Dabei bin ich so außergewöhnlich!
Dabei mach ich die Männer scharf,
aber keiner darf – Ätsch!
Erst werd ich vampig
und dann bin ich pampig.
Erst tu ich so, als ob, –
dann lach ich Hohn!
Ich bin von Fuß bis Kopf:
ein kleiner Dämon!

3. Wenn sie wüßten wie mir als Vampir ist,
wüßten sie, wie mies mir schon von mir ist!
Wenn sie wüßten, wonach ich mich sehne:
nur nach einer kleinen echten Szene.
Alle Männer sind mir einfach hörig.
Aber keinen gibts, der mir gehört;

Das mondäne Chanson

tausend Tonfilmliebesworte hör' ich,
aber ich, – ja ich bleib unerhört!

R. Weil ich die Sünde persönlich,
Weil ich so außergewöhnlich,
drum mach ich die Männer scharf,
aber keiner darf!
Glaubt man, ich bin vampig,
ja dann werd ich pampig,
dann tu ich so als ob,
dann lach ich Hohn:
Mein Gott, mein Gott, mein Gott!
Was bin ich für eine Person!

Formal charakteristisch für dieses und die meisten anderen Chansons von Nelson und Hollaender ist der lange Refrain (R_{1-3}), der geschickt abgewandelt und der Vorstrophe angepaßt wird. Er überwuchert durch seine einschmeichelnde Melodie und seinen Rhythmus den Vortext, und häufig verzichtete man später auf letzteren und machte den Refrain zum Schlager. Damit aber verliert das Chanson seinen eigentümlichen Charakter zwischen Spannung (im Vortext) und Entspannung (Refrain), ist also nicht mehr Chanson, sondern nur noch Schlager – und verflacht. Im anspruchsvollen Kabarett darf deshalb auf den Vortext eines solchen Liedes nicht verzichtet werden.

Mondäne Dirnenlieder oder *Vamp-Chansons* gibt es seit Nelson besonders immer wieder im Tonfilm. Marlene Dietrich, Kirsten Heiberg (*Je suis comme je suis!*) und vor allem Zarah Leander hatten in unzähligen Filmen die *femme scandaleuse* zu spielen und entsprechende Chansons zu singen. Man braucht nur einige Titel dieser ursprünglich als Chansons geschriebenen Lieder zu nennen, um daran zu erinnern, daß sie Schlager wurden: *Kann die Liebe Sünde sein? – Mann nennt mich Miss Vain, die berühmte, berüchtigte, – yes Sir! Nur nicht aus Liebe weinen! Es gibt so viele, nicht nur den Einen! – Merci, mon ami, es war wunderschön ...* etc.

Aber nicht nur das Dirnenlied wurde von dem neuen Stil umgeformt. Eva Busch zum Beispiel singt ein Lied von

Historischer Teil

der Seligkeit zu zweien: *Eine Zigarette lang*[115] heißt der einfache Refrain (Nelson/Bernauer). Es ist ein einfaches Liebeslied und doch von jenem weltstädtisch-mondänen Charakter, der erst in den Zwanziger Jahren das Gesicht des deutschen Chansons bestimmt. Denn es wird in den folgenden Kapiteln gezeigt werden, daß auch in den anderen Haupttypen des Chansons (dem volkstümlichen, dem politischen, dem gesellschaftskritischen und dem lyrischen) eine zunehmende weltstädtische Brillanz nicht zu übersehen ist. Waren doch meist Verfasser und Interpreten dieselben bei verschiedenen Gattungen.

Natürlich mischen sich im konkreten Chanson die verschiedenen Einflüsse, die wir hier nur mühsam auseinanderhalten. So war schon der erste ganz große Erfolg dieser neuen Art, Nelsons *Ladenmädel* (Text: Willi Wolff), neben der erotischen Verführungsgeschichte ein kleines Zeitgemälde des kaiserlichen Berlin (1904) mit seinen lebenslustigen Leutnants – Kaiser Wilhelm II. ließ es sich bei einer Jagdgesellschaft von Nelson und Jean Moreau fünfmal hintereinander vorsingen, und ganz Berlin sang es wie heutzutage einen Erfolgsschlager. Willi Schaeffers – der Altmeister des deutschen Chansons – bezeichnet es als typisches Chanson.

Das Ladenmädel

Sie war in der Leipziger Straße
in einem Modesalon
ein Sprühteufel, keck und voller Rasse,
sie hatte Chic und Façon.

Und eines Tages hat er sie entdeckt,
der Zufall ließ ihn sie finden,
Sie stand zwischen Seide und Spitzen versteckt,
am letzten Lager ganz hinten.

Erst kommen die Blusen und Kleider,
und dann die Jupons voller Pli,
darauf die Dessous und so weiter,
und dann, und dann kam sie.

Das mondäne Chanson

Er kaufte pro forma ein Bändchen
und schnell, damit's keiner seh,
Drückt er ihr nen Zettel ins Händchen:
Heut abend zehn Uhr Séparée.

Er wartet dann zur bestimmten Zeit
im lauschigen Eckchen alleine,
Der Sekt stand im Kübel schon längst bereit,
Zum Teufel! Wo blieb nur die Kleine?

> Da rauscht es, wie schleppende Kleider,
> da rascheln Jupons voller Pli,
> Da knistern Dessous und so weiter,
> und dann, und dann kam sie.

Der Diener serviert, dann verschwand er
und ließ sie beide allein.
Erst küßt ihr Händchen galant er,
sie sprach: «Aber bitte, ach nein.»

Die Stimmung war köstlich und wunderbar,
der Sekt schäumt, sie lachten fröhlich,
Und bei der dritten Flasche war
er glücklich und sie war selig.

> Erst kamen die Blusen und Kleider,
> und dann die Jupons voller Pli,
> darauf die Dessous und so weiter,
> und dann, und dann – kam sie[116].

Inhalt: Ein Kennenlernen und eine Verführung. Grundstimmung: mondäne, frivole Lüsternheit, ironisch nuanciert (Refrains: «Jupons und Pli» etc.)

Bau: Je zwei vierzeilige Verse sind einem Refrain zugeordnet. Der Refrain wird in den ersten drei Zeilen variiert und paßt sich den Versen an.

1. Doppelvers: Einführung und Kennenlernen,

2. Doppelvers: Verabredung und Vorbereitung der Verführung,

3. Doppelvers: Verführung. Der Refrain bringt jedesmal die Handlung weiter.

1. R.: Die Bewegung der Wahrnehmung des Herrn von der Umgebung zu ihr,

Historischer Teil

2. R.: Ankunft der Erwarteten mit gleichzeitiger Schilderung ihrer Aufmachung.
3. R.: Zärtliche Entkleidung etc. Die Koordinierung von Vers und Refrain wirkt erheiternd durch das unerwartete Zusammenpassen. Das Pikanteste kann hier durch die dritte Wiederholung des Refrains geschildert werden. Darin liegt die Hauptpointe. Der Refrain wirkt stark durch seinen Dreivierteltakt, dessen wiegende Bewegung bei «Kleider» und «weiter» genußvoll gedehnt und hinter den beiden «dann» der letzten Zeile durch bedeutungsvolle Pausen unterbrochen wird.

Zwanzig Jahre später schrieb Nelson ein Chanson für die große Diseuse Olga Rinnebach, das in all seiner mondänen Frivolität ebenso die Betriebsamkeit der «Zwanziger» in Berlin einfängt, wie das *Ladenmädel* die Vorkriegzeit. Sein Refrain beginnt mit den Worten «Mein Mann ist in Monte, mein Mann spielt Roulette, und ich bin allein in Berlin ...», und es erzählt von einem Mann, der in Monte Carlo durch das Spiel sein vergeudetes Geld wiedergewinnen will. Seine «verlassene» Frau aber bleibt nicht lange allein. Es finden sich Freunde des Gatten, die sie trösten. Immerhin träumt sie auch noch «in Egons Armen», während sie «in seinen Locken wühlt», von ihrem armen Gatten und «bedauert ihn».

Gelegentlich werden auch noch neue Formen für das Chanson gefunden, wie in dem berühmten Telefongespräch einer Frau, die wahrscheinlich ihren Gatten aus Eifersucht erschossen hat, mit ihrer ehemaligen Nebenbuhlerin.

(Cole Porter / Metzl) (nach Tonband notiert)
Mein Mann ist verhindert

1. Mein Mann ist verhindert, er kann Sie unmöglich sehn, Liebste
   Mein Mann ist verhindert, er kann Sie unmöglich sehn,
3. Ach es tut mir so schrecklich leid,
   denn Sie warten wohl auf ihn im Abendkleid, Liebste!
5. Mein Mann ist verhindert, er kann Sie unmöglich sehn.
6. Ach, ich weiß ja, mein Mann, der hat eine garçonière, Liebste.

Das mondäne Chanson

Ich frage mich nur, wer kann seinen Geschmack verstehn?
Gestern stand ich vor jenem Haus,
  da traten Sie mit ihm zum Tor heraus, Liebste –
10. Mein Mann ist verhindert, er kann Sie unmöglich sehen.
11. Und im Regen, da ging ich euch beiden langsam nach,
                                       Liebste –
ich sah Sie mir an, und da war es um mich geschehn –
Und mein Herz war so wund und schrie:
Ich hab viel bessere Beine doch, als Sie! Liebste –
15. Mein Mann ist verhindert, er kann Sie unmöglich sehn.
16. Heute morgen, da fand man ihn und da war er tot, Liebste –
ein Schuß durch das Herz, können Sie meinen Schmerz
                                       verstehn? –
Ach verzeihn Sie, ich bin zerstreut –!
  Ja wußten Sie es nicht die ganze Zeit, Liebste?!
20. Mein Mann ist verhindert, er kann Sie unmöglich sehn.

Marlene Dietrich hat das Chanson in Deutschland berühmt gemacht, obwohl sie es ungemäß vorträgt. Indem sie alle Strophen ohne Variation schwermütig-getragen singt, beraubt sie das Chanson seines besonderen nervös-fahrigen Charakters, mit dem die Frau sich selbst charakterisiert. Vor allem wird dadurch die Schlußpointe, auf die alles andere zielt, unverständlich. Maria Collm zum Beispiel bewies an diesem Chanson mehr Intelligenz, während Ella Fitzgerald in der englischen Fassung mit völlig anderen Mitteln eine andersartige, in sich stimmige Wirkung erreicht.

Wir denken unwillkürlich an modernes Einmann-Theater[117]. Das Publikum wird nicht mehr angesprochen, dafür der Spielpartner, der aber nicht auf der Bühne zu sehen ist, sondern aus den Reaktionen des Sprechers am Telefon erschlossen werden muß.

Nach zwei Seiten scheint dieses Beispiel unsere Anschauungen über das Chanson zu sprengen: es fehlt hier jeder Kontakt *über die Rampe.* – Und es agieren eigentlich hier zwei Personen: sichtbar die Frau und unsichtbar die Geliebte des ermordeten Mannes. Des ermordeten –? Diese

Historischer Teil

Tatsache ahnen wir als Pointe erst am Schluß, wir erfahren sie nicht einmal genau.

Zunächst erstaunt uns jene nervöse Frau, die über die Untreue ihres Mannes so alltäglich spricht (Z. 7) und ihre Nebenbuhlerin «Liebste» nennt. Zwischendurch hören wir immer wieder die fahrig – wie aus dem Vorzimmer eines Managers – kommende Auskunft: «Mein Mann ist verhindert.» Dann zwei melancholisch-schöne Zeilen (11, 12): «Und im Regen – –».

Endlich die Wendung: Nachdem die zerfahrene Frau über so viel Nebensächliches gesprochen hat, merkt sie schließlich, daß sie das Wichtigste zu sagen vergaß (16, 17). Es bleibt unklar, ob sie ihren Mann aus Eifersucht, Rache – oder er sich selbst aus Verzweiflung erschossen hat. Ihre Entschuldigung: «Ja wußten Sie es nicht die ganze Zeit, Liebste?!» klingt herausfordernd und der letzte Kehrreim wie Hohn: «Mein Mann ist verhindert.» –

Hier am Schluß – und in der Einleitung – wird der Refrain zur Strophe in ein echtes Verhältnis gesetzt. In den Mittelstrophen kann er höchstens die Nervosität der Frau charakterisieren, die sich mechanisch wiederholt. Aber das ist nicht überzeugend. Man hat bei diesem Refrain eigentlich immer den Eindruck angeklebten Schmuckes, der durchaus entbehrlich wäre. Vergleichen wir ihn etwa mit dem des ersten Beispiels (Bruant), so ist nicht zu übersehen, wie sich dort die ganze Strophe auf den Kehrreim zuspitzt und in ihm inhaltlich und formal ihre Vollendung findet, hier aber sich selbständig abrundet und der Kehrreim nur als ein stimmungstragender Faktor hinzukommt.

In diesem Chanson drängt alles auf die Schlußpointe (Z. 16) hin. Darin unterscheidet es sich hauptsächlich von der Couplet-Form, in der jede Strophe neu auf ihren Kehrreim hin gespannt ist und sich in ihm erfüllt. (Darum kann man dem Couplet beliebig viele Strophen hinzufügen.)

Aus der Richtungslosigkeit dieses Chansons an ein bestimmtes Publikum ergibt sich etwas Bedeutsames:

Weil es ganz darauf verzichtet, mit den Hörern in einen

Das mondäne Chanson

Kontakt zu kommen, und da es vielmehr sich wie ein Theaterstück der Guckkastenbühne ganz auf seinen eigenen Umkreis beschränkt, ist es auch in der Wirkungsmöglichkeit nicht an einen bestimmten Raum gebunden. Zwar hat dieses Chanson selbst einen geistigen Raum, der durch das Telefon angedeutet wird, aber der Hörer wird nicht in ihn einbezogen. Wir gehören nicht zu diesem Raum, weil der Sprecher uns ignoriert (jedenfalls offiziell) wie etwa der Schauspieler des naturalistischen Theaters. Wir können von außen an dem Geschehen teilnehmen, als anonyme Zuschauer, die vom Akteur nicht beachtet werden. – Im Vergleich hierzu spielt in Wolzogens *Madame Adele* das Publikum fast mit: es wird persönlich angeprochen, um seine Zustimmung befragt etc. Weil es mitspielt, darum bestimmen das Publikum und sein Raum dort die Form des Chansons, die Gebärden, den eigentümlichen Sprachstil, die innere Dynamik. Anders hier: Cole Porters Beispiel ist so unabhängig von seiner Umgebung wie ein Hörspiel, in dem die Akteure das Publikum nicht sehen können, – oder wie ein Schlager. Da es nicht mehr an bestimmte Hörer und an einen bestimmten Raum gebunden ist, kann es durch den Rundfunk und die Schallplatte überall und jederzeit vernommen werden, und es verlangt von jedem Hörer (wiederum wie das Hörspiel), daß er sich die beiden Frauen am Telefon in der Phantasie vorstellt. Unterläßt er sogar das und gibt sich nur der Melodie und dem Rhythmus hin, so wirkt auch dieses Chanson wie ein Schlager.

Das Chanson als Telefongespräch verwirklichte auch Rossita Serrano, die mit ihren eingestreuten kapriziösen Coloraturen und ihrem exotischen Timbre noch das Publikum im «Dritten Reich» bezaubern durfte. Auch der flüsternde Bariton Jack Smith (und vor ihm Richard Tauber) hatte ja schon statt des Publikums eine imaginäre Person angesprochen:

> Ich küsse Ihre Hand, Madame,
> Und denk, es wär Ihr Mund.
> Ich bin ja so galant, Madame,
> Und das hat seinen Grund ...

Historischer Teil

und damit einen Stil geschaffen, den viele nachahmten, zum Beispiel Peter Igelhoff:

> O verzeihn Sie, meine Dame,
> Gottfried Müller ist mein Name
> und ich liebe Sie.
> Ganz gewiß, ich liebe Sie!
> Ausgerechnet Sie! ...[118]

Wenn wir zu den Anfängen des Cabaretchansons zurückgehen, finden wir auch diese Form, Ansprache einer imaginären Person, bereits im «Chat Noir» ausgebildet: Bruants Brief an die Geliebte vor der Hinrichtung, *A la Roquette*. In Deutschland aber wird sie erst später mehr und mehr benutzt, heute sowohl für zwischenmenschliche Themen (Kreislers *Seltsame Gesänge*) als auch für politische (zum Beispiel Günter Neumann bei den «Insulanern» *Brief an Bulganin*).

Die Schöpfer des *mondänen Chansons*, von Nelson über Hollaender bis zu Marlene Dietrich, mußten fast alle um 1933 emigrieren. Nur wenige konnten im Ausland ihre glänzend begonnenen Karrieren fortsetzen, wie Marlene Dietrich in Hollywood und Hollaender, der für über 150 Filme Musik schrieb (unter anderem für *Sabrina* mit Audrey Hepburn, *Frau im Hermelin* mit Betty Grable und Douglas Fairbanks, *Der große Bluff* mit Marlene Dietrich).

Was in Deutschland als Chanson weiterlebte, wurde wieder provinziell und erhielt bald vom Volksmund die Bezeichnung «lahmer Schlager». Nach dem Krieg kehrten einige der Emigranten in ein verwandeltes Deutschland zurück und versuchten wie Hollaender mit seinem Schüler Günter Neumann (Chef der Berliner «Insulaner»), etwas von dem alten Glanz zu restaurieren. Aber Nelsons elegante Leichtigkeit paßte nicht mehr in die Zeit; die politische und volkstümliche Variante des Chansons, in denen Hollaender ebenfalls Pionierarbeit geleistet hatte, sagte dem Publikum nun, als Gegengewicht zu den Jazzgesängen der Music Halls, mehr. Von deren Entwicklung und Eigenart ist im

Das volkstümliche Chanson

folgenden zu sprechen. Die stilistische Brillanz des *mondänen Chansons* sollte aber auch die besten Ausformungen der anderen Varianten in Zukunft auszeichnen.

6. DAS VOLKSTÜMLICHE CHANSON

Die Bemühungen der ersten Chansonniers um das Volkstümliche hatten antiquarisch-restaurativen Charakter. Das Repertoire der Guilbert mutet im Vergleich mit dem einer Diseuse Nelsons akademisch an. Das Cabaret war immerhin von «Anti-Bürgern» geschaffen worden. Echte Volkstümlichkeit gab es in den Wiener und Berliner Possen und Singspielen[119]. Dort sangen bürgerliche Typen ihre witzigen Couplets, die von den Bürgern verstanden und geschätzt wurden. Seitdem sich in der zweiten Hälfte des vorigen Jahrhunderts zuerst in London die *Music Halls* aus den *Pubs* entwickelten, nachdem man weibliche Artisten (zuerst die Frauen der Künstler) und weibliches Publikum zugelassen hatte[120], gab es bald auch dort zwischen den Akrobatennummern Komiker, die das Publikum mit witzigen Couplets unterhielten. Die Music Halls wurden in Paris nachgeahmt, wo man ohnehin von den *Café concerts* Coupletsänger beiderlei Geschlechts kannte. Schließlich entwickelten sich auch in Berlin große Varietés wie der «Wintergarten» und Revuen wie die im Metropoltheater und die im Großen Schauspielhaus von Eric Charell und Haller. In diesen traten, zusammen mit eleganten Operettenstars wie Massary, auch Komiker auf, wie ihr Gatte Max Pallenberg. In Riesenauditorien wie dem Sportpalast und der Waldbühne konnte aber die fein nuancierende Kunst einer Massary nicht mehr ankommen. Hier feierten Typen wie Otto Reutter und Claire Waldoff ihre Triumphe.

Otto Reutter (1870–1931) ist nie in einem Kabarett aufgetreten. Er hatte sich vom Kulissenschieber zum bestbezahlten Star des «Wintergartens» hochgearbeitet, weil sich Menschen aller Klassen von seinen bürgerlich-humoristi-

Historischer Teil

schen Couplets ansprechen ließen. Was bei ihm *zeitkritisch* genannt werden kann, kam weder aus einer sozialrevolutionären Grundhaltung noch aus poetisch-visionärer Schau. Dennoch – «die Raffinesse, mit der er die Vorstrophengeschichten auf den Refrain hin zuspitzte – das war in seiner Art höchst literarisch. Dazu kam der unterspielende, mit leisen Mitteln wirkende Vortrag als künstlerische Komponente. Obwohl Otto Reutter mit denselben Stilmitteln arbeitete wie das revolutionäre Chanson und das antibürgerliche Cabaret Frankreichs, war er bewußt der Couplet-Barde des Bürgertums, das ihn als einen der Seinen empfand. Entsprechend sah sein Bühnenhabitus aus. Ein fülliger Mann, ungelenk im schlechtsitzenden Frack, die Hände schüchtern vorm Bäuchlein verschränkt, mit blauen Kulleraugen unter einem wirren Haarschopf blöd ins Publikum schauend, so stand er auf der Bühne und fing leise zu singen an[121].»

Seine Couplets sind nicht so vielfach und kunstreich untergliedert wie die von Nestroy. Aber sie nutzen die gleichen Wirkungen: ein ganz allgemeiner Refrain von selten mehr als Zeilenlänge gibt den roten Faden. Dieser Refrain ist einprägsam, wir behalten ihn lange im Ohr:

«In fünfzig Jahren ist alles vorbei!»
«O, Jugend wie bist du so schön!»
«Aber jewiß, lieber Mann, da fang wa jleich an!»
«Wie reizend sind die Fraun!»
«Gräme dich nicht!»
«Die ganze Geschicht, die lohnt sich nicht!»
«Nehm sien' Alten!»
«Berlin ist ja so groß!»
«Und so komm wir aus de Freude ja nicht raus!»
«Ich wunder mir üba ja nischt mehr!»
«Will man denn? – Man muß!»

Außerdem ist er häufig, wie das ganze Couplet, in Berliner Mundart. Vor allem aber hat er meist gestischen Charakter, das heißt, er besteht aus einer Bemerkung oder einem Ausruf, deren Betonung sich vielfach variieren läßt, ja dazu verlockt.

Das volkstümliche Chanson

Besonders gut sieht man das an dem letzten oben zitierten Kehrreim, der bei aller Kürze doch schon dreifachen Ausdruck enthält: Frage – Zögern, bedeutungsvolle Pause des Nachdenkens – Ausruf. Nun wird dieser Refrain mit immer neuen Strophen gekoppelt: «Zuerst allgemeiner Seufzer über die Pflichten des Lebens. Dann die einzelnen Stationen: Der Soldat, der zuerst schießen muß, weil sonst der Gegner schießt. Der Jüngling, der zu stürmisch war und nun heiraten muß. Der Ehemann, der nolens volens im matrimonialen Joch zu gehen hat. Der Staat, dem Steuern zu entrichten sind. Die Tyrannei der Mode. Der Zwang des Alters zur Tugend. Und schließlich – augenzwinkernd zum Publikum – die Klage, daß man als Humorist allabendlich um Punkt neun Uhr lustig sein muß: ‹Will man denn ...?› Und die Leute riefen im Chor: ‹Man muß!› und wälzten sich vor Vergnügen[122].»

Mit solchen Couplets wurde Reutter zum Liebling der Kleinen Leute, der Vereinsbrüder und Stimmungskanonen, die sie bierselig vortrugen, wo man sie nur ließ. Aber er bezauberte mit seiner linkischen Liebenswürdigkeit auch Tucholsky, der viel von ihm lernte. Trotz seines Erfolges wurde er nie geschmacklos oder platt, wie viele seiner Kollegen. Seine Couplets behalten etwas Exemplarisches, wie die *Kleine-Leute-Ballade*, die er nach dem Weltkrieg in den Hungerjahren dichtete: «Er stand nach Tabak, sie stand nach Butter.» Sie endet typisch für Reutter:

> Jetzt ist er Vater, und sie ist Mutter.
> Sie sagt: Jetzt hab ich alles, was man braucht.
> Er aber sagt: Ach, hätt ich nie geraucht![123]

Schwere Schicksalsschläge ließen Reuter zartere Töne finden:

> Einmal im Jahr
> Müßten uns wieder begrüßen hienieden
> All unsre Lieben, die längst schon verschieden,
> Müßt uns die Mutter nach allem befragen.
> Junge, mein Junge, so müßte sie sagen,
> Macht uns zum Kinde trotz schneeweißem Haar
> Einmal im Jahr[124].

Historischer Teil

Wie bei vielen großen Volkskomikern, etwa bei Ferdinand Raimund oder auch bei Karl Valentin, beobachten wir bei Reutter eine Neigung zu makabrer Komik. Um das zu veranschaulichen, notieren wir ein Couplet vom Tonband:

Bevor du sterbst! verschiedene Regeln vor dem Tode zu befolgen.

Bevor du sterbst und einziehst in die Fremde,
rasier dich noch und nimm een reines Hemde!
Mußt dir ne saubere Kravatte drechseln,
Du kannst nachher die Wäsche nicht mehr wechseln.
Leg dich bequem, befreit von jedem Zwange,
Du liegst in dieser Lage ziemlich lange!
Und nimm n Kissen untern Kopf mit weißen Bündchen
Und mit der Aufschrift: «Nur ein Viertelstündchen.»

Bevor de sterbst, schau nach dem Wärmemesser
Und stell die Heizung ab, für dich ist Kälte besser.
Bestell den Milchmann ab und auch den Bäcker.
Zieh deine Uhr auf, aber nicht den Wecker.
Und dann stirb pünktlich! Frauen wolln zum Schneider.
Sie könn'n nicht trauern ohne Trauerkleider.
Ja manche, die bestelln s schon vor dem Tode.
Wenn du dann wart'st, dann ist es aus der Mode.

Bevor de sterbst, mußt du dir n Abschied leisten,
Denn man betrauert meist sich selbst am meisten.
Spieln Trauermarsch dir auf dem Klimperkasten,
Doch spiel ihn ernst, nur auf den schwarzen Tasten.
Bist du verheirat' mit nem giftigen Drachen,
Dann schimpf noch mal, daß alle Wände krachen.
Doch dann stirb schnell, sollt' sie dann weiterbrüllen,
Dann hörste nichts und hast den letzten Willen.

Bevor de sterbst, besuch noch die Bekannten,
die sich mit Recht einst deine Freunde nannten.
Sag nicht, warum de kommst. Beim Weitergehen
schau sie nur an, sag kurz: Auf Wiedersehen!
Doch hat dich jemand schwer gekränkt mitunter,
mit letzter Kraft hau dem noch eine runter.
Kriegst du Gefängnis dann von längrer Dauer,
Schreib kurz: Ich kann nicht komm, ich habe Trauer.

Bevor de sterbst, da kannst du die bedenken,

Das volkstümliche Chanson

die dich geliebt, die kannst du reich beschenken.
Doch s gibt Verwandte, die auf s Ende lauern,
Wenn die was erben, können sie nicht trauern.
Die gehn vom Grab direkt zum Einlokale,
Dort weint man nicht, man lacht beim Weinpokale.
Die trinken auf dein Wohl beim Saft der Reben.
Erst wenn de tot bist, lassen die dich leben.

Drum eh du stirbst, mußt du noch einmal lachen,
Nicht ihnen, dir mußt du ne Freude machen!
Ruf diese Bande, komm sie dann in Masse
Und könn nicht weinen, zeig ihnen die leere Kasse.
Wenn se die sehn, da kränken sie sich tüchtig.
Dann werden se traurig und dann weinen se richtig.
Und wenn se weinen, zeig ihnen deine Lende
Und lach dich tot! Das ist das schönste Ende!

Reutter selbst verabschiedete sich von der Welt mit einem Bonmot. Auf einer Düsseldorfer Bühne flüsterte er 1931 sterbend: «Das Varieté lebt weiter, aber hier stirbt Otto Reutter.»

Das weibliche Gegenstück zu Otto Reutter scheint Claire Waldoff zu sein. Das trifft aber nur für die Volkstümlichkeit der beiden zu. In Wirklichkeit gab es wesentliche Unterschiede: während Reutter in seinen Couplets vor allem meditierte, räsonnierte, über seine bürgerliche Umwelt sprach, – stellte die Waldoff mit ihrer Person diese selbst auf die Bühne. «Sie scheint Meister Zille geradenwegs aus der Zeichenfeder geflossen zu sein[125].» Deshalb schrieb ihr Willi Kollo dieses Lied:

> Aus m Hinterhaus kieken Kinder raus,
> Blaß und ungekämmt, mit und ohne Hemd.
> Unten uff n Hof is n Riesenschwoof,
> Und ick denk mir so beim Gehn:
> Wo haste das schon mal jesehn?
> Das ist dein Milljöh, das ist dein Milljöh.
> Jede Kneipe und Destille
> Kennt den guten Vater Zille.
> Jedes Droschkenpferd hat von dir jehört.
> Von NO bis JWD – das war dein Milljöh[126]!

Historischer Teil

Was ihr der leisere Reutter an Weisheit voraushatte, ersetzte sie durch ihre Vitalität, mit der die geborene Gelsenkirchnerin zum Urtyp der Berliner Göre wurde. Zuerst mit Etonkragen und schottisch gemusterter «Krawallschleife», später mit Rock, Bluse und Schlips und dem roten Wuschelkopf schmetterte sie ihre komischen Couplets in das johlende Publikum, das seinen häßlichen Liebling nicht mehr von der Bühne lassen wollte:

>   Aujust, rej dir bloß nich uff!
>   So wat jibt et nicht!

«Die Art ihres Vortrags war so neu wie ihr ‹Genre›. Auf Gestik und Mimik verzichtete sie. Sie konnte sich auf das Spiel ihrer Augen und das ihrer Stimmbänder verlassen. Sie ist dem Typ des resoluten Mädchens, der Frau aus dem Volke treu geblieben, ob sie nun als Backfisch oder kleine Tippmamsell, als Köchin oder ‹Portjehsche› um ihren Aujust, Willem, Hermann oder sonstwelchen Liebsten kämpfte und litt ... in dem Couplet ‹Wejen dir hab ick meine scheene Stellung aufjejeben›, klagte sie das Leid einer Verkäuferin und schmetterte in Kollos und Rideamus' Singspiel *Drei alte Schachteln* – Hände in den Hüften –: ‹Ach Jott, wat sind de Männer dumm!› In der Erotik machte sie keine Umwege: ‹Nach meine Beene is ja janz Berlin varickt!› plärrte sie im ‹Linden-Kabarett›, und auch ihr ‹Warum kiekste mir denn imma uff de Bluse›? ließ an Eindeutigkeit keine Wünsche offen. Aber Claire Waldoff brachte Liebeslust und -leid der Berliner Hinterhöfe so entwaffnend elementar auf die Bühne, daß keine Peinlichkeit aufkommen konnte. Sie rührte und erheiterte zugleich, wie sie – stämmig und kurz – da oben stand und jede Pointe mit einem Ruck ihres rotbeschopften Kopfes in den Nacken begleitete. Sie konnte gröhlen, ‹daß die Wand wackelte›, und im nächsten Augenblick brach ihre Stimme und hing dünn und wehmutsvoll im Raum [127].»

So fand sie auch für Tucholskys Gedicht *Mutterns Hände* den rechten Ton!

Das volkstümliche Chanson

> Hast uns Stulln jeschnitten
> un Kaffee jekocht
> un de Töppe rübajeschobn –
> und jewischt und jenäht
> und jemacht und gedreht ...
> alles mit deine Hände.
>
> Heiß warn se un kalt,
> Nu sind se alt,
> nu bist du bald am Ende.
> Da stehn wa nu hier,
> und denn komm wir bei dir
> und streicheln deine Hände[128].

1957 ist Claire Waldoff, durch den Krieg völlig verarmt, in Einsamkeit gestorben. Aber sie hat einen unvergänglichen Typ für das deutsche Chanson geschaffen: das Lied der witzigen Berliner Göre. Und wer das Wesen dieser Stadt studieren will, der kann noch heute viele ihrer besten Couplets auf Schallplatten hören, mit Titeln wie: *Die Käseelse – Mein Maxe – Sag mir, wann! – Herman heesst er* (vom Volksmund auf Göring weitergedichtet) – *Die Radpartie – Die Zwiebelkur – Die Laubenkolonie* etc. etc. Während der auf der Bühne räsonnierende Reutter nur Couplets im strengen Wortsinn brachte, sang die Waldoff auch häufig volkstümliche Chansons mit langen, melodiösen Refrains. In einem von diesen stellt sie uns einen Berliner Frauentyp der Zwanziger Jahre vor:

Hannelore

1. Hannelore wohnt am Hall'schen Tor
   bei einer Blumenfrau.
   Hanneloren singt Revue im Chor, –
   man hört es nicht genau.
   Doch wo se ging und wo se stand,
   da warn die Kerls außer Rand und Band,
   besonders so im Mai –;
   und voller Lenz und Lebensdrang
   schrieb eener mal uf eene Bank
   die schöne Melodei!

Historischer Teil

R. Hannelore! Hannelore!
Schönstes Kind vom Hall'schen Tore!
Süßes reizendes Geschöpfchen
mit dem schönsten Bubiköpfchen!
Keiner unterscheiden kann,
ob Du'n Weib bist, oder'n Mann!
Hannelore! Hannelore!
Schönstes Kind vom Hallschen Tor!

2. Hannelore jeht ufn Reimannball
im hochgeschlossnen Kleid,
nachher sitzt sie im Ludenstall
zu früher Morjenzeit.
Sie tropft in die Augen Atropin
und schnupft ne Hand voll Kokain,
besonders so im Mai –
Sie macht in Weltverjessenheit
und ab und zu in Sündigkeit
Ooch det jeht schnell vorbei!

R. Hannelore! etc.

3. Hannelore trägt ein Smokingkleid
und einen Bindeschlips.
Trägt ein Monokel jederzeit
am Band von Seidenrips.
Sie boxt, sie foxt, sie golft, sie steppt,
und unter uns jesagt, sie neppt!
Besonders so im Mai –.
Es hat mir einer anvertraut:
Sie hat 'n Bräutjam und ne Braut
Doch dies bloß nebenbei –

R. Hannelore! etc.[129]

Noch eine andere Diseuse stellte Typen aus dem Volke auf das Podium des Berliner Kabaretts, eigentlich nur einen Typ, den des *armen Mädchens*: Blandine Ebinger. Sie hatte schon als Kind bei Max Reinhardt in Stücken von Ibsen solche Rollen gespielt: «Ein blasses Gesichtchen auf zerbrechlichem Kinderkörper, unendlich traurig und rührend komisch, mit einem für das Kabarett wie geschaffenen Improvisationstalent und mit den tragischen Untertönen

Das volkstümliche Chanson

begabt, die das Kabarett in seinen Sternstunden über sich selbst hinausheben[130].»

Friedrich Hollaender entdeckte beim Kabarett «Schall und Rauch» ihre eigentümliche Begabung. Auch Walter Mehring schrieb für die Ebinger. Aber Hollaender traf mit seinen *Liedern eines armen Mädchens*[131] (zum ersten Mal 1919 im «Cabaret Größenwahn» der Rosa Valetti) das Kellerkindhafte in ihr so genau, daß diese Lieder von keiner anderen Diseuse nachgesungen werden konnten. «Das Lachen vergeht einem oder wird jedenfalls ganz anders», schreibt Max Hermann-Neisse in einer Kritik. «Man wird ergriffen, und die Gemütlichkeit ist ernstlich in Gefahr[132].» Sanft und melancholisch dreinblickend, sehnsüchtig und an ihrer Pubertät leidend sang die schmächtige ‹Jöre› von Hinterhof-Sehnsucht und Sorgen eines *Armen Mädchens*:

> Wenn ick mal tot bin und in weißen Seidenkleid
> In meinen Sarje liege mit Bescheidenheit,
> Dann fällt die Schule aus,
> Dann jeht s zum Kirchhof raus,
> Die janze Klasse kommt bei mir ins Trauerhaus.
> Die wolln mir alle sehn,
> Wenn ick mal tot bin.
> Wenn ick mal tot bin,
> Ach det wird zu scheen!

oder:

Mit eenem Ooge kiekt der Mond mir an
Des Abends in de Kaiserallee.
Mit eenem Ooge kiekt der Mond mir an,
Wenn aus' t Jeschäfte ick nach Hause jeh.
Een jroßet Ooge hat er immer offen
Wie Vater, wenn er uffn Sofa pennt.
Von diesem Ooge fühl ick mir jetroffen
Bis in mein tiefstes, tiefstes Element.
O Mond,
Kieke man nich so dof,
Wenn ick
Abends nach Hause loof.
Ick sehne mir

Historischer Teil

Zu dir
Ins jrüne Licht –
– O Mond –
Vaführe mir liebers nicht.

Blandine Ebinger berichtete einmal, wie Hollaender, damals ihr Gatte, im Münchener Englischen Garten einer Gruppe von Waisenmädchen begegnete und kurz darauf das Lied von den Currendemädchen schrieb:

> Auf den Höfen, Geldes wegen,
> Singen wir Currendemechen
> Unter Leitung einer Dame,
> Fräulein Mikulewsky ist ihr Name ...

Ebenso rührte das *Lied vom Wunderkind*, das abstürzt, weil es sich in einen Mann aus dem Publikum verliebt hat:

> Mein Vater machte mir zum Wunderkinde
> Fürn Rummelplatz und fürn Verjnüjungspark.
> Ick arbeit ohne Apparat und Drahtjewinde,
> Bekleidet nur mit eine seidne Magenbinde,
> Mein Eintritt kostet zweenehalbe Mark ...

All jenen *Armen Mädchen*, der *Hungerkünstlerin*, den jungen Müttern ohne Vater für das Kind, den Waisen – kommt am Ende der Tod wie eine ersehnte Erlösung. Die Lieder wirken rührend, enthalten auch ein wenig soziale Anklage – nie aber geht, sowohl schon im Text wie auch im Vortrag, jene letzte Distanz verloren, die für den Chansonnier so charakteristisch zu sein scheint. Schon an den wenigen obigen Textproben, an ihrem drolligen Satzbau, läßt sich das erkennen: «Mein Eintritt kostet zweenehalbe Mark.» Noch mehr aber an den guten Phonoaufnahmen, die wir von dem Vortrag der Ebinger haben. Die Diseuse ist zwar beim Vortrag ganz das *arme Mädchen*, – Aussehen, Stimme, Ausdruck verwandeln sie dazu, – gleichzeitig aber gewinnt sie innerlich Distanz von ihm, indem sie übertreibt. Ebenso wie Nelsons Vamp so dämonisch war, daß wir darüber lachen konnten, so ist dieses arme Mädchen so zerbrechlich, schwindsüchtig, gequält, daß wir es mit einem lächelnden

Das volkstümliche Chanson

und einem gerührten Auge zugleich betrachten. Das ist vom Verfasser des Textes beabsichtigt, und diese Grundhaltung (wir nannten sie die *gespaltene* oder *artistisch distanzierte*) macht diese Lieder zu Chansons. Wenn wir an dem Lied *Johnny* feststellten, daß es durch die Übertreibung des sinnlichen Schmachtens der Parodie nahe rückt, etwa der Parodie des gefühlsseligen Schlagers, – so kommen Lieder wie die eines armen Mädchens, in denen ein Typ übertrieben gezeichnet wird, der Wirkung der Karikatur nahe. Besonders deutlich wird das an einem anderen Chanson, das Hollaender für die Ebinger schrieb, mit dem Titel *Die hysterische Ziege*[133]. Hier wird der Extrakt eines Frauentyps gegeben, – aber so kraß gezeichnet, wie er in Wirklichkeit wahrscheinlich kaum existiert. Denn diese Hysterikerin beginnt ihre Ausführungen mit folgender Eröffnung:

> Ich hab schon sieben Männer
> Ins kühle Grab gebracht,
> Erst hab ich mir mit Henna
> Die Haare rot gemacht.
> Dann wollt ich auch mal blonde
> Dann warn sie wieder grün! etc.

Dieser Typ des *Karikatur-Chansons* war schon mit der *Hannelore* der Waldoff angedeutet (S. 97f.), und auch die verschiedenen Dirnenlieder boten im Grunde nichts anderes als Selbstkarikaturen. Auf das weibliche Geschlecht angewandt, hat ihn besonders Erich Kästner[134] fortgesetzt mit seinen bekannten Satiren auf die *sogenannten Klassefrauen* und dem amüsanten *Lied von der Kleptomanin*, die alles von der Zuckerzange bis zum Bechsteinflügel klauen muß, weil sie's dann so «wie soll ich's sagen: im Magen, im Magen, im Magen!» hat, und darum ihre Freundinnen anfleht: «ach versteckn se, ach versteckn se ihren Mann!»

Vor allem aber wird die Möglichkeit der Selbstkarikierung im Chanson vom zeitkritischen und politischen Kabarett benutzt, um vor unsympathischen oder gefährlichen Typen zu warnen. So stellt sich etwa der *Mitläufer* vor, oder der *Unbelehrbare* gibt über seine verhärteten Ansichten ernsthaft

Historischer Teil

Auskunft. Weil aber sich in ihren Aussagen soviel von dem Unwesen konzentriert, vor dem der Autor warnen möchte, wird es auch dem Dümmsten im Publikum offenbar.

Reutter, Waldoff und Blandine Ebinger sind vielleicht die bedeutendsten Interpreten des *volkstümlichen Chansons* in Deutschland. Aber sie haben viele Nachfolger gefunden. Bei den vielen Bunten Abenden und Bunten Nachmittagen, die der deutsche Rundfunk überträgt, kann man immer wieder Berliner Nummern hören, die denen der Waldoff oder der Ebinger ähneln. (Ingeborg Wellmann, Polly Pfeiffer, Lilli Twoska u. v. a.) Einen Coupletsänger, der mit Reutter vergleichbar wäre, hat es allerdings nicht mehr gegeben. In Wien wird durch Cissy Craner und Helmut Qualtinger besonders originell die volkstümliche Variante des Chansons mit der zeitkritischen verbunden. Ebenso wie der mondäne Einfluß von Operette und Revue hat der volkstümliche – von Singspiel, Posse und Varieté dem Chanson neue Möglichkeiten gezeigt, die es nicht wieder verlieren sollte.

Die beiden Autoren volkstümlicher Chansons, deren Bedeutung über das Kabarett hinausreicht, haben gemeinsam, daß sie auch gleichzeitig hervorragende zeitkritische Lieder schrieben: Klabund (= Alfred Henschke) und Kurt Tucholsky. Der erste, Schulkamerad von G. Benn, gehörte als Lyriker zur Avantgarde des Expressionismus. Aber er ließ sich während seiner Münchener Studienjahre vor dem ersten Weltkrieg auch stark von Wedekinds Bänkelsang beeinflussen. Seit 1917 hatte er mit den Züricher Dadaisten des «Cabaret Voltaire» Verbindung. Seine ersten Gedichte, von Kerr und Dehmel warm befürwortet, wurden nach einem Prozeß verboten, er selber 1918 vorübergehend als politisch undurchsichtig arrestiert. Sein Pseudonym wurde als eine Zusammenziehung von Klabautermann und Vagabund von ihm selbst als eine Abwandlung von «Wandlung» gedeutet. Tatsächlich war er ein ruheloser Wanderer, Villon, den er verehrte, in vielem vergleichbar. Er trug in Max Reinhardts Berliner Cabaret

Das volkstümliche Chanson

«Schall und Rauch» und in Trude Hesterbergs «Wilder Bühne» seine frechen Verse selber vor:

> Meine Mutter liegt im Bette,
> Denn sie kriegt das dritte Kind;
> Meine Schwester geht zur Mette,
> Weil wir so katholisch sind.
> Manchmal troppt mir eine Träne,
> Und im Herzen puppert's schwer;
> Und ich baumle mit de Beene,
> Mit de Beene vor mich her.
>
> Manchmal in den Vollmondnächten
> Is mir gar so wunderlich:
> Ob sie meinen Emil brächten,
> Weil er auf dem Striche strich!
> Früh um dreie krähten Hähne,
> Und ein Galgen ragt, und er ...
> Und er baumelt mit de Beene,
> Mit de Beene vor sich her[135].

Dieses Lied ist von Hollaender vertont und von der Ebinger vorgetragen worden – und wahrscheinlich auf beider *Lieder eines armen Mädchens* nicht ohne Einfluß geblieben[136]. Die folgende Dirnenmoritat erinnert an Bruant, obwohl sie ganz im Berliner Milieu verhaftet ist:

> Er hat als Jöhr von fuffzehn Jahren
> Mir einst am Wedding uffjetan.
> Wir sind nach Köpenick jefahren
> Und sahen die Natur uns an.
> Ick zog mir aus die rote Jacke.
> Er hat für mich det Bier berappt,
> Doch nach neun Monaten, au Backe,
> Es hat jeschnappt, es hat jeschnappt ...
>
> Mein Emil is ne kesse Nummer,
> Er hat schon manchen abgekehlt,
> Doch fürcht er sich vor jedem Brummer,
> So jut is er, so zart beseelt.
> Mir is weiß Gott schon allens piepe,
> Ick lag bei ihm im Bett – da trappt
> Es uff der Treppe ... der Polype ...
> Es hat jeschnappt, es hat jeschnappt ...

Historischer Teil

Im Hof der ollen Zuchthausschenke
Steht blutbespritzt ein Podium,
Der dove Pastor macht Menkenke,
Man sieht sich noch im Kreise um.
Im Mauereck blüht blauer Flieder,
Die Zunge klebt wie angepappt,
Da saust des Henkers Beil hernieder,
Es hat jeschnappt, es hat jeschnappt ...[137]

Ein anderes Dirnenlied (*Im Obdachlosenasyl*) hat den Refrain: «Schwamm drüber, Tralala», der an das «Trulala» von Wolzogens *Madame Adele* erinnert. Wie harmlos aber die «Überbrettl»-Dirnen im Vergleich zu denen von Klabund sind, zeigt allein die letzte Strophe des Liedes:

Krank bin ich allemal.
Es ist mir allens ejal.
Der Weinstock, der trägt Reben,
Und kommt ein junger Mann,
Ich schenk ihm was fürs Leben,
Daß er an mich denken kann.
Quecksilber und Absud,
Wer weiß, wie Liebe tut ...

Ein andermal heißt es von seinem Mädchen:

Und wollt ich besonders zärtlich sein,
So schlug ich ihr eins in die Fresse hinein
In Lichterfelde-Ost.

Da kam ein feiner Kavalier
In Lichterfelde-Ost.
Sie wurde sein Glück, sein Stück, sein Tier,
Sie sank mit ihm und er mit ihr
In Lichterfelde-Ost.

Man brachte sie in das Krankenhaus ...
Und als sie nach Monaten kam heraus:
Sie sah wie der Tod von Basel aus
In Lichterfelde-Ost.

Jetzt bietet Papierblumen sie feil – noch knapp
In Lichterfelde-Ost.

Das volkstümliche Chanson

> Zuweilen kauf ich ihr welche ab.
> Die leg ich ihr übers Jahr aufs Grab
> In Lichterfelde-Ost[138].

Mit Benn, dem Schulkameraden, gemein hat Klabund die Fähigkeit, aus dem Kranken und Unästhetischen plötzlich ein wenig traurige Poesie aufblühen zu lassen: der blühende Flieder im Mauereck bei der Hinrichtung, das Bild vom Weinstock (der G-Krankheit), der Reben trägt, die Papierblumen auf dem Grab in Lichterfelde-Ost. Dann wieder wird die brave Bürgerlichkeit grausig verulkt, wie in der *Grabschrift für eine Jungfrau*[139]:

Hier ruht die Jungfrau Emma Puck aus Hinterstallupeinen,
Eine Mutter hatte sie eine, einen Vater hatte sie keinen.
In Unschuld erwuchs sie auf dem Lande wie eine Lilie.
Da kam sie in die Stadt zu einer Rechnungsratfamilie.
Hier hat sich erst ihr wahres Herz gezeigt,
Indem sie gar nicht mehr zur Jungfrau hingeneigt.
Bald kam das erste Kind. Was half da alles Greinen!
Männer hatte sie viel, aber einen Mann hatte sie keinen.

oder im *Bürgerlichen Weihnachtsidyll*[140]:

> Was bringt der Weihnachtsmann Emilien?
> Ein Strauß von Rosmarin und Lilien.
> Sie geht so fleißig auf den Strich.
> O Tochter Zions, freue dich!
>
> Doch sieh, was wird sie bleich wie Flieder?
> Vom Himmel hoch, da komm ich nieder.
> Die Mutter wandelt wie im Traum.
> O Tannebaum! O Tannebaum!
>
> O Kind, was hast du da gemacht?
> Stille Nacht, heilige Nacht.
> Leis hat sie ihr ins Ohr gesungen:
> Mama, es ist ein Reis entsprungen!
> Papa haut ihr die Fresse breit.
> O du selige Weihnachtszeit!

Hier ist in jeder zweiten Zeile mit einiger Meisterschaft eine bürgerlich andächtige Assoziation an bekannte Weih-

Historischer Teil

nachtsweisen heraufbeschworen und sofort ins Obszöne pervertiert. Durch die Fragen im Strophenbeginn werden wir selbst zu solchen Übertragungen angeregt: Bringt der Weihnachtsmann statt der keuschen Lilien nicht in Wirklichkeit seine Rute ...? Muß es nicht statt «Tochter Zions» «Tochter der Freude» heißen? «Die Mutter wandelt wie im Traum», das könnte in einem romantischen Gedicht stehen. Aber der Tannebaum, dieses phallische Fruchtbarkeitssymbol von jeher, gemahnt daran, daß die Tochter bald «vom Himmel hoch», besser wohl «aus heiterm Himmel» niederkommen wird. Und in der besorgten Frage der Mutter an die bereits schwangere Tochter, was diese in der «stillen, heiligen Nacht» gemacht habe, werden wir an andere Gestaltungen des gleichen Themas von den Rokokoliedern bis zu Wedekind[141] erinnert, die es jedoch nie gewagt hätten, das ehrwürdige Weihachtslied des Michael Prätorius[142] auf diese Ebene zu ziehen. Stellt man sich das ganze noch im Vortrag mit den bekannten Weihnachtsmelodien vor, die ungeraden Zeilen jeweils gesprochen, so hat man wiederum – und hier in schärfster Form – jene Doppelbödigkeit, die wir beim Chanson so häufig beobachtet haben.

Klabund hat bereits vor Brecht[143] das Bürgertum persifliert, indem er seine typischen Redewendungen in einen ungemäßen Rahmen setzte:

Berliner Mittelstandsbegräbnis[144]

In einer Margarinekiste habe ich sie begraben.
Ein Leihsarg war nicht mehr zu haben.
Die Kosten für einen Begräbnisplatz konnt ich nicht
  erschwingen:
Ich mußte die Margarinekiste mit der teuren
Entschlafenen auf einem Handwagen in die
Laubenkolonie am Schlesischen Bahnhof bringen.

Dort habe ich sie in stockfinstrer Nacht
Unter Kohlrüben zur ewigen Ruhe gebracht.
Aber im Frühling werden aus der Erde Kohlrüben,
  die sie mit ihrem Leibe gedüngt, zum himmlischen Lichte
  sprießen.

Das volkstümliche Chanson

Und der Hilfsweichensteller Kraschunke wird sie zum
   Nachtmahl genießen,
während sie noch in der Pfanne (in Margarine-Ersatz) schmoren
   und braten,
bemerkt Frau Kraschunke erfreut: «Die Kohlrüben sind
   dieses Jahr aber ungewöhnlich groß geraten ...»

1928 starb Klabund, mit 37 Jahren, an einem Lungenleiden.

Ebenfalls von der expressionistischen Avantgarde und mit den Dadaisten verbunden, begann auch Walter Mehring bei Max Reinhardt (im «Schall und Rauch», 1919) Chansons zu schreiben. Aber «aus Unkenntnis», wie er selbst in einer autobiographischen Notiz glossiert, «erfand» er einen neuen Stil, der dem hastigen, hektischen Lebensstil der Zwanziger Jahre genau entsprach. Mit folgenden Worten läßt er zum Beispiel Paul Graetz die *Heimat Berlin*[145] besingen:

> Die Linden lang! Galopp! Galopp!
> Zu Fuß, zu Pferd, zu zweit!
> Mit der Uhr in der Hand, mit'm Hut auf m Kopp
> Keine Zeit! Keine Zeit! Keine Zeit!
> Man knutscht, man küßt, man boxt, man ringt,
> Een Pneu zerplatzt, die Taxe springt!
> Mit eenmal kracht das Mieder!
> Und wer in Halensee jeschwooft,
> Jeschwitzt, det ihm die Neese looft,
> Der fährt immer mal wieder
> Mit der Hand über n Alexanderplatz,
> Neuköllner und Kassube,
> Von Nepp zu Nepp een eenzger Satz,
> Rin in de jute Stube!
> Mach Kasse! Mensch! die Großstadt schreit:
> Keine Zeit! Keine Zeit! Keine Zeit!

Zuerst standen die Schauspieler der fetzenhaften Sprache dieser sogenannten *Tempo*-Gedichte ratlos und verzweifelt gegenüber. Das «Fetzenhafte» aber läßt sich nicht so sehr durch die expressionistische Grundhaltung des Verfassers erklären – andere schrieben ja zur gleichen Zeit ganz anders

Historischer Teil

– als wiederum durch die Voraussetzungen des Podiums. Man muß wissen, daß das Kabarett «Schall und Rauch» im Kellergewölbe des späteren Zirkus Schumann untergebracht war und mindestens 1200 Personen faßte. Es hatte also die Größe einer Music Hall, und die intimen Nuancen des Montmartre Chansons hätten allenfalls noch in den ersten Reihen wirken können. Außerdem war das damalige Berliner Publikum geradezu tanzwütig und nahm, wie übrigens auch heute, die frisch aus den USA importierten Jazzrhythmen gierig auf. Auch diese verhinderten die Möglichkeit logisch-geistvoll konstruierter Satzgebilde im Chanson. Mehring aber hatte schnell begriffen, daß im Riesenauditorium die Regel gilt: je primitiver, desto wirkungsvoller. Im großen Raum konnte das «vertonte Gedicht» mit seinen sprachlichen Reizen und Pointen nicht mehr ankommen. So macht sich verjazzte Musik jetzt die Sprache untertan, vergröbert, ja vernichtet auf Kosten des vitalen Rhythmus die syntaktische Struktur, so daß wir ein solches Music-Hall-Chanson allein vom Text her oft gar nicht verstehen. Mehring läßt etwa Gussi Holl (mit der Musik von W. R. Heymann) über die Faszination der weißen Frauen durch Negerartisten spotten:

> 1. 'swar ein schicker niggerboy boy boy
> Und er handelte mit sunlight
> In der moonlightbay bay bay
> Wie hat er gegrient;
> 5. Wenn in Schurzfell und Bibi
> Am Mississippi
> Er mich bedient
> Schlug toll er am Gong
> The Nachtigallen-song:
> 10. If the man in the moon
> Were a coon und im Dun-
> keln liebten die girls,
> 13. Schenkten alle weißen ladys
> Schwarze babys
> 15. Schwarzen Kerls.
> **Please küß**

Das volkstümliche Chanson

    mich rein!
    Laß mich ein!
20. Black boy o my black boy
    In the niggerparadies, in the niggerparadies!

22. Und so wurde ich niggerma-ma-ma ...
    Wir entflohn im Doppeldecker
    Nach Europa-pa-pa.
25. Beim Varieté –
    Er in hellgelben Nanking
    Und ich oh shocking ...
    Decolleté!
    Wir brachten mit Gong
30. The original song:
    If the man in the moon,
    Were a coon und im Dun-
    keln liebten die girls,
    Schenkten alle weiße ladies
35. Schwarze babys
    Schwarzen Kerls.
    Please
    Küß mich rein!
40. Laß mich ein,
    Black boy, o my black boy
    In the niggerparadies, in the niggerparadies!

43. Doch bald brach mein boy die Treu-Treu-Treu
    Und im Séparé ging jählings
45. Unsre Eh entzwei zwei zwei!
    Da schoß ich ihn ab!
    Und lud alle Männer
    Zum Totendiner.
    Dann ließ ich am Grab
50. 100 nigger mit Gong
    Trommeln seinen song:
    If the man in the moon
    Were a coon und im Dun-
    keln liebten die girls,
55. Schenkten alle weißen ladys
    Schwarze babys
    Schwarzen Kerls.

Historischer Teil

    O Ihr
    Dearest – Engelein
60. Laßt ihn ein:
    Black boy, o my black boy
    In the niggerparadies, in the niggerparadies!

    Wenn von Erden ich muß fort- einst-einst
65. End'ge ich bei einem Lustmord,
    Oder in der Christian science-science-science!
    Ich bring zum entrée
    Im himmlischen Tingel-
    Tangel als Engel
70. Die nouveauté
    Mit dem nigger am Gong
    The Hallelujah-Song:
    If the man in the moon
    Were a coon und im Dun-
75. keln liebten die girls.
    Schenkten alle weißen Ladys
    Schwarze babys
    Schwarzen Kerls.
    Come
80. and hear
    My dear!
    White lady komm und küß
    In the niggerparadies, in the niggerparadies[146]!

Hier lassen sich immerhin noch vier Strophen von zwanzig und einundzwanzig Zeilen Länge erkennen, die alle in einen erzählenden Teil und den Refrain gegliedert sind. Im übrigen aber ist die Sprachgestaltung ohne die Musik nicht zu verstehen.

Die Wiederholungen am ersten und dritten Zeilenende in jeder Strophe können nur mit Jazz-Begleitung sinnvoll sein; mehr noch die Zeilenaufteilung des Refrains, die den Satz zerreißt (Z. 16–18, 32–33, 37–39, 53–54, 58–60, 74–75, 79–82), die aber doch in jeder Strophe gleich ist. Sie weist darauf hin, daß hier im Druck nur die musikalischen Einschnitte wiedergegeben sind.

Unklar bleibt für den Leser z. B. auch, ob die Trennung

Das volkstümliche Chanson

des Wortes «Dunkeln» (Z. 12 etc.) nur wegen des Reimes zu «moon» durchgeführt ist oder um eine komische Wirkung zu erzielen («Und im Dun (= Suff) liebten die ...»).

Wichtig ist das für uns ebensowenig wie die vielen Pointen und Anspielungen im Text. Es kommt uns nur immer wieder darauf an zu zeigen, welche Gegensätze in Stimmung, Themen und Sprachstrukturen unter dem Begriff Chanson vereint sind[147].

Ein anderes Beispiel besteht nur noch aus Satzsplittern, die sich manchmal zu Sätzen verbinden wollen, immer wieder aber zerrissen werden durch neue Impressionen des Sprechers – und durch den Refrain: «Ach du lieber Augustin».

Salto mortale[148]

1. Ach du lieber Augustin, Augustin, Augustin
   Ach du lieber Augustin
   Stepp der Exzentriks
   Mit Fußtritts
   Und hand-tricks
   Die Wände lang
   Längelang
   Mädchen aus
   Engelland
   Flitzen am
   Rade in
   Spitzen die
   Wade! und
   Ach du lieber Augustin
   Alles in
   Trümmer! und
   Music-gewimmer
   Und Vorhang
   Und Tusch
   Und Ach du lieber Augustin
   Seile in
   Eile hin
   Kreisen
   Maschinen
   Zu Eisen –

Historischer Teil

   Gardinen
   Im Dickichtgeschlinge
   Der Stricke und Ringe
   Sich bäumend im Saale
   Die stählerne Schlange
   Des Salto Mortale
   Und Vorhang
   Und Kopfhang
   Und Ach du lieber Augustin, Augustin, Augustin
   Ach du lieber Augustin
   Und auf in den Kampf der Torero zieht
   Scheinwerferlicht – Stolz im Gesicht
   Staunend bestarrt
   Fertig am Start!
   Morot gekurbelt
   Gewirbelt
   Und
   Ach du lieber Augustin

2. Rechtshin
   Und linkshin
   Und alles ist
   Opernglas
   Und auf in den Kampf
   Und Muskeln im Krampf
   Und schweißig
   Verbeißt sich
   Und
   Ach du lieber Augustin
   Himmelhin
   Augustin
   Aufwärts und
   Kerzengrad

3. Neunzig grad
   Reaumur
   So ich dir ...
   Augustin
   Augustin
   Auf in den ...
   Abgrund!
   Und Absprung!

Das volkstümliche Chanson

Und Rad hin!
- Ist alles hin ...
Augustin!
Schmettert hin
Alles hin!
Rettet ihn!
Ärzte hin!
Alles ist
Augustin
Alles ist
Blut!
Und
Auf in den Kampf!
und
Wie sie so sanft ruhn
Und Augustin! Aufgebahrt
Letzte Fahrt
Vorhang! und
Ach du lieber Augustin,
Ach du lieber Augustin
Alles ist hin!

Gleichzeitig in Frankreich, England und Deutschland entwickelt sich nun der Stil des Music-Hall-Chansons, wie wir ihn heute etwa an Charles Aznavour besonders ausgeprägt erleben: Der Solist steht auf einer Riesenbühne vor einem Riesenauditorium im Scheinwerferkegel. Selbstverständlich braucht er ein Mikrofon, denn ohne dieses wären alle leiseren, poetischen Nuancen unmöglich. Bei solchen wird die Bühne dunkel, und man sieht nur noch den angestrahlten Kopf des Interpreten. Wenn man keinen schlechten Platz und ein Opernglas hat, kann man sogar seine Mimik erkennen. Aber auf die Dauer wäre das langweilig und zu anstrengend. Darum muß der Chansonnier immer wieder zwischen den sentimentalen oder besinnlichen Liedern stark rhythmische Nummern bringen, die er mit Tanzschritten oder Stepp begleitet und in denen er mindestens gegen Ende seine Band mit Hilfe des Mikrophons eindrucksvoll überschreit. Dabei breitet er meistens die Arme weit aus

Historischer Teil

und legt den Kopf zurück. Das wirkt kraftvoll und ekstatisch, und das Publikum rast, auch wenn es kein Wort versteht. Diese Vortragsart und die entsprechenden Texte nähern sich stark dem Jazzgesang und Schlager, und es fragt sich, ob man sie noch als Chanson bezeichnen darf. Zweifellos gibt es viele fließende Übergänge. Wenn wir aber jene Distanzhaltung, durch die sich das Chanson sowohl vom Volkslied, Kunstlied und Schlager wie auch von der Opernarie abhob, als das wesentliche ansehen, dann gehören die Music-Hall-Gesänge Franz Mehrings jedenfalls noch dazu. Denn diese sind der naiven, unreflektierten Gefühlskundgabe geradezu entgegengesetzt. Auch die anspruchsvollsten Lieder der bedeutenden französischen Chansonniers von heute sind Chansons in diesem engeren (deutschen) Sinne.

Zusammen mit Mehring, Klabund und den Komponisten Friedrich Hollaender, Werner Richard Heymann und Mischa Spoliansky schrieb auch Kurt Tucholsky Chansons für Reinhardts «Schall und Rauch», Trude Hesterbergs «Wilde Bühne», für die «Gondel» und für Nelson. Tucholsky verehrte Heinrich Heine, mit dem er auch häufig verglichen wird. Aber er selbst erhob keinen Anspruch auf Dichtertum. Er wollte ein aufgeklärter Bürger und politischer Schriftsteller sein, der sich um einen guten Stil bemühte. Seine Chansons sind deshalb nicht so subjektiv, wie die des poetischen Vaganten Klabund und nicht so ekstatisch, wie die des anarchistischen Kosmopoliten Mehring. Sie können derb-volkstümlich, zartpoetisch oder politisch-agressiv sein, – immer sind sie wirkungsvoll und verständlich. Deshalb sind sie weniger veraltet als alle anderen, haben das Kabarett unserer Tage maßgeblich beeinflußt und werden immer wieder gern vorgetragen. Kurz gesagt: Tucholskys Chansons sind fast alle «klassisch» geworden.

Wir hörten, daß Claire Waldoff sein zu Herzen gehendes Lied *Mutterns Hände* vortrug (S. 97). Ebenso populär wurde der *Gesang für achtstimmigen Männerchor*, der so beginnt:

Das volkstümliche Chanson

> Wenn die Igel in der Abendstunde
> still nach ihren Mäusen gehn,
> hing auch ich verzückt an deinem Munde,
> und es war um mich geschehn –
> Anna-Luise –[149]!

oder *Malvine:*

> Ich habe mich deinetwegen
> gewaschen und rasiert.
> Ich wollte mich zu dir legen
> mit einem Viertelchen,
> mit einem Achtelchen –
> Maivine!
> Doch du hast dich geziert ...[150]

Ein anderes seiner beliebtesten Chansons beginnt mit einer Frage:

> Es wird nach einem happy end
> im Film jewöhnlich abjeblendt.
> Man sieht bloß noch in ihre Lippen
> den Helden seinen Schnurrbart stippen –
> da hat sie nu den Schentelmen.
> Na, un denn –?

Nun wird in vier Strophen das *Danach*, so heißt auch das Chanson, gezeigt, die Desillusionierung einer Liebe durch die Misere des Ehelebens, und so endet es:

> Denn sind se alt.
> Der Sohn haut ab.
> Der Olle macht nu ooch bald schlapp.
> Vajessen Kuß und Schnurrbartzeit –
> Ach, Menschenskind, wie liecht det weit!
> Wie der noch scharf uff Muttern war,
> det is schon beinah nich mehr wahr!

> Der olle Mann denkt so zurück:
> Wat hat er nu von seinen Jlück?
> Die Ehe war zum jrößten Teile
> vabrühte Milch un Langeweile.
> Und darum wird beim happy end
> im Film jewöhnlich abjeblendt[151].

Historischer Teil

Das ist gut berlinerisch, und jeder versteht es, und doch keineswegs flach. Diese Strophen geben den Extrakt eines Durchschnittslebens in witziger Form. Viele Chansons von Tucholsky verbinden einen exemplarischen Gehalt mit Allgemeinverständlichkeit und Humor. Sie stehen darin Hebels und Brechts Kalendergeschichten nicht nach. Tucholskys Formulierungen haben oft etwas so volkstümlich Einfaches, Überzeugendes, daß man gar nicht merkt, wie gut und zwanglos sie gereimt sind. Das obige Resumé des alten Mannes ist ein Beispiel, oder die beiden ersten Strophen von *Letzte Fahrt*:

> An meinem Todestag – ich werd ihn nicht erleben –
> da soll es mittags rote Grütze geben,
> mit einer fetten weißen Sahneschicht ...
> von wegen: Leibgericht.
>
> Mein Kind, der Ludolf, bohrt sich kleine Dinger
> aus seiner Nase – niemand haut ihm auf die Finger.
> Er strahlt, als einziger, im Trauerhaus.
> Und ich lieg da und denk: «Ach, polk dich aus[152]!»

Schon aus diesen wenigen Proben ersehen wir leicht, was Tucholsky, den bürgerlichen Intellektuellen, auch bei den Berliner Proletariern beliebt machte, mehr als manchen, der sich mit Gewalt ordinär gebärdete: Er sprach ihre Sprache, – auch im übertragenen Sinn – sachlich, klar, gelegentlich schnoddrig – und doch mit Herz. Die meisten seiner Lieder handeln in und um Berlin. Wer diese Stadt kennt, weiß, wieviel ihrer Atmosphäre zum Beispiel ein Lied heraufbeschwört, das Kate Kühl und Ethel Reschke zu Leierkastenmusik vortragen:

> *Sing eener uffn Hof*
>
> Ick hab ma so mit dir jeschunden,
> ick hab ma so mit dir jeplacht.
> Ick ha in siessen Liebesstunden
> zu dir «Mein Pummelchen» jesacht.
> Du wahst in meines Lehms Auf und Ab
> die Rasenbank am Elternjrab. etc.[153]

Das volkstümliche Chanson

Gelegentlich aber verließ er sein Hauptthema. So sang zum Beispiel Kate Kühl mit handfester Erotik das *Lied von der Dorfschönen*:

> Wehn im Winde meine blauen Röcke, meine Röcke, meine Röcke,
> Sind die Jungens alle wie die Böcke, wie die Böcke – meck, meck.
> Wenn im heißen Heu sie mich nur wittern, nur wittern, nur wittern,
> Dann beginnen alle gleich zu zittern,
> Und dann sind sie ganz weg.
> Doch wenn sich alles, alles nach mir sehnt –
> Ich steh angelehnt, immer angelehnt, immer angelehnt
> An der Wand[154].

Die vielen Wiederholungen sind natürlich nur verständlich und sinnvoll durch die Musik. Einen lyrischen Sinn haben sie in dem poetischen Japanlied. Hier wird durch die Wiederholung des Refrains die gewagteste erotische Pointe auf eine Weise angedeutet, wie das nur beim Chanson möglich ist. Wir entsinnen uns an ein ähnlich gebautes Beispiel:

> Erst kamen die Blusen, die Kleider,
> Und dann die Jupons voller Pli,
> darauf die dessous, und so weiter, –
> und dann – und dann kam sie[155].

Auch hier die erotische Pointe, und vergleichsweise sogar harmloser, im Refrain. Jedoch welch ein Unterschied im literarischen Niveau zwischen dem lüsternen Ladenmädel und der poetischen Geisha Tucholskys. Dieser erzählt in den ersten beiden Strophen (Anfang: «Da ist ein Land – ein ganz kleines Land – Japan heißt es mit Namen.») ein europäischer Matrose prahlerisch von seiner Heimat. Die Geisha hört andächtig zu; Refrain:

> In Europa ist alles so groß, so groß –
> Und in Japan ist alles so klein!

Schließlich die letzte Strophe:

> Da ist ein Wald – ein ganz kleiner Wald –

Historischer Teil

abendlich dämmern die Stunden.
Horch! wie das Vogelgezwitscher verhallt ...
Geisha und er sind verschwunden.

Abendland – Morgenland – Mund an Mund –
welch ein natürlicher Völkerschaftsbund!
Tauber, der girrt,
Schwalbe, die flirrt.

Und eine Geisha streichelt das Moos,
in den Augen ein Flämmchen, ein Schein ...
In Europa ist alles so groß, so groß –
und in Japan ist alles so klein[156].

Die damenhafte Dora Dorette läßt beim Vortrag des letzten Refrains keinen Zweifel bestehen, was eigentlich geschieht. Dennoch behält sie selbst eine lächelnde Distanz, die diesem Chanson jede Peinlichkeit nimmt und die Zuschauer schmunzeln macht.

Tucholsky konnte auch ausgelassene, anspruchslose Gelegenheitsarbeiten liefern, wie 1922 bei Nelson die erotisch pointierte Schauermär von Tamerlan, dem sengenden, brennenden, vergewaltigenden Kirgisenherzog:

    Mir ist heut so nach Tamerlan, nach Tamerlan zumut.
    Ein kleines bißchen Tamerlan, ja Tamerlan wär gut ...

Darauf sang nach dem Kriege, beim Comeback Nelsons in Berlin, Ethel Reschke in Anspielung auf den Bestarbeiter der Sowjetzone:

    Mir ist heut so nach Hennecke, nach Hennecke zumut
    Ein kleines bißchen Hennecke, ja Hennecke wär gut!

Selbst wenn Tucholsky ganz ernste Chansons schrieb, konnte man diese noch als volkstümlich bezeichnen, weil sie ihre Thematik immer aus dem Alltag des arbeitenden Menschen schöpfen. Wir vergleichen ein sehr bekanntes Tucholsky-Chanson[157] aus dem Repertoire von Eva Busch mit einem Gedicht Liliencrons[158], das im Gehalt so ähnlich ist, daß es wohl als Anregung gedient haben könnte. Auch das Gedicht hat durch die wiederholte Zeile eine gewisse Vortragseignung. Die Chansonstrophe ist weit stärker ge-

Das volkstümliche Chanson

gliedert. Die Musik von Olaf Bienert folgt dem Wechsel in Rhythmus und Zahl der Hebungen aufs feinfühligste. Die Wendungen an das Publikum und die Fragen geben dem Interpreten weitere Möglichkeiten der mimischen Variation.

Detlev von Liliencron: *In einer großen Stadt*

Es treibt vorüber mir im Meer der Stadt
bald der, bald jener, einer nach dem andern.
Ein Blick ins Auge, und vorüber schon.
Der Orgeldreher dreht sein Lied.

Es tropft vorüber mir ins Meer des Nichts
bald der, bald jener, einer nach dem andern.
Ein Blick auf seinen Sarg, vorüber schon.
Der Orgeldreher dreht sein Lied.

Es schwimmt ein Leichenzug im Meer der Stadt
querweg die Menschen, einer nach dem andern.
Einen Blick auf meinen Sarg, vorüber schon.
Der Orgeldreher dreht sein Lied.

Kurt Tucholsky: *Augen in der Großstadt* (1931)

Wenn du zur Arbeit gehst
am frühen Morgen,
wenn du am Bahnhof stehst
mit deinen Sorgen:
da zeigt die Stadt
dir asphaltglatt
im Menschentrichter
Millionen Gesichter:

Zwei fremde Augen, ein kurzer Blick,
die Braue, Pupillen, die Lider –
Was war das? vielleicht dein Lebensglück ...
vorbei, verweht, nie wieder.

Du gehst dein Leben lang
auf tausend Straßen;
du siehst auf deinem Gang,
die dich vergaßen,
ein Auge winkt,
die Seele klingt;
du hast's gefunden,
nur für Sekunden ...

Historischer Teil

Zwei fremde Augen, ein kurzer Blick,
die Braue, Pupillen, die Lider –
Was war das? kein Mensch dreht die Zeit zurück ...

Du mußt auf deinem Gang
durch Städte wandern;
siehst einen Pulsschlag lang
den fremden Andern.
Es kann ein Feind sein,
es kann ein Freund sein,
es kann im Kampfe dein
Genosse sein.
Es sieht hinüber
und zieht vorüber ...

Zwei fremde Augen, ein kurzer Blick,
die Braue, Pupillen, die Lider –
Was war das?
Von der großen Menschheit ein Stück!
Vorbei, verweht, nie wieder.

Wir haben mit dem etwas vagen Begriff *volkstümlich* eine Variante des literarischen Chansons abzugrenzen – besser: zu akzentuieren – versucht, die sich vornehmlich vom Possen- und Varietécouplet her entwickelt hat. Die Grenzen zu den anderen Varianten sind natürlich fließend. Mit dem Volk, das heißt mit dem arbeitenden Bürgertum und nicht allein mit dem Proletariat, wie der sozialistische Song anfangs – ist sie mehr als die andere verbunden, weil sie vor allem seine täglichen Erlebnisse und seine Typen gestaltet – und zwar auf eine Art, die von ihm verstanden wird. Über die elegante, großbürgerliche Welt des *Mondänen Chansons* macht sich die volkstümliche Variante allenfalls lustig.

Mehr als alle anderen lebt sie aus dem Lokalkolorit, und zwar aus dem Berlins. Diese Stadt hat sich im deutschen Chanson ebenso vielfach gespiegelt, wie Paris im französischen. Mit weitem Abstand folgt im deutschsprachigen Chanson Wien als Thema und dann erst München. Das mag daran liegen, daß außer den «Elf Scharfrichtern» und dem «Simplicissimus» der Kathi Kobus (Ringelnatz, Endrikat

Das politische und soziale Chanson

etc.) die bedeutendsten Kabaretts und Chansonkünstler in Berlin wirkten. Unter den Interpreten haben Reutter, Waldoff und Ebinger Exemplarisches geleistet. Die bedeutendsten Verfasser der Texte – Hollaender, Klabund, Mehring und Tucholsky – haben auch für die anderen Varianten des Chansons Hervorragendes geschrieben, besonders für das politische Chanson. Die stärkste Wirkung bis heute haben zu Recht die Chansons von Tucholsky behalten.

Bedingt durch die Massenauditorien, die sich das volkstümliche Chanson eroberte, wandelte es auch seine Schallform und damit verbunden teilweise seine sprachliche Struktur, was wir besonders an den Music-Hall-Chansons von Mehring beobachtet haben.

Durch die Personengleichheit der Verfasser und Interpreten hat auch das volkstümliche Chanson einen vielfachen Einfluß auf die anderen Varianten, besonders den sozialistischen Song, ausgeübt.

7. Das politische und soziale Chanson / Der «rote» Song

In den *Liedern eines armen Mädchens* von Hollaender/Ebinger und in vielen vergleichbaren Chansons gab es bereits Anklänge sozialer Anklage. Schon Bruant und seine Nachahmer hatten gelegentlich Kritik am gedankenlosen Besitzbürgertum ihrer Zeit geübt. Meistens war aber soziales Milieu in poetischer oder grotesker Weise gezeichnet worden, weil es den gesicherten Bürger interessierte und den die Sicherheit verachtenden Bohemien faszinierte.

Erstmalig nach dem 1. Weltkrieg, während der ersten, kläglichen Gehversuche der neuen Demokratie in den hektischen Zwanziger Jahren verband sich die schon vorhandene malerisch-dekorative Gestaltung sozialen Milieus mit der politischen Agitation der aufkommenden Linksparteien. Auch das geschah fast ausschließlich in Berlin:

Historischer Teil

Im November und Dezember des Jahres 1924 veranstaltete die kommunistische Partei anläßlich der bevorstehenden Reichstagswahlen eine *politisch-proletarische Revue* in Erwin Piscators Politischem Theater am Nollendorfplatz mit dem Titel *RRR – Revue Roter Rummel* (Texte: Gasbarra und Piscator, Musik: Edmund Meisel). Sie hatte bereits ihre Vorläufer in den bunten Abenden der Internationalen Arbeiterhilfe und stand unter dem Leitmotiv: «Ceterum censeo, societam civilem esse delendam!» Edelkommunistische Tendenzen vermischten sich mit gutgemeinten pazifistischen Idealen. Piscator und mit ihm der junge Brecht, sein dramaturgischer Mitarbeiter, glaubten damals noch an die «Möglichkeit zu einer direkten Aktion im Theater»[159].

Als unmittelbare Folge seiner Anregung bildeten sich eine große Anzahl proletarischer Spielgemeinschaften mit Namen wie: «Rotes Sprachrohr», «Rote Blusen», «Rote Raketen», «Die Nieter», «Galgenvögel» etc. Als ähnliche Inszenierungen folgten bei Piscator die politische Revue von Ernst Toller *Hoppla, wir leben* (3. 9.–7. 11. 1927 auf einer «Etagen-Bühne» gespielt), in der der Regisseur die «vollkommene Verbindung von Film und Szene»[160] im Dienst politischer Aussage anstrebte, und am 6. 9. 1929 Walter Mehrings skandalverursachender *Kaufmann von Berlin* mit Songs und Chören (Thema: Inflation). Piscator mußte aus finanziellen und propagandistischen Gründen immer in sehr großen Räumen spielen. Sie prägten zusammen mit der damals in Deutschland aufkommenden Jazzmusik die besondere Schallform des *Songs* als Sprachrohr der «revolutionären Revue».

Die drei hervorragendsten und zugleich typischen Interpreten des sozialistischen Songs wurden Rosa Valetti, Kate Kühl (genannt «die rote Nachtigall», jetzt in Westberlin lebend) und Ernst Busch (genannt «der Barrikadentauber», jetzt am Deutschen Theater in Ostberlin). Ernst Busch konnte sehr ironisch sein, wenn er vom *Revoluzzer* (Mühsam/Reinisch) sang, einem Laternenputzer, der gern an einer Revolution teilgenommen hätte, bei der seine Laternen nicht in Scher-

Das politische und soziale Chanson

ben gingen, dem unentschlossenen Kleinbürger also, der vor den Konsequenzen der Revolution zurückschreckt. Mit dem *Lied der Arbeitslosen* (1930) sang er den Massen der Betroffenen aus der Seele:

> Wer hat dir, du armer Mann,
> abjebaut so hoch da droben? (Robert Gilbert)

Auch Tucholskys (ursprünglich nicht fürs Kabarett gedichteten) Verse von der *Wohltätigkeit* bekamen durch seine männlich-entschlossene Vortragsart etwas Drohendes:

> Sie reichen euch manche Almosen hin
> Unter christlich-frommen Gebeten;
> Sie pflegen die leidende Wöchnerin,
> Denn sie brauchen ja die Proleten.
> Sie liefern auch einen Armensarg ...
> Das ist der Pfennig. Aber wo ist die Mark –?

In unerschütterlich proletarischer Gesinnung wurde er später als Sänger der Revolution zu einem Helden des spanischen Bürgerkrieges. Es gibt aus dieser Zeit noch eine Schallplatte, auf der er die *Internationale* auf Deutsch und Spanisch mit einem Arbeiterchor singt. Hier wird deutlich, wie nahe diese Gemeinschaftslieder der Arbeiterfront durch Rhythmus und Vortragsart dem sozialistischen Song stehen.

Natürlich mußte Busch, wie fast alle sozialistischen Künstler, unter dem Nationalsozialismus emigrieren. 1934 schrieb Alfred Kerr über einen Vortragsabend von Ernst Busch in Paris:

> Und die Metro ging, und der Abend erschien
> Und es flammten die Lichter des Saals,
> Und er stand und er sang wie einst in Berlin
> Und es war wie dunnemals.

> Und er kündete Streit der Fron und dem Leid
> Des blutigen Jammertals,
> Und er stand und er sang das «Lied der Zeit»,
> Und es war wie dunnemals[161].

Ernst Busch ist künstlerisch stetig gereift, ohne sein Gesicht zu verändern. In seiner idealen Vielseitigkeit als

Historischer Teil

Schauspieler und Chansonnier proletarisch-«realistischer» Färbung wurde er zum hervorragendsten Darsteller der großen Brecht-Gestalten: Galilei, Azdak (*Kreidekreis*) und Pfeifenpieter (*Mutter Courage*). Er ist aber auch der bedeutendste Mephisto der ostdeutschen Bühnen.

«Rosa Valetti, als Charakterspielerin bedeutend und daneben in Schwänken und Possen als komische Alte mißbraucht, hatte die Lebensmitte bereits überschritten, als sie sich auf der Suche nach einem wirkungsvollen Forum für ihre revolutionären Ideen dem Kabarett verschrieb. Ihr großes Format machte ihr Aussehen vergessen, das Mopsgesicht wurde schön, das Bordellmutter-Äußere verklärte sich. Revolutionäre Songs wie die *Rote Melodie* sang sie so suggestiv, wie es nur jemand vermag, der von einer Idee und einem ihr adäquaten künstlerischen Gestaltungswillen beseelt ist ... Im ›Größenwahn‹ und dann in der ›Rampe‹ entwickelte Rosa Valetti das pädagogische Talent der Nachwuchspflege. Ihre bedeutendste Schülerin wurde die ihr wesensverwandte junge Kate Kühl. Knackfrisch und blutgesund, war die Kühl, die nie zuvor ein Kabarett auch nur gesehen hatte, wie geschaffen für den erotischen Balladenstil, wie ihn Wedekind und Bruant erneuert hatten und wie ihn Klabund, Mehring und zuweilen auch Tucholsky pflegten – und wie er in Brecht dann seine dichterische Vollendung fand ...[162]»

Von Rosa Valetti haben wir leider keine Phonoaufzeichnung ihrer Songs. Aber eine alte Aufnahme der *Roten Melodie*, gesungen von ihrer Schülerin Kate Kühl, kann uns doch einen Eindruck dessen vermitteln, was die Besucher der Roten Revuen in den Zwanziger Jahren ergriff. (Kate Kühl können wir noch heute auf der Bühne erleben.)

Das Tonband gibt uns die Möglichkeit des wiederholten Abhörens und Vergleichs verschiedener Aufnahmen dieses Songs (gesungen durch Kate Kühl, Tatjana Sais und Gisela May). Intensives Hören bedeutet ebenso Analyse, wie der Vortrag des Chansons zugleich Interpretation ist. Die Schallform aber wird durch den Text determiniert. Beim Chanson

Das politische und soziale Chanson

würde eine getrennte Untersuchung von Text und Schallform ebenso wenig befriedigen, wie in der Musik das Studium des Notenbildes ohne das Erlebnis der Klanggestalt.

Kurt Tucholsky: *Rote Melodie* (1922)

Die Frau singt:
1 Ich bin allein.
 Es sollt nicht sein.
 Mein Sohn stand bei den Russen.
 Da fuhr man sie,
5 wies liebe Vieh,
 zur Front in Omnibussen.
 Und da – da blieb die Feldpost weg –
 Haho! Er lag im Dreck.
 Die Jahre, die Jahre,
10 sie gingen träg und stumm. –
 Die Haare, die Haare
 sind grau vom Baltikum ...

13 *Refrain:* General! General!
  Wag es nur nicht noch einmal!
  Es schrein die Toten!
  Denk an die Roten!
  Sieh dich vor! Sieh dich vor!
  Hör den brausend dumpfen Chor!
  Wir rücken näher ran – Kanonenmann!
20 Vom Grab – schieb ab –!

21 Ich sah durchs Land
 im Weltenbrand –
 da weinten tausend Frauen.
 Der Mäher schnitt.
 Sie litten mit
 mit hunderttausend Grauen.
 Und wozu Todesangst und Schreck?
 Haho! Für einen Dreck!

 Die Leiber – die Leiber –
 sie liegen in der Erd.
31 Wir Weiber – wir Weiber –
 wir sind nun nichts mehr wert ...

Historischer Teil

derselbe Refrain.

33 In dunkler Nacht,
wenn keiner wacht –:
dann steigen aus dem Graben
der Füselier,
der Musketier,
die keine Ruhe haben.
Das Totenbataillon entschwebt –
40 Haho! zu dem, der lebt.
Verschwommen, verschwommen
hörst dus im Windgebraus.
Sie kommen! sie kommen!
Sie wehen um sein Haus ...

45 *Refrain abgewandelt:* Hör den unterirdischen Chor!
Wir rücken näher ran – Du Knochenmann!
Im Schritt!
Komm mit –[163]!

Es erscheint eine einfache Arbeiterin auf der Bühne – kein mondäner Vamp, kein eigentlich «interessanter» Typ – eine Mutter aus dem Volke. Ein kurzes musikalisches Vorspiel bringt «zackige» Militärmusik mit Trompetengeschmetter. Die Musik bleibt während des ganzen Liedes im Marschrhythmus. Schon damit ist das Hauptthema angeschlagen. Jeder spürt sofort die Spannung, die zwischen der keßfrechen Soldatenmusik und jenem verhärmten Weib besteht. Fast sprechend setzt die Frau ein: «Ich bin allein –». Den dritten Satz singt sie plötzlich und hebt ihn dadurch heraus, schmerzvoll: «Mein Sohn –!» Das Folgende wird wieder gesprochen, jede Zeile für sich, dem inneren Auge Zeit lassend für das einfache Bild, so daß die Zeilen nur äußerlich durch Enjambements verbunden werden, nicht in der Schallform. Dann folgt – angstvoll gedehnt – das ahnungsvoll gesprochene «Da, da –», das gleich bestätigt wird von dem entsetzten, bitterklagenden «Haho –». Der Strophenausgang mit seinen gedehnten a-Lauten klingt resigniert und vergrämt. Die Frau scheint in ohnmächtigem Schmerz völlig in sich zusammengesunken –,

Das politische und soziale Chanson

da reißt ein Trompetensignal den Hörer aus dem Mitleiden hoch. Wer spricht jetzt? Die Mutter ist plötzlich eine andere: ein gestrafftes, klassenbewußtes Proletarierweib. Drohend richtet sie sich auf und schleudert ihrem Feind die Kampfansage entgegen: «General, General –!» (Z. 13), und immer lauter und eindringlicher wird ihre Mahnung.

Wir haben den Eindruck: sie ist in Wirklichkeit nicht mehr allein auf der Bühne. Hinter ihr steht das gleichempfindende Kollektiv. Sie droht im Namen der geknechteten Gemeinschaft («Wir rücken näher ran–!») und zwar nicht nur des lebenden, sondern auch des «unterirdischen Chors» (Z. 45). Noch nie haben wir einen solchen Stimmungskontrast zwischen Vorstrophe und Refrain erlebt. Doch zum Beginn der zweiten Strophe ist die Sprecherin wieder Einzelperson, schauend-mitfühlendes Weib, jedoch durch das Mitfühlen nicht mehr vereinsamtes Individuum wie zuvor. Sie spricht nicht mehr von ihrem Mutterschicksal, sondern vom Schicksal aller Weiber, die ihre liebsten Menschen opfern mußten: «Wir litten mit –».

Eindringlich wendet sie sich an das Publikum mit der Frage, die sie gleich selbst höhnisch und bitter beantwortet, mit jenem «Haho –», das bei ihr Leid und Entsetzen ausdrücken muß, für die der Mensch keine Sprache findet. – (Z. 28). Bitter endet diese Strophe, und die Wiederholungen (in Z. 29/31) erinnern uns unwillkürlich an die wiegenden Körper der Weiber bei manchen Naturvölkern, wenn sie ihre Toten beklagen.

Und wieder schlägt es im Refrain um: nur noch drohender die Anrufe, noch sicherer das Machtbewußtsein des Kollektivs!

In der letzten Strophe scheint die Sprecherin völlig entpersönlicht: Weder ein Ich spricht, noch ein Wir – sondern Es. Auch sind es nicht mehr nur der Füselier und der Musketier (Z. 36/37), sondern der letzte Refrain sagt: «Hör den unterirdischen Chor!»

Welch feierliche Worte für ein Chanson! Aber die Sprecherin meint es ernst, sie steht naiv zu ihrer Aussage.

Historischer Teil

Wir erleben hier sozialistisches Pathos in reinster Form. Es griff die Form des Chansons auf, bildete sie zum Sprachrohr seiner Aktion im großen Raum, vor großen Menschenmassen um: so entstand der *Song*. Sieghaft, aktiv, aufrüttelnd, anklagend und drohend ist dieser neue Ton. Er soll in großen Räumen von großen Massen gehört werden. Er will die Stumpfen wachrütteln und die Dickfälligen schrecken. Darum verzichtet er auf die feinen Nuancen des literarischen Chansons. (Dieses hatte sich im intimen Rahmen unter sensiblen Großstadtmenschen entwickelt.) Kunstvolle Satzperioden zum Beispiel würden den Song den Massen unverständlich machen. Auf jede doppelbödige Aussage muß verzichtet werden. Elementar und einfach muß seine Sprache sein. (Sein typisches Satzzeichen ist das Ausrufezeichen.) Die Leidenschaft gibt ihr oft etwas Fetzenhaftes, Eruptives, Nicht-Durchgeformtes. Es ist die Sprache des einfachen Menschen in der Erregung, die dem Song ansteht.

Hier ist fast jede Zeile von einem Gedanken, häufiger von einer Impression gefüllt: die erste Strophe besteht aus acht kurzen Sätzen auf zwölf Zeilen, bzw. aus acht selbständigen Aussagen oder aus fünf Impressionen und drei Ausrufen. Der Refrain mit seinen acht Zeilen enthält sieben Sätze. Jede Zeile wird durch einen einfachen oder doppelten Ausruf gefüllt.

Auch in der zweiten Strophe bringt fast jede Zeile ein neues Bild oder eine Bilderweiterung.

In der letzten Strophe wird durch die eindringlichen Wiederholungen der Zeilen 41/43 eine unerhörte Steigerung erreicht, und schließlich folgt die Abwandlung des Refrains zur spukhaften Aufforderung, deren Wirkung durch die Ironie der letzten Zeile («Im Schritt –») nicht gemindert wird.

Hier bedingen und bestätigen sich Schallform und fixierte Sprachgestalt gegenseitig: diese kurzen, primitiven Sätze können nur in einem großen Raum in lautstarkem Pathos überzeugend klingen. Im kleinen, intimen Rahmen wirken sie peinlich. – Umgekehrt brauchen wir nicht die Sprach-

Das politische und soziale Chanson

psychologie zu bemühen, um zu verstehen, daß der große Raum eben diese Sprachstrukturen bedingt, weil feinere in ihm nicht verstanden würden, nicht «ankämen». (Man denke an den Stil politischer Reden, der ebenfalls durch den Raum mitbestimmt wird!) Auch würde die große Gebärde im kleinen Raum erdrückend wirken. Im sozialistischen Song aber hat sie die Aufgabe, Massen in ihren Bann zu ziehen und zu überzeugen.

Gleiche Wirkung bis heute hatte noch ein anderer typischer Song[164] von Kate Kühl. Seine Mimik wird durch die mindestens achtfache Richtungsumstellung bestimmt.

Kurt Tucholsky: *Der Graben* (1928)

(Sprechrichtungen:)

I. Mutter, wozu hast du deinen aufgezogen?
(zur imag. Mutter)
Hast dich zwanzig Jahr mit ihm gequält?
Wozu ist er dir in deinen Arm geflogen,
und du hast ihm leise was erzählt?
Bis sie ihn dir weggenommen haben
Für den Graben, Mutter, für den Graben.

II. Junge, kannst du noch an Vater denken? (zum imag. Sohn)
Vater nahm dich oft auf seinen Arm.
Und er wollt dir einen Groschen schenken,
und er spielte mit dir Räuber und Gendarm.
Bis sie ihn dir weggenommen haben.
Für den Graben, Junge, für den Graben.

III. Drüben die französischen Genossen   (in bestimmte Ferne)
lagen dicht bei Englands Arbeitsmann.
Alle haben sie ihr Blut vergossen,
und zerschossen ruht heut Mann bei Mann.
Alte Leute, Männer, mancher Knabe
in dem einen großen Massengrabe.

IV. Seid nicht stolz auf Orden und Geflunker!   (Publikum)
Seid nicht stolz auf Narben und die Zeit!
In die Gräben schickten euch die Junker,
(halb zu den imag. Junkern,)
Staatswahn und der Fabrikantenneid.

Historischer Teil

Ihr wart gut genug zum Fraß für Raben,
            (wieder ganz zum Publikum.)
Für das Grab, Kamraden, für den Graben.

V. Werft die Fahnen fort! Die Militärkapellen
            (halb zu den Kapellen)
spielen auf zu Euerm Todestanz.
Seid ihr hin: ein Kranz von Imortellen –
            (Blickrichtung auf imag. Grab)
das ist dann der Dank des Vaterlands.

VI. Denkt an Todesröcheln und Gestöhne.
            (Ganz zum Publikum,)
Drüben stehen Väter, Mütter, Söhne,
schuften schwer, wie ihr, ums bißchen Leben.
Wollt ihr denen nicht die Hände geben?   (hinweisend)
Reicht die Bruderhand als schönste aller Gaben
übern Graben, Leute, übern Graben –!
            (mindestens 8 Richtungsumstellungen.)

Inhalt: politische Anklage: der arbeitende «kleine Mann» wird für fremde, unmenschliche Interessen in den Tod (= in den Graben) geschickt.

Grundstimmung: von düsterer Anklage über stampfenden Rhythmus zu revolutionärem Aufruf und Beschwörung (ab Z. 19). Sozialistische Termini: Genossen, Junker etc. –

Bau: Das bindende Motiv (Graben Grab Massengrab, Z. 18) jeweils in der zweiten Refrainzeile. In jeder Strophe (Vers = die ersten 4 Zeilen) wird ein neuer Aspekt zum Bindemotiv gegeben. Bewegung vom intim-persönlichen Kreis (Strophe 1 u. 2) über eine konkrete, geschichtliche Situation (3. Str.) zu allgemein-gültigem Aufruf mit allgemeiner Erkenntnis. Die fanalartige 5. Strophe wird betont, – sie hat keinen Refrain. Bindung des «Verses» an den Refrain: Str. 1 u. 2 durch Zeitvergleich, Str. 3 durch einfache Fortsetzung der Aufzählung, Str. 4 u. 6 durch weiteren Ausbau des «Vers»-Gedankens, besonders in Str. 6 mit neuem Impuls.

Es spricht: 1. Str. der Erzähler (= der Interpret) zur

Das politische und soziale Chanson

Mutter, 2. Str. die Mutter zum Jungen, 3. Str. = unklar, ob noch Mutter oder schon wieder der Sprecher, 4. Str. der Sprecher zu den Kameraden (= zum Publikum), die letzte Str. ebenso.

Die Musik zu diesen beiden Songs schrieb Friedrich Hollaender.

Von den Textern, die um Max Reinhardt begannen, hatte auch schon Klabund Sozialkritik versucht, vor allem in seinem Gedicht *Berliner Weihnacht* 1918:

> Am Kurfürstendamm da hocken zusammen
> Die Leute von heute mit großem Tamtam.
> Brillanten mit Tanten, ein Frack mit was drin.
> Ein Nerzpelz, ein Steinherz mit Doppelkinn.
> Perlen perlen, es perlt der Champagner.
> Kokotten spotten: Wer will, der kann ja
> Fünf Braune für mich auf das Tischtuch zählen ...
> Na, Schieber, mein Lieber? – Nee, uns kanns nich fehlen,
> Und wenn Millionen vor Hunger krepieren:
> Wir wolln uns mal wieder amüsieren[165].

Trude Hesterberg stellte den jungen Bert Brecht auf die Bretter ihrer «Wilden Bühne.» «Hager, mit pickligem Gesicht, schlechtsitzendem Anzug und schiefhängender Krawatte» trug er «linkisch und monoton schwäbelnd zur Laute seine *Legende vom toten Soldaten* vor[166]»:

> Und als der Krieg im fünften Lenz
> Keine Aussicht auf Frieden bot,
> Da zog der Soldat seine Konsequenz
> Und starb den Heldentod.
>
> Sie malten auf sein Leichenhemd
> Die Farben Schwarz-Weiß-Rot
> Und trugen s vor ihm her; man sah
> Vor Farben nicht mehr den Kot ...

Daraufhin wurde er von junkerlichen Besuchern der gerade stattfindenden «Grünen Woche» mit Sektgläsern bombardiert. Kate Kühl sang dann sein erschütterndes Lied *Ein Pferd klagt an* (Musik: Eisler), in dem von einem Pferd berichtet wird, das während einer Hungerperiode auf

Historischer Teil

der Straße vor Erschöpfung zusammenbricht. Das Grauenvolle an dem Bericht aber ist das Verhalten der Menschen: Sie stürzen sich gierig auf das verendende Tier, um sich ein Stück von ihm zu erobern. Dieses stirbt mit einer mitleidigen Frage: Wer hat euch so weit gebracht?

Der *Rote Song* wurde im «Dritten Reich» noch wütender verfolgt als alle bisher besprochenen Varianten des literarischen Chansons. Zuvor aber hatte er dem deutschen Chanson, das immer wieder zu verflachen drohte, eine Dimension erobert, die es nicht wieder ganz verlieren sollte: den Ernst weltanschaulich-politischer Aussage und Anklage. Nach dem 2. Weltkrieg haben sich die aus der Emigration heimkehrenden Interpreten des *Roten Songs* in zwei Lager gespalten: In Ostdeutschland singen Ernst Busch, Gisela May und Gerry Wolf die großen Erfolge von einst zusammen mit neuen, weltanschaulich angepaßten, das heißt verhärteten Liedern. In Westdeutschland haben sich die Verbürgerlichung der Sozialdemokratie und der neue Wohlstand deutlich auf diese Gattung ausgewirkt. Man hat eigentlich keine rechten Angriffspunkte mehr. Das westdeutsche Rentnerelend betraf zu wenige, als daß es als Thema hätte lohnen können. Zwar wurden am Anfang einige hervorragende Chansons über das Flüchtlingselend und getrennte Familien geschrieben. (Kästner/Nick: *Marschlied 45*). Dann aber blieb noch die Kriegsgefahr und die Atombombe als weiterhin drohender Schrecken. Ursula Herking sang Erich Kästners *Spielzeuglied* (Musik: Edmund Nick), in dem von der ewigen Spielsucht des Mannes die Rede ist, die auch Krieg heraufbeschwören kann. Von den westdeutschen Kabaretts wurde bis zum Überdruß die verantwortungslose Wohlstandsmentalität der Neureichen angeprangert.

Hier mischt sich das politische Chanson in vielfältiger und wirkungsvoller Weise mit der gesellschaftskritischen Variante, von der noch zu reden ist.

Das gesellschaftskritische und Reportage-Chanson

8. DAS GESELLSCHAFTSKRITISCHE UND REPORTAGE-CHANSON

Wir zögern, vom *politischen* Chanson, das sich in Deutschland vor allem als *Roter Song* ausgeprägt hat, das *gesellschaftskritische* – abzutrennen. In Wirklichkeit trennen wir auch keineswegs ab, sondern akzentuieren allenfalls. Der Akzent lag bei der zuvor beschriebenen Variante eindeutig auf der politischen Aktion, auch wo diese ein soziales (= innen- oder klassenpolitisches) Anliegen verficht. Die nun zu besprechende Ausprägung beschränkt sich mehr auf den privatmenschlichen Bereich. Mitmenschen werden gezeichnet und unsere Beziehungen zu ihnen. Natürlich hat jede zwischenmenschliche Beziehung auch eine politische Seite, indem sie am Gesicht unserer Gesellschaft mitformt. Und besonders im Kabarett hat jede scheinbar private Beziehung doch einen exemplarischen Charakter, weil hier nur dargestellt werden soll, was viele angeht und alle interessiert. Dennoch bleibt der Idealtypus zunächst im privaten Bereich, indem er «Menschlich- allzu Menschliches» darstellt (Reportagechanson) oder kritisiert (Gesellschaftskritisches Chanson).

Das ist, wie wir in der Einleitung des historischen Teils ausgeführt haben, schon immer geschehen. Die direkten Vorläufer und Vorbilder dieser Variante haben wir aber wahrscheinlich in den Couplets des Volkstheaters[167] zu sehen, besonders in deren zeitbedingten Zusätzen (Contemporées). Sobald sie sich nämlich vom Rahmen des Stücks inhaltlich gelöst hatten, nahmen die Couplets Nestroys, ebenso wie unsere nächsten Beispiele, Typen und Eigenheiten der Gesellschaft aufs Korn.

In den Volkstheater-Couplets hatten wir auch die Vorbilder für die volkstümlichen Chansons Otto Reutters und Claire Waldoffs erblickt. Zu Recht, denn die letzteren kommen dem jetzt zu beschreibenden Typ mindestens ebenso nahe wie die politische Variante. Doch blieb das *volkstümliche Chanson* thematisch und in der Gestaltung volkstümlich.

Historischer Teil

Das kann man von der gesellschaftskritischen Variante keineswegs immer sagen. Wo es der Fall ist, häufig bei Tucholsky, überschneiden sich die Typen. Sie sollen uns ja nur helfen, Hauptströmungen und Einflüsse erkennen und unterscheiden zu können. Zusammen mit der politischen Variante ist das gesellschaftskritische Chanson jetzt wahrscheinlich die häufigste Ausprägung der Gattung in unserem Kabarett[168], in kabarettistischen Filmen und Rundfunkprogrammen. Wenn junge Schauspieler und Studenten heute ein Kabarett gründen, denken sie zuerst an gesellschaftskritische Chansons und suchen verzweifelt nach Angriffspunkten. Wenn sie keine – oder zu wenig – finden, greifen sie zur Zeitung und entnehmen ihr interessante oder zeittypische Meldungen für ihr Programm (Reportage-Chanson). Nur selten wagen es die jungen Intellektuellen (auch Schauspieler sind heute intellektuell), ein mondänes Erfolgschanson aus der Nelson-Zeit vorzutragen. Nur ausnahmsweise wird einmal ein geeignetes Gedicht vertont und vorgetragen oder eines der alterprobten lyrischen Chansons. Fast nie aber haben junge Kabarettisten in Deutschland den Mut oder die Fähigkeit, das volkstümliche Chanson wieder aufleben zu lassen. Dazu fehlt es an Vitalität und an Naivität. Man geniert sich einfach, ein Lied der Claire Waldoff zu singen. Man will modern sein, man singt vom *Jahre 3003* (Hans Dieter Hüsch) – und ist nur saft- und kraftlos.

Zum Glück gibt es Ausnahmen. Komikerinnen wie Hanne Wieder und komödiantische Begabungen wie die Wiener Louise Martini, Helmut Qualtinger und Sissi Craner gehören noch zu der jüngeren Generation. Die bedeutendsten Chansonniers und Diseusen unserer Zeit aber sind alle nicht mehr jung. Wir nennen nur drei große Namen, die für drei verschiedene Kabarett-Traditionen stehen: Tatjana Sais, die Frau Günter Neumanns, hat mit diesem die Berliner «Insulaner» zu einer unvergleichlich wirksamen Institution gemacht. Lore Lorentz ist der Star des Düsseldorfer «Kom(m)ödchens», das ebenfalls ihr Mann leitet. Und Ursula Herking war bis heute die bedeutenste Diseuse

Das gesellschaftskritische und Reportage-Chanson

des Münchener Kabaretts, zuerst in der «Schaubude», dann in der «Lach- und Schießgesellschaft». Diese drei Künstlerinnen vertreten einen modernen und sachlichen Vortragsstil, der von dem der Jahrhundertwende etwa so verschieden ist, wie die präzise Spielweise moderner Schauspieler von der des Hoftheaters.

Insofern es außergewöhnliche Ereignisse berichtet, hat das *Reportage-Chanson* Ähnlichkeit mit dem Bänkelsang. Dieser wollte aber offiziell den Hörern eine abschreckende Moralpredigt halten – in Wirklichkeit meist nur Sensations- und Gruselgier befriedigen, wie heute unsere Kriminalfilme. Das Reportage-Chanson dagegen möchte Zeittypisches in witziger Form darstellen und (in seiner kritischen Variante) bloßstellen.

So ironisierte schon Otto Reutter in seinem Couplet *Der gewissenhafte Maurer* die Umständlichkeit und Faulheit gewisser Handwerker, und im *Blusenkauf* die zeitraubende Einkaufswut gewisser egozentrischer Frauen. Rudolf Nelson ließ 1927 Kurt Gerron ein sehr erfolgreiches Chanson singen, das aus einer Zeitungsmeldung entstanden war: Ein mysteriöser Fassadenkletterer (wie sich später herausstellte, ein schwachsinniger Regierungsrat, der noch im Amt war), machte längere Zeit das Hotel Adlon unsicher, ohne jemals Wertsachen zu stehlen oder die Gäste zu bedrängen.

> Legt die Hausfrau nachts die Kette vor,
> Im Korridor, steh ich davor.
> Mit der Feile, ohne Eile keck
> Feil ich se weg, da liegt der Dreck.
> Wenn die Tochter grade sich entkleidt,
> Trete ich herein, se tut mir leid:
>
> Ich bin dein Nachtgespenst, dein süßes Nachtgespenst.
> Ick weck dich, wenn de pennst,
> So lang, bis du mich «Liebling» nennst.
> Sei bloß nich so erschreckt,
> Du wirst nur aufgedeckt,
> Und wenn de aufgedeckt,

Historischer Teil

>Dann wirste wieder zugedeckt.
>Steig ich durchs Fenster ein,
>Reizt mich kein Edelstein,
>Nein, nur dein Elfenbein
>Reizt mich allein. etc.

In der letzten Strophe wird auf komische Weise die Wanderlust des Nachtgespenstes erklärt: Es fürchtet sich vor seiner Frau im Bett.

>Sie hat sich aufgedeckt.
>Huch, hab ich mich erschreckt!
>Dann hab ich sie schnell zugedeckt[169].

Weniger banal und ebenso amüsant waren die zeitkritischen Beiträge Werner Fincks in seinem Berliner Kabarett «Katakombe», das am Ende von den Nazis verboten wurde.

>Wir steh'n vor einer neuen Periode.
>Die Sachlichkeit verliert an Sympathie.
>Die kalte Schnauze kommt schon aus der Mode.
>Zurück zur Seele; Herz ist dernier cri!
>Der Schmerz darf einen wieder übermannen.
>Am Jüngling sucht die Jungfrau wieder Halt.
>Das Unterleibchen wird sich nach und nach entspannen,
>Und nur des Kriegers Faust bleibt noch geballt ...[170]

Diese Zeilen, in Conférencen eingestreut, sind auch gesungen kaum mehr als Chanson zu bezeichnen, weil es ihnen an dem mimischen Element fehlt. Sie entsprechen der auf S. 13 skizzierten dritten Sprechhaltung, weil hier nur meditiert wird – und nicht dargestellt.

Ganz anders in dem vielleicht eindrucksvollsten Reportagechanson der Nachkriegszeit, Erich Kästners *Marschlied 45* (Musik: Edmund Nick, gesungen von Ursula Herking im Frühjahr 1946 in der Münchener «Schaubude»):

(Prospekt: Landstraße. Zerschossener Tank im Feld. Davor junge Frau in Männerhosen und altem Mantel, mit Rucksack und zerbeultem Koffer.)

Das gesellschaftskritische und Reportage-Chanson

1. In den letzten dreißig Wochen
   zog ich sehr durch Wald und Feld.
   Und mein Hemd ist so durchbrochen,
   daß man's kaum für möglich hält.
   Ich trag Schuhe ohne Sohlen,
   und der Rucksack ist mein Schrank.
   Meine Möbel habn die Polen
   und mein Geld die Dresdner Bank.
   Ohne Heimat und Verwandte,
   und die Stiefel ohne Glanz, –
   ja, das wäre nun der bekannte
   Untergang des Abendlands!

R. Links, zwei drei, vier,
   links, zwei, drei –
   Hin ist hin! Was ich habe, ist allenfalls:
   links, zwei, drei, vier,
   links, zwei, drei –
   ich habe den Kopf, ich hab ja den Kopf
   noch fest auf dem Hals.

2. Eine Großstadtpflanze bin ich.
   Keinen roten Heller wert.
   Weder stolz, noch hehr, noch innig,
   sondern höchstens umgekehrt.
   Freilich, als die Städte starben,
   als der Himmel sie erschlug ...
   zwischen Stahl- und Phosphorgarben –
   damals war'n wir gut genug.
   Wenn die andern leben müßten,
   wie es uns sechs Jahr geschah –
   doch wir wollen uns nicht brüsten.
   Dazu ist die Brust nicht da.

Refrain: Links, zwei drei, vier ...

3. Ich trag Schuhe ohne Sohlen.
   Durch die Hose pfeift der Wind.
   Doch mich soll der Teufel holen,
   wenn ich nicht nach Hause find.
   In den Fenstern, die im Finstern
   lagen, zwinkert wieder Licht.
   Freilich nicht in allen Häusern.

Historischer Teil

Nein in allen wirklich nicht ...
Tausend Jahre sind vergangen
samt der Schnurrbart-Majestät.
Und nun heißt's: Von vorn anfangen!
Vorwärts marsch! Sonst wird's zu spät!

Letzter Refrain:

Links, zwei, drei, vier,
links, zwei, drei –
Vorwärts marsch, von der Memel bis zur Pfalz!
(Spuckt in die Hand und nimmt den Koffer hoch)
Links, zwei, drei, vier,
links, zwei, drei –
Denn wir haben ja den Kopf, denn wir hab'n ja den Kopf
noch fest auf dem Hals [171]!
(Marschiert ab.)

Dieses Chanson muß man zumindest auf dem Tonband hören, um seine ergreifende Wirkung verstehen zu können. Es ist tatsächlich zum *Spiegel seiner Zeit* geworden. Das Nachkriegspublikum sah in ihm sein Elend gültig dargestellt, aber nicht nur das Elend: das eigentlich Erschütternde liegt in dem Mut und Galgenhumor («... wir wollen uns nicht brüsten. Dazu ist die Brust nicht da.»), den die Herking so großartig heraussingt. Das Chanson ist eine der schönsten Ehrungen der nicht verzagenden, verbissen zupackenden deutschen Frau, wie sie – besonders in Berlin – als sogenannte *Trümmerfrau* in unserem Gedächtnis weiterlebt. Es ist zugleich für uns ein Beispiel dafür, daß in der Geschichte des Chansons kaum ein einmal entwickelter Stilzug für immer vergessen wird. Das meiste taucht irgendwann wieder auf, häufig verflacht – häufig aber auch wie hier veredelt und vertieft.

So meinen wir hier in der zweiten Strophe Anklänge an das alte Dirnenlied zu hören:

Eine Großstadtpflanze bin ich.
Keinen roten Heller wert.
Weder stolz noch hehr, noch innig,
sondern höchstens umgekehrt ...

Das gesellschaftskritische und Reportage-Chanson

Wie ist das freilich hier in das Bild von den sterbenden Städten eingeschmolzen! Auch der Kollektivcharakter, den wir zuerst im *Roten Song* (*Rote Melodie*) beobachteten, erscheint hier wieder im Refrain!

Zuerst hieß es noch: «... ich hab ja den Kopf noch fest auf dem Hals.» Im letzten Refrain aber singt Ursula Herking mit großer, das Publikum einbeziehender Gebärde:

> Denn wir haben ja den Kopf, denn wir habn ja den Kopf noch fest auf dem Hals!

Erich Kästner gehört zweifellos zu den bedeutendsten Chansontextern des deutschen Kabaretts. Er nannte seine Gedichte bescheiden *Gebrauchslyrik* und machte während der Nazizeit aus dieser Bezeichnung einen Ehrennamen. Selbstverständlich wurden seine Chansons ebenso verboten wie die von Tucholsky. Wie dieser und Werner Finck konnte er es sich leisten, auf der Bühne zu meditieren ohne zu langweilen.

> Wenn wir den Krieg gewonnen hätten,
> Mit Wogenprall und Sturmgebraus,
> Dann wäre Deutschland nicht zu retten
> Und gliche einem Irrenhaus ...

und nach dem Zusammenbruch:

> Die große Freiheit ist es nicht geworden.
> Es hat beim besten Willen nicht gereicht.
> Aus Traum und Sehnsucht ist Verzicht geworden.
> Aus Sternenglanz ist Neonlicht geworden.
> Die Angst ist erste Bürgerpflicht geworden.
> Die große Freiheit ist es nicht geworden.
> Die kleine Freiheit – vielleicht[172]!

Neben Politik und Kulturpolitik beschäftigten ihn immer wieder das Verhältnis von Mann und Weib in unserer Zeit. Seine sachlich-melancholischen *Hotelzimmer-Gedichte* sind auch literarisch originell. Sie gehören aber auch zum gesellschaftskritischen Chanson, weil sie sich mit typischem zwischenmenschlichen Verhalten in unserer Zeit auseinandersetzen. Wir gaben bereits eine Probe im Vergleich mit Wedekind (S. 67).

Zeitkritisch sind auch die unzähligen Couplets der «Insulaner», die besten liegen gedruckt vor[173]. Die damenhafte, fraulich-überlegene Tatjana Sais nahm etwa in einem Chanson ihres Mannes (Günter Neumann) den Filmsternchenrummel aufs Korn:

> Wollte man früher berühmt sein,
> War das ein fernes Ziel.
> Man lernte das Gretchen
> Und übte das Käthchen,
> Studierte die Sorma beim Spiel.
> Hatte man Glück und Talente,
> Kam man an's Schauspielhaus,
> Aus kleineren Rolln
> Wurden größere Rolln ...
> Heut sieht das ganz anders aus!

> Wie wird man ein Star?
> Sie gehen zur Miss-Wahl-Konkurrenz
> Mit wallendem Haar,
> Und da machen Se Wind!
> Und wenn Sie über n Laufsteg traben,
> zeig n Se alles, was se haben,
> Bis Sie schließlich mal Miß Büstenhalter sind! ...

Die «Insulaner» benutzen häufig eine moderne Form des Chansons, die auch in den anderen Kabaretts immer üblicher wird. Sie nähert sich dem *Sketch*, wird auch häufig von mehreren Personen vorgetragen. Musikalisch gleicht sie dem *Quodlibet*[174], weil sie verschiedene bekannte Melodien montiert. Weil diese Form im modernen Kabarett immer wichtiger wird, geben wir ein ungekürztes Beispiel, in dem das Mensuren schlagende Corpsstudententum lächerlich gemacht wird. Es handelt sich wiederum um ein echtes Reportage-Chanson, weil die Szene im Grunewald eben in Berlin Aufsehen erregt hatte, wo das Mensurenschlagen noch streng verboten war.

Günter Neumann («Insulaner»): *Burschen hinaus!*

Das gesellschaftskritische und Reportage-Chanson

(«jestatten Sie maln Augenblick! Bei nachfolgender Veräppelung sind die Kommilitonen der nichtschlagenden Studentenverbindungen selbstverständlich ausjenommen! Verbindlichsten Dank! – Darf ich bitten!»)

(Melodie: Im Grunewald ist Holzauktion ...)

Er:
Im Grunewald, im Grunewald beim Budiker,
da trafen sich
paar Studiker,
sie gingen in der Kneipe dort, famos, famos,
mit Säbeln auf sich los!
Links in die Fresse rein,
Rechts in die Fresse rein,
wer nicht mitmacht, der kann nur ein Schlappschwanz sein!
Hier zeigt sich der Mann,
Ehre hat man nur dann,
wenn man nachher blutet wien Schwein!

(Melodie: Rote Rosen, rote Lippen)

Sie:
Rote Striemen, rote Neesen, blutjes Kinn!
Und ich frage mich: Was hat das bloß fürn Sinn?
Denn der Körperteil, der das Gehirn umfaßt,
ist ganz beklebt
mit Leukoplast!
Bei aller Toleranz
mir ist das unklar janz,
was euch an Säbelhieben – so sehr gefällt?

(Melodie: Ich bin von Kopf bis Fuß)

Er:
Wir sind von Kopf bis Fuß auf Hiebe eingestellt,
denn das ist unsere Welt
und sonst gar nischt!

Nur der, der Schmisse hat wie Ochsenmaulsalat,
nur der taugt was fürn Staat
und sonst gar nischt!

Sie:
Doch mahnt der Rektor, daß ihr euch melden sollt,
sofort seid ihr feige und denkt euch: Schweign ist Gold!

Historischer Teil

Dann fehlt Zivilcourage und das Ehrgefühl,
Es ist ein Trauerspiel
und sonst gar nischt!

(Melodie: Ich hab' mein Herz in Heidelberg verloren)

Er:
Ich hab mein Ohr in Heidelberg verloren,
mich zu fixieren, hat einer sich erfrecht!
Der Lümmel war zum Glück hochwohlgeboren,
nur is mein Ohr weg, das geschieht ihm recht!

Sie:
Tut das nicht weh? Son Hieb in die Figuren?

Er:
Es geht ums Band und um das Vaterland!
Gewiß, ich sah schon häufig in Mensuren

(Melodie: Glühwürmchen)

Glühwürmchen, Glühwürmchen bei meinen Schmissen,
doch werd ich zu Hause zu rühmen wissen,
ich brauche für meine Karriere später
ne Visage wie roher Hackepeter!
Daran soll jeder dann gleich erkennen,
daß wir vom übrigen Plebs uns trennen!

(Melodie: La vie en rose)

Stimme aus dem Hintergrund:
Haun Se mich doch bitte an,
Sie wissen ja, ich kann
keim Säbel widerstehn!
Schlag mich doch, Du böser Feind,
ich möchte Deinen Schnitt
in meim Gesichte sehen!

(Melodie: Wenn der Topp aber nu'n Loch hat)

Sie:
Wenn der Kopp aber nu'n Loch hat?
Er:
Das macht jarnischt! Hoch in Ehren!
Sie:
Ich fänds schöner, wenn alle Schmisse
aufm Hinterteil wärn!

Das gesellschaftskritische und Reportage-Chanson

(Melodie: O mein Papa)

Stimme aus dem Hintergrund:
Au, mein Popo
ist dafür viel zu schade!
Was nützt ein Schmiss,
wenn er nicht sichtbar ist?!

(Melodie: Pack die Badehose ein!)

Sie:
Packt die schweren Säbel ein,
laßt das Schlachtefest doch sein,
trinkt ooch Bier ohne Kommandos!
Seid nicht zackig, seid salopp,
ihr habt solchen schönen Kopp,
Macht ihn nicht zu Kalbsfrikandeaux!

Na, und wollt ihr schon durchaus mit euren Schmissen kokettiern,
braucht ihr euch doch morgens bloß mit stumpfen Klingen zu rasiern!
Aber habt ihr sowas nötig?
Spart die blutige Kosmetik!
Wir erwarten eure Blüte
mehr auf geistigem Gebiete!
Schlagen nämlich kann sich jeder,
schlagt doch lieber mit der Feder,
mit der hochgelehrten Birne,
mit der kühlen Denkerstirne!
Denn am Fehln der ollen Paukbodenmensur
scheitert nicht der Fortschritt der Kultur!

Wie ist nun ein solches Quodlibet gebaut? Da es von seinen musikalischen Einfällen abhängig ist, versteht sich von selbst, daß Zeilenanzahl und -länge auf keine Norm zu bringen sind. Wie in einer Revue knüpft der Autor Einfall an Einfall, wobei er auch jede Melodie nur solange benutzt, wie ihm dazu ein passender Text einfällt. Oft stimmen Musik und Text nicht bis zum Schluß der Passage überein, dann wird der Rest vom Interpreten gesprochen (oft besonders pointierte Stellen), bis eine neue (dem Zuhörer bekannte) Melodie sich wieder auf komische Weise mit den Worten verbindet. Die komische Wirkung kommt – abgesehen von

Historischer Teil

den Pointen im Text selbst – durch den psychologischen Mechanismus der zwei Ebenen, die sich eigentlich nicht decken, zustande. Die eine Ebene ist die Erinnerung, die das Publikum an Charakter und Text des Originalliedes hat, dessen Melodie hier entlehnt wurde. Die andere schafft der neue, freche Text. Die Art, wie er der bekannten Musik angepaßt wird, überrascht den Hörer – und wirkt dadurch erheiternd. Je mehr nun der neue Text dem alten noch ähnelt (in seiner Stimmung aber völlig von ihm abweicht), umso stärker ist die oben beschriebene Erinnerungswirkung. Bei diesem «Insulaner»-Quodlibet sind nur bekannte Schlager (Schnulzen) benutzt worden, deren Text oft über mehrere Zeilen kaum abgeändert zu werden brauchte. Weil man mit dieser Technik «umwerfend» komische Effekte erzielen kann, wird sie auch im Chanson oft angewandt.

So schmachtete etwa Lore Lorentz im «Kom(m)ödchen» den Bundesinnenminister Schröder im Stil des *Gebets einer Jungfrau* (Martin Morlock: *Heimliche Liebe*) an:

> Wie er da leuchtet, leibt und lebt,
> Stellt alle Welt sich einen Herrn vor.
> Wenn er die rechte Braue hebt,
> Komm ich mir klein und subaltern vor ...
> Nicht wahr, so einer bietet einem doch was!
> Aber keiner mag ihn. Keiner mag ihn.
> Wie finden Sie das[175]? ...

Aber nicht nur für komische Wirkungen wird diese Technik angewandt. Bitterernst sangen die Kabarettisten des «Kom(m)ödchens» im Dezember 1960, als der Eichmann-Prozeß anlief, folgenden Text zu den berühmten Akkorden von Beethovens Fünfter Symphonie:

> Sie schien so weit,
> Die böse Zeit,
> Der Hexenwahn.
> Kaum einen Blick
> Auf das zurück,
> Was man getan.
> Die inner'n Scherben auch loszuwerden –

Das gesellschaftskritische und Reportage-Chanson

> Wir haben's nicht recht vermocht.
> Das Schicksal pocht!
> Wir können dem, was unbequem
> Und tot erschien, doch nicht entfliehn.
> Die Hölle speit von Zeit zu Zeit
> Noch etwas aus vom alten Graus.
> Sie halten ständig die Schuld lebendig,
> Die alten Würger, die als Bürger,
> Teils im Inland, teils im Ausland
> Still verschwunden und nach Jahren erst gefunden...
> (Text: Lorentz/Hachfeld)

In der Münchener «Kleinen Freiheit» wurde Martin Morlocks *Ballade von einem, der keinen Standpunkt hatte* (1954) vorgetragen:

> Und als er ein paarmal beherzt seinen Mund aufgetan
> Und schlankweg erklärt hatte, daß ihm – teils hüben, teils drüben –
> Diverses mißfiel, da sah'n ihn die übrigen an,
> Als habe er Wechsel gefälscht oder Unzucht getrieben.
>
> Und als er ein paarmal so keck war zu sagen, er finde,
> *Hier* röche der Kehrricht als solcher genauso wie *dort*,
> da war'n sie entrüstet und fragten ihn, wo er denn stünde,
> Und meinte damit seinen ideologischen Ort.

«Als der Standpunktlose bekennt, er wisse es nicht, schilt man ihn Landesverräter. Da begibt er sich auf die andere Seite und findet dort die gleiche Haltung, nur daß man ihn dort als Reaktionär anprangert. Infolgedessen irrt er, von beiden Seiten verachtet, als Wanderer zwischen zwei Welten durch die Zeit, bis eines Tages beide Welten ‹mit Macht und lautem Getöse zu dicht aneinandergerieten› und er endlich wußte, wo er stand:

> Er stand auf der Seite all derer,
> die leider den schwächeren Standpunkt vertraten.
> Er stand an der Wand[176].»

Dieses Thema und ähnliche wurden immer wieder neu aufnommen, wie etwa durch Therese Angeloff in ihrem Schwabinger Brettl «Die kleinen Fische»:

Historischer Teil

Der Untertanengeist

Ich bin der Geist, der stets ... bejaht.
Die Mächtigen in jedem Staat,
Die können auf mich zählen.
Ich bin der Geist, der stets bejaht,
Und streue meine Drachensaat
In alle kleinen Seelen.
Ich bin der Geist, der nie verneint.
Und schon seit den Germanen
Sitz ich in deutschen Hirnen fest
Als Geist der Untertanen.
Was immer man dir auch diktiert,
Nimm ohne Widerspruch es an!
Bleib eine deutsche Eiche
Und ein deutscher Untertan,
Womöglich noch als Leiche[177]!

In dem einzigen deutschen Repertoire-Kabarett, das sich «Die Schmiere – das schlechteste Theater der Welt» nennt und in einem schaurigen Klosterkeller in Frankfurt am Main in täglich wechselnden Programmen dem Publikum das Kompromißloseste bietet, was man zur Zeit in Deutschland sehen kann, fragt der Direktor Rudolf Rolfs:

Wozu brauchen Sie einen Kopf? – Gehen Sie mit der Zeit: also ohne Kopf. Denn:

Für den Orden braucht man nur die Brust.
Für den Filmnachwuchs ist es ebenso.
Ohne Kopf bekommt man Lebenslust.
Ohne Kopf wird das Gesicht erst froh.
Nimm den Kopf ab, Bürger, deinem Sohn,
Wirf es fort, das lästige Requisit.
Ersetz ihn durch einen Luftballon,
Wenn dich der Stummel stört, den man oben sieht.

Ohne den wird's noch viel schöner sein,
Ohne den wird noch mal so gut pariert.
Werfen sie den Kopf doch in den Lokus rein.
Mit Beinen, nicht mit Köpfen wird marschiert ...[178]

In Wien werden Zeitprobleme mit der bekannten, häufig ins Makabre umschlagenden Anmut behandelt, die schon in

Das gesellschaftskritische und Reportage-Chanson

der Sprache angelegt ist. So läßt Gerhard Bronner Helmut Qualtinger eine berühmt gewordene *Halbstarkenstudie* vortragen:

> Was kann denn i dafür, daß i a so viel Zeit hab?
> I hab nix zan tuan!
> Was kann denn i dafür, daß ich mit nix a Freud hab?
> Da kriagst an Zurn.
> Da gehst ins Kino und siachst an Galopp von Indianern
> Im Cinemascop,
> Weil dir so fad is.
> Du gehst vom Kino raus und waßt net, was sollst machen,
> Drum gehst ins Café,
> Hörst in der Juke-Box jeden Tag dieselben Sachen,
> Die tuan dir scho weh.
> Und mit der Zeit, da kriagst a Idee,
> Und du zerlegst einen Cafetier,
> Weil dir so fad is [179].

Oder die gelangweilten Äußerungen eines Playboys, der seinen Freunden in der Eden-Bar von einem Autounfall erzählt: «Es is nix passiert. Mein Porsche is schon repariert, nur leider is mir ein Passant, bevor er g'storb'n is, einig'rannt.» Warum er sich nicht zu sorgen braucht, sagt er im Refrain:

> Der Papa wird's schon richten,
> Der Papa wird's schon richten,
> Das ghört zu seinen Pflichten,
> Dazu is er ja da.
> Denn wenn man einen Sohn hat
> Und so a Position hat
> Wie mein Papa,
> Dann genügt ja schon ein Telefonat
> Zum richtigen Ort,
> Und dort sind sofort
> Die Akten unauffindlich.
> Sitzt dort ausnahmsweis ein Falscher am Draht,
> Der glaubt, er kann da Manderln machen, und wird rabiat – na, ja.
> Der Papa wird's schon richten,

Historischer Teil

Der Papa wird's schon richten,
Er weiß so viele Gschichten,
Die andre Leute störn:
Vom kleinsten Referenten
Hinauf zum Präsidenten,
Wer wichtig is, der kennt'n,
Mein'n alten Herrn,
Man dient ihm gern
Und applaniert die leid'gsten Affärn – ganz intern [180].

Einige besonders meisterhafte gesellschaftskritische Chansons hat Hugo Wiener seiner Frau Cissi Craner geschrieben. In einem wird als Rahmen nur beschrieben, wie eine nervöse Frau in ihrer Handtsache etwas sucht. Da die Tasche aus Offenbacher Leder ist, kommentiert die Frau ihre Suche mit Melodien von Jaques Offenbach, also wieder in der Quodlibet-Technik. In immer sich steigerndem Tempo bringt sie ein Universum von kleinen Dingen des Alltags hervor, die – mit kurzem Kommentar versehen – ihr und ihrer Familie Leben beschreiben. Das Erstaunliche ist, daß es ihr so gelingt, ein zeittypisches Bild ihrer Gesellschaft zu entwerfen, mit allen Einzelzügen wie der Badereise nach Italien, der «kleinen Untreue» mit einem Strand-Gigolo etc.

Im Züricher «Cabaret Fédéral» singt 1952 Simone Müller ein Chanson von Werner Wollenberger: «Frau Burger, gegen dreißig, recht hübsch. Zwei Kinder. Fünf Zimmer. Ein Hund und ein Mann: Frau Burger steht lange im Gange und hat mit sich selbst Rendez-vous ...» Ein Mann wartet auf sie im Café, und nun ringt sie mit sich:

Soll ich oder soll ich nicht?
Schließlich ist nicht viel dabei.
Was heut nachmittag zerbricht,
Geht doch eines Tags entzwei.
Eines Tages, lieber Gott,
Braucht es nicht einmal mehr Mut,
Und der Sprung aus Tramp und Trott
Dieses Lebens wird akut.
An der Liebe nagen Zeit,

Das gesellschaftskritische und Reportage-Chanson
Pflichten, Kinder, Haushaltshaft,
Abgestandne Zärtlichkeit
Und der Wunsch nach fremder Kraft ...

Frau Burger geht aber schließlich doch nicht. Sie hält sich an die Sicherheit. «Eigentlich steht's nicht dafür[181].» Dergleichen ist für Frauen, besonders nach dem letzten Kriege, sehr häufig geschrieben worden; für Männer fast nie.

Natürlich ließen sich die Beispiele für das *gesellschaftskritische-* und das *Reportage-Chanson* noch lange fortsetzen. In vielen Verbindungen mit der politischen Variante ist es die häufigste Form im modernen zeitkritischen Kabarett. Einige Titel, die allein für sich sprechen, mögen nochmals veranschaulichen, mit welchen Themen sich diese Gattung befassen kann: *Die Schlaflose* (Loni Heuser), *Reise in die Stratosphäre* (Margot Hielscher), *Das Geld liegt in den falschen Händen!* (Lore Lorentz), *Meine Oma spielt in Breitwand Kokotte* (Ilse Markgraf), *Atombombiges Quodlibet, Rhapsodie in Halbstark* (Helmut Qualtinger), *Liebe in der Milchbar, Die Managerkrankheit, Jazz-Neurose, Lieschen Müller, Der Sportler, Bundesbahnblues, Der Karajanuskopf* (Bronner, Wehle), *Allein in einer großen Stadt* (Nina Tscharowa).

Wenn wir auf S. 14 das Chanson als *Spiegel seiner Zeit* bezeichneten, dachten wir natürlich in erster Linie an das zeitkritische. – Diese Bemerkung muß aber eingegrenzt werden: Nicht alle Themen und Probleme unseres Lebens sind für die Behandlung im Kabarett geeignet, vielleicht nicht einmal immer die wichtigsten. – Selbst wenn der Kabarettist das Gegenteil beweisen könnte, würden wir noch bezweifeln, ob ihm immer die wesentlichen Zeitströmungen alle bewußt sind. Ist das Kabarett nicht auf Erscheinungen beschränkt, an denen es etwas zu kritisieren gibt? Standen die Kabarettisten zum Beispiel politisch nicht meist *links* und gegen die regierenden Mächte? Diese Fragen kann nur eine Geschichte des zeitkritischen Kabaretts sorgfältig beantworten.

Historischer Teil

Exkurs: Brechts Bühnengesänge

Eine besondere Studie müßte den vielerlei Funktionen gewidmet werden, die das Chanson im Ganzen eines Stückes haben kann. Die Couplets des Volkstheaters (S. 28 und 30), die eingestreuten Chansons in den sogenannten «musikalischen Komödien» (zum Beispiel von Curt Goetz), die Operettenchansons und Filmchansons bis zu den Songs der Musicals haben Aufgaben für den dramaturgischen Aufbau, die sich miteinander vergleichen lassen. Je nach ihrer Verflochtenheit mit dem Stück sind sie in diesem für den Weitergang notwendig (Beispiel: Der Gründgens-Film *Tanz auf dem Vulkan* 1938, wo durch die Chansons des Helden eine Revolution ausgelöst wird) – oder auch nur schmückendes («musikalisch auflockerndes») Beiwerk, wie in den vielen kabarettistischen Filmen seit dem *Blauen Engel* bis zu *Das Mädchen Rosemarie*, *Wir Wunderkinder* oder *Das Wirtshaus im Spessart*. Häufig, besonders in den vielen Filmen mit Zarah Leander, Marlene Dietrich, Kirsten Heiberg, Gustaf Gründgens, gibt es neben dem rein dekorativen Chanson auch das dramaturgisch notwendige; besonders dann, wenn durch ein Lied bei den Akteuren gewisse Emotionen und Entschlüsse ausgelöst werden. So hatte Zarah Leander in ihrer immer wieder abgewandelten Rolle als *Madame scandaleuse* (in späteren Jahren als hingebende Mutter mit pikanter Vergangenheit: die Aufopferung im Nachtlokal) fast immer dann, wenn man ihr auf ihr Vorleben gekommen war, dieses mit einer späten Version des vertrauten Dirnenliedes zu erklären. Damit rührte sie unfehlbar sowohl ihre Mitspieler als auch ihre vielen Verehrer im Publikum.

Nicht selten aber hat das Filmchanson auch einen meditativen Charakter wie das alte Wiener Couplet; etwa wenn Brigitte Horney in *Liebe, Tod und Teufel* 1934 Theo Mackebens *So oder so ist das Leben* singt.

Gesondert muß der *Song* Bertolt Brechts betrachtet werden. Er hat heute vor allen anderen Bedeutung, weil er nicht nur im Kabarett geboten wird, sondern in fast alle

Das gesellschaftskritische und Reportage-Chanson

Stücke des Dramatikers eingebaut ist. In der kunstvolllebendigen Abhebung des wirksamen Refrains von den mehr gedanklich oder erzählend pointierten Zwischenstrophen durch Zeilenlänge, Rhythmuswechsel, Sprachgebärde und bedeutungsvolle Zeilenverkürzung durch beschwerte Hebungen hat Brecht auch sein bewundertes Vorbild, François Villon, weit übertroffen. Brechts Gesänge sind hierin den besten Chansons Tucholskys durchaus ebenbürtig. In ihren Endreimen sind sie dafür umso weniger originell. Das hat schon Alfred Kerr anläßlich der ersten «Opernaufführungen» in Berlin (*Dreigroschenoper*, *Happyend*, *Mahagonny*), moniert.

Es ist auffällig, wie gern Brecht Wiederholungen von Ausrufen, Zeilen und ganzen Sätzen anwendet. Natürlich läßt er nun besonders gern das Reimwort am Zeilenende wiederholen, oft in einer Strophe mehrere Male. Auch scheut er sich nicht, in einem Satz ein Wort oder einen Wortstamm zu wiederholen, wenn er den Gedanken damit einfacher und lapidarer ausdrücken kann. – Immer gab er der Sprache jenen *gestischen Rhythmus*, den er wie Luther herausfand, indem er dem Volke «auf das Maul schaute». Dieser macht wohl in allen seinen Balladen, Moritaten, Gesängen und Chören das stärkste dichterische Element aus – und reizte den Musiker, eine relativ selbständige Musik zu unterlegen, die dem Worte eine Art kontrapunktischer Freiheit ließ. Brecht hatte das Glück, für sein dramatisches Schaffen drei begabte junge Komponisten zu finden: den lyrischen, melodiös hochbegabten Kurt Weill, – den mehr sinfonisch denkenden Schönberg-Schüler, Hanns Eisler – und den Brechts Grundauffassungen sicherlich am nächsten kommenden Paul Dessau. (Brecht versuchte sich auch bei seinen ersten Stücken selber in der Komposition, und er begleitete sich sehr gut auf der Guitarre zu seinen Songs, die er gelegentlich vortrug).

Betrachten wir einen Song aus der *Dreigroschenoper*[182], der für Brechts Bühnen-Songs typisch ist[183]. Er läßt sich – ähnlich wie das Couplet von Nestroy – als eigenbündige

Historischer Teil

Form aus dem Rahmen des Stückes herauslösen. Der Sprecher beginnt unvermittelt – ohne Einleitung und aus der vorangegangenen Situation des Stückes heraus – zu reflektieren, wobei er sich dem Publikum zuwendet. Wichtig ist, daß er nicht einen der Mitspieler ansingt, wie in der veristischen Oper, sondern die Handlung während seiner «Adresse an das Publikum» stehenbleibt, wie bei der Arie der alten *Nummernoper*. Auch dort löst sich der Sänger ja aus dem Ensemble und tritt an die Rampe [184].

Brecht faßt seine Auffassung von der pädagogischen Funktion der Gesänge selbst am besten zusammen:

Bertold Brecht: *Die Gesänge* (Aus *Der Messingkauf*)

Trennt die Gesänge vom übrigen!
Durch ein Emblem der Musik, durch Wechsel der
  Beleuchtung,
Durch Titel, durch Bilder zeigt an,
daß die Schwesterkunst nun
die Bühne betritt. Die Schauspieler
verwandeln sich in Sänger. In anderer Haltung
wenden sie sich an das Publikum, immer noch
die Figuren des Stücks, aber nun auch offen
die Mitwisser des Stückeschreibers.
Nanna Callas, die – – –

Seine Songs sind also ein Hauptmittel zur Erreichung des vielbesprochenen *Verfremdungseffektes* – und die Geste des Zeigens rückt sie in die Nähe anderer sozialistischer Songs, wie unserer Beispiele S. 125 und 129.

Die Ballade von der sexuellen Hörigkeit [185]

1 Da ist nun einer schon der Satan selber
Der Metzger: er! Und alle andern: Kälber!
Der frechste Hund! Der schlimmste Hurentreiber!
Wer kocht ihn ab, der alle abkocht? Weiber.
   1. Refrain
5 Ob er will oder nicht – er ist bereit.
Das ist die sexuelle Hörigkeit.

Er hält sich nicht an die Bibel. Er lacht übers BGB.

Das gesellschaftskritische und Reportage-Chanson

Er meint, er ist der größte Egoist
Weiß, daß wer'n Weib sieht, schon verschoben ist.
10 Drum duldet er kein Weib in seiner Näh:
2. Refrain
Er soll den Tag nicht vor dem Abend loben
Denn vor es Nacht wird, liegt er wieder droben.

13 So mancher Mann sah manchen Mann verrecken:
Ein großer Geist blieb in 'ner Hure stecken!
Und die's mit ansahn, was sie sich auch schwuren –
Als sie verreckten, wer begrub sie? Huren.
17 Ob sie wollen oder nicht – sie sind bereit.
Das ist die sexuelle Hörigkeit.
Der klammert sich an die Bibel. Der verbessert das BGB.
Der wird ein Christ! Der wird ein Anarchist!
Am Mittag zwingt man sich, daß man nicht Sellerie frißt.
22 Nachmittags weiht man sich noch eilig 'ner Idee.
Am Abend sagt man: mit mir geht's nach oben
Und vor es Nacht wird, liegt man wieder droben.

25 Da steht nun einer fast schon unterm Galgen
Der Kalk ist schon gekauft, ihn einzukalken
Sein Leben hängt an einem brüchigen Fädchen
Und was hat er im Kopp, der Bursche? Mädchen.
29 Schon unterm Galgen, ist er noch bereit.
Das ist die sexuelle Hörigkeit.
Er ist schon sowieso verkauft mit Haut und Haar
Er hat in ihrer Hand den Judaslohn gesehn
Und sogar er beginnt nun zu verstehn,
Daß ihm des Weibes Loch das Grabloch war.
Und er mag wüten gegen sich und toben –
Bevor es Nacht wird, liegt er wieder droben –.

Obwohl dieser Song reine Reflexion bietet, ist seine Sprache doch parataktisch. Selbst wo eine Aussage mehrere Zeilen füllt, wie besonders Z. 15/16, beginnt jede Zeile als selbständiger Satz. Diese Sprache *will* grob und primitiv sein. Wir spüren es besonders in der letzten Strophe. – Jedoch ist diese auch am besten gelungen: Wenn in der ersten Strophe der Eingang schon durch den Reim etwas krampfhaft wirkt, gelingt in der letzten ein dreifaches Bild von drastischer Wirksamkeit. Auch hat hier der End-

Historischer Teil

reim der vierten Zeile (Fädchen – Mädchen) einen komischen Überraschungseffekt, weil man nach den groben Entsprechungen der ersten beiden Strophen (1. Weiber, 2. Huren) nicht dieses Wort erwartet. Auch der zweite Teil der letzten Strophe hat in seiner Brutalität etwas Zwingendes und spitzt sich in der Antithetik der letzten beiden Zeilen meisterhaft zu. Seine Hauptwirkung aber verdankt dieser Song seinen beiden (weichen) Kehrreimen, die trotz ihrer Abwandlung in jeder Strophe die Einprägsamkeit eines guten Plakats haben. Der erste Kehrreim muß seinen Rhythmus von der Musik Weills beziehen.

Brechts Chöre und Songs bilden «episierende» Ruhepunkte in der Handlung, indem sie die ohnehin sich locker entwickelnde Szenenfolge unterbrechen, um das zuvor Gezeigte zu kommentieren, zu verallgemeinern und zu deuten. Brecht hat ihre Wirkung – als Hauptmittel der Verfremdung durch Wechsel der Form (wie beim Übergang von Prosa zum Vers) – selbst mehrfach beschrieben: «nüchternes Reden, gehobenes Reden und Singen, müssen stets voneinander getrennt bleiben ...» Heruntergelassene Musikembleme, zur Schau gestellte Musiker, Beleuchtungswechsel, Titel und Bilder sind Mittel, um die Songs vom Spielgeschehen abzuheben, als durch Musik intensivierte Wendungen ans Publikum. Sie zwingen den Zuschauer zu einer doppelten («wissenschaftlichen») Perspektive. Er muß fortwährend den Gehalt der Songs mit dem des Bühnengeschehens vergleichen und kommt so nie zur Ruhe (Kritiklosigkeit). Musik, Bild und Wort *verfremden* einander wechselseitig; ja sogar innerhalb der Songs wirken Text und Musik oft im entgegengesetzten Sinne, heben sich gegenseitig ironisch auf wie in den Liebesgesängen von Polly und Mackie Messer. Es gibt auch bei Brecht Unterschiede in der thematischen Verknüpfung seiner Songs mit dem jeweiligen Stück und in ihrer dramaturgischen Motivierung in der einzelnen Szene. Aber in allen seinen Stücken erhalten die verschiedenartigsten Bühnengesänge (Soli und Chöre) eine Bedeutung und dramaturgische Funktion, mit der im

Gesungene Lyrik

deutschen Sprachraum nur die des «Wiener Volkstheaters» (Raimund, Nestroy) verglichen werden kann. War für das «Wiener Volkstheater» die typische Solo-Gesangsform das *Couplet*, – so wird es für das Brecht-Stück der *Song*. Besonders in der Vertonung von Kurt Weill wird der Brecht-Song auch außerhalb des Stückes sehr oft vorgetragen. Seine originellste und kongeniale Interpretin ist Lotte Lenya, die Frau Kurt Weills.

Die Stücke, in denen die wichtigsten Songs von Bert Brecht stehen, sind:
Die Dreigroschenoper, Musik: Kurt Weill, Erstaufführung, Dezember 1930 (Lotte Lenya, Willy Trenk-Trebitsch, Erika Helmke, Erich Ponto / Kurt Gerron, Lewis Ruth-Band u. v. a.)
Aufstieg und Fall der Stadt Mahagonny, Musik: Kurt Weill, 1929
Happy-End, Musik: Kurt Weill
Berliner Requiem, Musik: Kurt Weill
Die Mutter, Musik: Hanns Eisler
Das Verhör des Lukullus, Musik: Paul Dessau
Mutter Courage und ihre Kinder, Musik: Paul Dessau
Der gute Mensch von Sezuan, Musik: Paul Dessau
Der kaukasische Kreidekreis, Musik: Paul Dessau

9. Gesungene Lyrik

Es bleibt als letzte Variante das lyrische Chanson zu betrachten. Wir unterscheiden vor allem hier zwei Hauptgruppen: das lyrische Gedicht, das erst nachträglich durch Vertonung und Vortrag zum Chanson «kreiert» wurde, – und das unmittelbar für das Kabarett geschriebene lyrische Chanson. Für die erste Gruppe konnte theoretisch die gesamte Weltliteratur nach sangbaren Texten durchforscht werden, und das ist zumindest in Ansätzen geschehen. Besonders Diseusen[186], die nicht in festen Ensembles auftraten, sondern sich für ihre Vortragsabende selbst immer

Historischer Teil

neue Texte besorgen mußten, entwickelten häufig ein literarhistorisches Interesse, das ihren Programmen zugute kam. So hat etwa Pamela Wedekind, die Tochter des Dichters, altfranzösische Volksweisen herausgegeben und selbst vorgetragen, sie folgte damit nur dem großen Vorbild Yvette Guilbert[187] (S. 45). Andere Diseusen versuchten, die Vortragsliteratur anderer Sprachräume ihrem Volk nahezubringen; so etwa Eartha Kitt, die englisch, französisch, türkisch, arabisch und indianisch singt, – oder Irène de Noiret in ihren *Liedern aller Länder*. Seit dem letzten Kriege gibt es immer mehr zweisprachige Chansonetten und Schlagersängerinnen, wie Nina Tscharowa (slawisch-deutsch), Marlene Dietrich (englisch-deutsch) oder Catharina Valente (italienisch-französisch-deutsch). Durch den Rundfunk[188] und seine internationalen Schlagerwettbewerbe[189] wird diese Entwicklung gefördert. Obwohl jeder weiß, daß ein erfolgreicher Schlager nicht dumm genug sein kann, werden glücklicherweise immer wieder Chansons zu Schlagern (Beispiel im letzten Jahr: *Sag mir, wo die Blumen sind* durch Marlene Dietrich in deutscher und englischer Sprache). Der Schlager hat fast immer einen lyrischen Gehalt (Hauptthema: Liebe), so kitschig er auch in der Form sein mag. Deshalb kommt er dem lyrischen Chanson am nächsten. Lyrische Chansons können, in vereinfachter Darbietung, so populär wie Schlager werden. Schlager aber können ganz überraschend durch die geistvolle Interpretation eines guten Sängers oder Schauspielers zu Chansons werden. Im Ganzen gesehen, haben die amerikanischen Schlager seit Gershwin und Cole Porter ein wesentlich höheres Niveau als die deutschen. Gesungen von so hochbegabten Sängern wie Ella Fitzgerald, Frank Sinatra oder Sammy Davis Jr. geben sie dem anspruchsvolleren Amerikaner, was dem Deutschen das literarische Chanson gibt: Unterhaltung mit Niveau. Denn ein eigenständiges literarisches Chanson gibt es in den Vereinigten Staaten nicht, auch nicht – wie in Deutschland – ein Chanson nach französischem Vorbild. Am nächsten kam dem, was wir unter

Gesungene Lyrik

Chanson verstehen, Sophie Tucker[190] mit ihren Liedern. Auch einige Musicals bieten in ihren Songs Vergleichbares.

In Frankreich hat sich nie eine solche Kluft zwischen anspruchsvollem literarischen Chanson und populär-flachem Schlager herausgebildet wie in Deutschland. Dort sind noch heute in jeder «Tour de Chant» eines der beliebten Music-Hall-Stars lyrische Chansons, wie die von Jaques Prévert, selbstverständlich. In beneidenswerter Einigkeit nehmen dort Männer wie François Mauriac[191] und Cocteau[192] an den gleichen Vedetten und Chansons Anteil wie die letzte Concièrge oder ein Arbeiter der «Halles».

Wenn deutsche Diseusen Poesie bedeutender Dichter, die nicht dafür gedacht war, auf die Bretter des Varietés zerren, geht das allerdings nicht immer befriedigend aus. Es mag noch angehen, wenn Dora Dorette Lenaus Lied von den *Drei Zigeunern* oder Zuccalmaglios *Schwesterlein* singt; als aber Evelyn Künnecke, die Tochter des Operettenkomponisten, in Willi Schaeffers' Berliner «Tingeltangel» Gedichte von Hesse zu Chansons kreieren wollte, mißlang das. Mehreres kann die Ursache solcher verfehlter Versuche sein:

Häufig sind die Texte, die sich der Interpret aus persönlicher Vorliebe ausgesucht haben mag, tatsächlich für den Vortrag ungeeignet (das heißt sie bieten dem Chansonnier keine Möglichkeit zur Mimik und zum Publikumskontakt), oder sie sind inhaltlich uninteressant.

Öfter noch hat die musikalische Begleitung keinen «Schwung». So haben etwa Erwin Zillinger und Ingolf Gedichte von Erich Kästner à la Richard Strauss in akademisch-epigonaler Manier vertont und von sich humorvoll gebärdenden Konzertsängern (Walter Guder, Erich Wenk) singen lassen. Das Ergebnis ist einfach langweilig und hat mit dem Chanson, trotz der guten Kästner-Texte, nichts mehr zu tun. Ähnlich unangemessen vertonte Ludwig Kusche acht Gedichte von Joachim Ringelnatz und P. Burckhard fünf Gedichte von Robert Gilbert. Hans-Herbert Fiedler und Ludwig Jungmann (Bariton!) sangen

Historischer Teil

sie im Rundfunk in alberner Manier, die auf die Dauer peinlich wirkt. In beiden Fällen waren die Texte durchaus geeignet, was durch ihre Vertonung durch andere bewiesen wird, und nur Musik und Darbietung unangemessen. Denn das Chanson darf nicht mit dem akademischen Ernst eines Kunstliedes von Richard Strauss oder Hugo Wolf begleitet werden; und es ist sinnlos, hinter den Namen eines Chansonniers «Bariton» zu schreiben, denn er ist kein Sänger mit einer ausgebildeten Stimme, die «sitzt», – sondern eher Mime und Rezitator mit musikalischer Begabung. Nur in Ausnahmefällen ist deshalb ein Opernbuffo zugleich ein Chansonnier, denn der ausgebildete Sänger ist unbewußt immer darauf konzentriert, aus seinem Stimmorgan das Höchstmaß an Schönklang herauszuholen. So kann er der Gestaltung des Textes nicht genügend Aufmerksamkeit zuwenden. Das literarische Chanson trägt aber seinen Namen insofern zu Recht, als es (zumindest grundsätzlich) alle musikalischen und mimischen Gestaltungsmittel der Aussage des Textes unterordnet.

Wir zeigen nun einen Fall, in dem die für das Chanson charakteristische Verschmelzung von Wort, Ton und Gebärde in glücklichster Weise gelungen ist.

Die anderen interpretierten Beispiele könnten die falsche Ansicht unterstützen, daß jedes echte Chanson einen Refrain aufweisen müsse: das folgende durchkomponierte Lied eines deutschen Lyrikers von Bedeutung und Originalität steht für viele andere Chansons, die das Gegenteil beweisen. Kate Kühl machte es durch ihren Vortrag (zur Musik von Olaf Bienert) berühmt. Ringelnatz war nicht der einzige Dichter, der – wie die französischen Chansonniers – Gedichte für das Cabaret schrieb und sie dort auch selbst vortrug. (Wedekind, Endrikat, Liliencron, Althaus und viele andere taten dasselbe.)

Joachim von Ringelnatz: *Seepferdchen*[193]

1 Als ich noch ein Seepferdchen war,
  Im vorigen Leben,

Gesungene Lyrik

Wie war das wonnig, wunderbar
Unter Wasser zu schweben.
5 In den träumenden Fluten
Wogte, wie Güte, das Haar
Der zierlichsten aller Seestuten,
Die meine Geliebte war.
Wir senkten uns still oder stiegen,
10 Tanzten harmonisch umeinand,
Ohne Arm, ohne Bein, ohne Hand,
Wie Wolken sich in Wolken wiegen.
Sie spielte manchmal graziöses Entfliehn,
Auf daß ich ihr folge, sie hasche,
15 Und legte mir einmal im Ansichziehn
Eierchen in die Tasche.
Sie blickte traurig und stellte sich froh,
Schnappte nach einem Wasserfloh,
Und ringelte sich
20 An einem Stengelchen fest und sprach so:
Ich liebe dich!
Du wieherst nicht, du äpfelst nicht,
Du trägst ein farbloses Panzerkleid
Und hast ein bekümmertes altes Gesicht,
25 Als wüßtest du um kommendes Leid.
Seestütchen! Schnörkelchen! Ringelnaß!
Wann war wohl das?
Und wer bedauert wohl später meine restlichen Knochen?
Es ist beinahe so, daß ich weine –
30 Lollo hat das vertrocknete, kleine
Schmerzverkrümmte Seepferd zerbrochen.

Wer spricht eigentlich in diesem skurril-versponnenen Bild? – Und zu wem? Die Sprechsituation ist hier viel komplizierter als in den anderen Texten: Der Sprecher tritt nicht unmittelbar in der angenommenen Rolle (des Seepferdchens) vor uns, sondern läßt die zeitliche Realität bestehen, indem er die Schilderung betrachtend in die Vergangenheit rückt («Als ich noch – – wie war das wonnig – –»). Aus der erzählenden Distanz wird nun ein entzückender Einfall aus dem andern gesponnen – bis zur Zeile 21.

Von Zeile 22 ab wird die Sprechsituation unklar und muß

Historischer Teil

erst vom Vortragenden interpretiert werden. Spricht die nächsten Worte noch die «Geliebte»? Sie passen nicht zum flirtenden «Seestütchen», scheinen uns zu distanziert. – Klingen sie nicht, als ob der Dichter selbst – vielleicht von Anfang an ein getrocknetes Seepferdchen in der Hand betrachtend – aus der Rolle gefallen wäre, seine Rolle und uns, ganz in Betrachtung, vergessen hätte? Also müssen wir uns korrigieren?: Es handelte sich weniger um eine erzählende, das heißt erinnernde Distanz, als um eine betrachtende.

Wenn auch der Sprecher den ersten Teil des Gedichtes zweifellos seinen Hörern erzählt, so kann doch gleichzeitig sein Blick von dem seltsamen Wesen in seiner Hand gebannt sein, durch welches er überhaupt erst zum Fabulieren angeregt wurde. Mit seiner liebevollen, verspielten Phantasie kann er das Seepferdchen nicht wie ein Naturforscher sehen, – sondern er vermenschlicht und beseelt es in seiner zärtlichen Gefühlswelt. Die Eigenwertigkeit dieser vergnügt bastelnden Sprache mit ihren Alliterationen (besonders Z. 3, 9, 12) und dem unregelmäßig-lebendigen Rhythmus, der sich so gut dem Inhalt anpaßt, ist lyrisch und läßt uns zweifelnd fragen, was den Chansonnier an dieser «Partitur» reizen konnte?

Mehr und mehr löst sich der Sprecher vom Publikum, bis er (Z. 22) völlig auf das Seepferdchen konzentriert ist, das er nun anspricht! («Du wieherst nicht –»). Der dreimalige zärtliche Anruf (Z. 26) bestätigt diese neue Bindung des Sprechers – und beendet sie. Denn unmittelbar darauf (Z. 27) verliert er jeden Kontakt. Wie einer, der träumte, fragt er sich: «Wann war wohl das?» (Z. 27, 28).

Für den letzten Satz gibt es zwei Sprechmöglichkeiten, die zugleich verschiedene Interpretationen sind: Der Chansonnier kann ihn monologisch vor sich hin sprechen. – Erst am Schluß scheinen wir den eigentlichen Anlaß der ganzen Äußerung zu erfahren. «Lollo hat das –». Er wird aber die zweite Möglichkeit bevorzugen: Der Sprecher erwacht aus tiefster Versunkenheit (Z. 29) und entsinnt sich etwas geniert seiner Hörer. («Es ist beinahe so, daß ich –»)

Gesungene Lyrik

Deshalb erklärt er ihnen nun den Anlaß seiner Schilderung: «Lollo hat – zerbrochen».

Damit rundet sich dieses seelische Innenportrait und erschließt uns den Reiz, der es zum Vortrag so geeignet macht: Die Sprechrichtungsbewegung geht vom Hörerkontakt über die innigste Hinwendung an den besungenen Gegenstand zur umweltvergessenden Meditation – und zurück zur Wendung an den Hörer. –

Diese innere Bewegung hat Kate Kühl in ihrer klassischen Interpretation dieses durch sie berühmt gewordenen Chansons (wahrscheinlich intuitiv) vollzogen. Und nur aus ihr gewann sie alle übrigen Reize seiner Schallform: Reichtum an Stimmungsvariation, Delikatesse des Vortrags, – über allem heiteren Spiel die leise Melancholie, die – unterstützt durch Olaf Bienerts Musik – diesem Chanson erst Charme und Tiefe geben.

Die bedeutende Diseuse hat noch viele andere kleine Gedichte dieser Art in ihrem Repertoire, zum Beispiel von Ringelnatz *Kleines Reh*[194], *Briefmark*, *Wenn ich zwei Vöglein wär*[195], von Endrikat *Am Hesseloher See*, *Der pensionierte Auerhahn*[196] und von Wilhelm Busch *Ein dicker Satz*[197]. Besonders in den anmutig-schmiegsamen Vertonungen von Olaf Bienert, die sich völlig dem Wort unterordnen und es zugleich in seiner Wirkung intensivieren, haben wir wohl die geglückteste Verbindung von Lyrik und Musik im deutschen Chanson zu erblicken.

Bienert vertonte auch Tucholskys *Parc Monceau*, das die mehr mondäne Diseuse Eva Busch mit feinster Nuancierung vorträgt;

> Hier ist es hübsch. Hier kann ich ruhig träumen.
> Hier bin ich Mensch – und nicht nur Zivilist.
> Hier darf ich links gehn. Unter grünen Bäumen
> sagt keine Tafel, was verboten ist.
>
> Ein dicker Kullerball liegt auf dem Rasen.
> Ein Vogel zupft an einem hellen Blatt.
> Ein kleiner Junge gräbt sich in der Nasen
> und freut sich, wenn er was gefunden hat.

Historischer Teil

Es prüfen vier Amerikanerinnen,
ob Cook auch recht hat und hier Bäume stehn.
Paris von außen und Paris von innen:
sie sehen nichts und müssen alles sehn.

Die Kinder lärmen auf den bunten Steinen.
Die Sonne scheint und glitzert auf ein Haus.
Ich sitze still und lasse mich bescheinen
und ruh von meinem Vaterlande aus[198].

Wir erwähnten bereits das *Japanlied* (S. 117) und *Augen in der Großstadt* (S. 119), die beide zu den lyrischen Chansons gezählt werden könnten.

Auch Christian Morgenstern wird gelegentlich im Kabarett vorgetragen, Sigi Küchler singt seine Groteske *Ein Knie geht einsam durch die Welt*.

«In gewisser Weise können Morgenstern und seine ‹Galgenbrüder› als Vorläufer des literarischen Kabaretts Berliner Prägung gelten. Seine bekannten *Galgenlieder* bedienen sich kabarettistischer Balladenform. Er schrieb sie zunächst für die feuchtfröhlichen Ausflüge einer Gruppe von ‹Galgenbrüdern› nach dem Galgenberg bei Werder, in der Nähe von Potsdam ...[199]»

Morgenstern war mit dem Berliner Künstlerkreis «Die Brille» befreundet. Als er in einem Schweizer Lungensanatorium in Geldschwierigkeiten geraten war, veranstalteten seine Freunde eine Benefizvorstellung für ihn und entwickelten sich dabei zu Max Reinhardts Kabarett «Schall und Rauch».

Was Morgenstern in seinen Ulkgedichten begann und Hans Arp weiterführte, die Zerstörung der Zeichenfunktion der Sprache – vermeintlich zu Gunsten der Ausdrucks- und Kontaktfunktionen, wurde bei den Dadaisten im Züricher «Cabaret Voltaire[200]» mit seinen *bruitistischen Konzerten*, *Simultangedichten* und schließlich *Versen ohne Worte* bis zum Exzeß des Nonsense ausgelebt. «Ein undefinierbarer Rausch hat sich aller bemächtigt. Das Kabarett droht aus den Fugen zu gehen und wird zum Tummelplatz verrückter Emotionen», schrieb Hugo Ball, ein Gründer

Gesungene Lyrik

des «Cabaret Voltaire», damals. Mehring und Klabund mögen ein wenig von dem hektischen Wortrhythmus der Dadaisten beeinflußt worden sein. Im übrigen aber versteht es sich von selbst, daß die monomanischen Clownerien des Dadaismus in der Kunst des Chansons, die ja vom engsten Kontakt mit dem Hörer lebt, keine Spuren hinterlassen konnten. Denn, was sich Teile der modernen Lyrik leisten zu können glauben: eine magische Geheimsprache zu sprechen, die nur wenige verstehen – oder niemand, bzw. jeder anders, – muß das literarische Chanson vermeiden. Die Empirie bestätigt es: wir kennen keine erfolgreichen Chansons, deren Text dem rationalen Verständnis dunkel bleibt.

Eine Ausnahme macht allenfalls der Wiener Georg Kreisler mit seinen *Seltsamen Gesängen*.

«Wenn der glattgekämmte, sorgfältig gescheitelte Herr mit der schwarzen Brille und den herabgezogenen Mundwinkeln, der eher einem Studienrat als einem Chansonnier ähnelt, am Flügel sitzt und mit unbeweglicher Miene, fast widerwillig, seine skurrilen Geschichten heruntersingt und -spielt, erweckt er mit seiner Musik das Behagen am Unbehagen, das aus seinen Versen spricht. Aber auch das thematische Unbehagen wird durch eine virtuose Reimmalerei versüßt und effektvoll kontrastiert ... Kreislers Chansons sind die Rache eines Menschen mit gutem Geschmack an der sentimentalen Verlogenheit und dem Kitschbedürfnis der Menge – eine Rache, die ihrem Objekt und seinen eigenen Mitteln zu Leibe rückt ... Aber auch der reine Unsinn, das Erfinden und Ausspinnen von abstrusen Vorgängen dienen zu Kreislers makabrer Lust ... Nach einer in die Beine zuckenden Melodie läßt Kreisler des Nachts zwei alte Tanten Tango tanzen, aus welcher Version man mit Ergötzen heraushört, wie sich Kreisler von dem Wortgeklingel der Verbundreimerei zu weiteren, aus der Lust am seltsamen Gleichklang erblühenden grotesken Assoziationen fortreißen läßt:

Zwei alte Tanten tanzen Tango mitten in der Nacht.
Die suchen sobald nicht nach Kobalt, auch wenn der
Globus kracht.
Die bringt kein greller Pfiff nach Tel Aviv, nach Kairo,
nach Korinth.
Die ruft kein Muezzin nach Suez hin, die bleiben, wo sie
sind.
Und Hunde heulen, wunde Eulen legen Eier in den Turm.
Man hat Affären mit Millionären, meist auf einer Yacht.
Doch spukt den Ozean ein Lotse an, dann gibt es einen
Sturm.
Zwei alte Tanten tanzen Tango mitten in der Nacht[201].»

Berühmt geworden ist sein makabres, lächelnd im Dreiviertteltakt vorgetragenes Chanson vom *Taubenvergiften*:

Der Hansel geht gern mit der Mali,
Denn die Mali, die zahlt's Zyankali.
Ja, der Frühling dringt bis ins innerste Mark
Beim Taubenvergiften im Park ...[202]

Viele andere Schriftsteller haben für Kabaretts und Feuilletons *Schmunzellyrik* verfaßt, die vertont und vorgetragen wurde. Wir können nur einige der bekanntesten Namen nennen[203]:

Helmuth M. Backhaus, Werner Finck, Walter Kiaulehn, Peter Scher, Arnold Weiss-Rüthel, Dr. Owlglass, Johannes von Kalckreuth, Werner Bald, Wolfgang von Weber, Peter Hacks, Manfred Gunther, Hans Leip, Fred Endrikat, Ernst Klotz, Gerd Lübke und Eva Klöckner.

Sie alle haben durchaus ihre Eigenart – etwa Althaus mit seinen *Enziangedichten*, Weber mit seinen *Findergedichten* und besonders Eugen Roth[204] mit *Ein Mensch*. Gemeinsam ist ihnen aber die humorig-beschauliche Grundhaltung, die artistisch mit der Sprache selbst spielt und ihr immer wieder neue, überraschende Verknüpfungen abgewinnt. Häufig werden Bilder aus der Natur und vermenschlichten Tierwelt benutzt, besonders bei Endrikat, um Zwischenmenschliches humorvoll zu distanzieren. Als letztes Beispiel geben

Gesungene Lyrik

wir Peter Hacks' *Sentimentale Romanze vom Flußgott und dem Mädchen*[205].

> Der Flußgott hockte alt und fett
> Im schattigen Schilfgemenge
> Und blies auf seinem Flageolett
> Sididü sididadu
> Verstohlene Sommerklänge.
>> Ein süßes Mädchen lief entlang
>> Und tanzte um die Gräser
>> Von Ferne auf der Flöte sang
>> Sididü sididadu
>> Der wunderbare Bläser.
> Sie lief durch Wasserkraut und Blühn,
> Gelockt von ihrem Ohre.
> Sie fand ihn quabblig, platt und grün –
> sididü sididadu
> Blies er auf seinem Rohre.
>> Du bist einmal ein Mummelgreis!
>> Rief sie ihm keck entgegen.
>> Der Flußgott spielte nur ganz leis
>> Und blinzelte verlegen.
> Sein breites Maul verschob senil
> Die schlotterhaften Wangen;
> Allein sein Lied versprach so viel
> Sididü sididadu
> Von Schönheit und Verlangen.
>> Das Mädchen schwieg. Und während groß
>> Des Flußgotts Tränen rannen,
>> Setzt sie sich sacht auf seinen Schoß.
>> Sididü sididadu
>> Zog alles Leid von dannen.

Es braucht nun nicht mehr im einzelnen gezeigt zu werden, warum solche Gedichte besonders mit Musik, sich zum Vortrag eignen. Allein mit dem Refrain «Sididü Sididadu» kann der Chansonnier Heiterkeitsstürme entfesseln, wenn er ihn nur kunstvoll abzuwandeln versteht.

Zusammenfassung der Ergebnisse

Unsere Untersuchung verlief von den allgemeinen Voraussetzungen des literarischen Chansons zu den historisch orientierten Einzelanalysen und muß nun zum Allgemeinen, der zusammenfassenden Beschreibung, zurückfinden. In den repräsentativen Textbeispielen, die wir interpretiert haben, entdeckten wir eine große Anzahl übereinstimmender Stilzüge, die sich aus den Lebensbedingungen des Chansons erklären ließen. Schon in den Zusammenfassungen der einzelnen Kapitel wurde deutlich, daß diese Stilzüge sich zwanglos in der Beschreibung einer Gattung vereinen lassen:

Mit dem Begriff des *literarischen Chansons* meinen wir in Deutschland weder eine feste Sprachstruktur (wie Sonett) noch einen bestimmten Gehaltscharakter (wie Hymne) noch eine Verbindung von beidem (wie pindarische Ode oder klassische Tragödie)[206]. Wir bezeichnen mit ihm eine künstlerische[207] Ausdrucksform, die sich in Deutschland seit 1901 nach französischem Vorbild vor allem im Cabaret, später auch in Music Hall, Film und Funk etc., entwickelt hat[208].

Ein Solist[209], zuerst häufig Großstadtbohemiens – heute meist Schauspieler, trägt einen Text in Verbindung mit Mimik und Musik so vor, daß die Sprache durch die Begleitung an Wirkung und Verständlichkeit nicht verliert, sondern gewinnt. Er ist eher Rezitator als Sänger[210].

Aus Art und Entstehung des Chansons ergibt sich, daß es nur in der Schallform, im Vortrag mit Musik und Mimik, ganz gegenwärtig ist. Nur von der Schallform her kann es wirklich erforscht und beschrieben werden. Der Text allein hat außerdem häufig wenig literarischen Wert[211].

Denn selbst seine sprachlichen Eigenheiten – gewisse bevorzugte Sprachstrukturen wie Refrain, Anrede in der ersten Person etc. – werden weitgehend von der Vortragssituation her bestimmt und können oft nur aus ihr befriedigend erklärt werden[212].

Zusammenfassung der Ergebnisse

Die Vortragssituation des Chansonniers wird vor allem durch *Distanz vom Vortragsstoff* und *Nähe zum Publikum* bestimmt. Es ist gleichgültig, ob man jeweils die artistisch-bewußte Grundhaltung des Vortragenden für das Primäre hält und die typische Lebensform des Chansons für dessen Auswirkung – oder umgekehrt. Jedenfalls bestimmt die reflektierende, bewußte, vom Stoff emotional distanzierte, dafür immer an den Reaktionen des Publikums orientierte Grundhaltung des Chansonniers jede stilistische Einzelheit des typischen Chansons[213].

Zur typischen Lebensform des Chansons tragen folgende Bedingungen bei: ein intimer[214] Raum, Verständnis oder gar Vereinscharakter des Publikums, enger Hörerkontakt[215] durch gesellschaftliches Außenseitertum und fortwährend variierte *mimische Animation*[216] durch den Solisten (z. B. im Refrain), Revueform des Programms[217].

Als typische stilistische Einzelzüge des Chansons (wenn auch nicht als unabdingbare Notwendigkeit für jedes einzelne) wären alle in der Sprache angelegten Möglichkeiten zur mimischen[218] Variation und zur Kontaktnahme mit dem Publikum anzusehen: die häufige Verlagerung der Sprechrichtung[219], die starke Strophengliederung und die Vorliebe für den Refrain[220], die Bevorzugung des *(vertikal gespannten)* Strophentyps mit Pointe an jedem Strophenende gegenüber dem auf das Gedichtende hin orientierten –[221], das Überwiegen des Rollengedichtes[222] (Ansprechen des Publikums in der ersten Person) gegenüber den Sprechhaltungen der Berichtes[223] (Erzählen in der dritten Person), der Meditation[224] (unpersönliches Reflektieren über etwas) und der lyrischen Aussprache[225] (Darstellung eigener Gefühlserlebnisse im Bild oder direkt), schließlich die Häufigkeit aller Arten von Sprachgebärden[226], Fragen, Ausrufen, wörtlichen Reden, rhetorischen Wiederholungen usw. und die mannigfachen Wechsel in der Vortragsart zwischen scharf artikulierter Sprache und Gesang[227].

Das literarische Chanson in Deutschland hat von verwandten Vortragsformen und Vorläufern mannigfache

Zusammenfassung der Ergebnisse

Anregungen aufgenommen und unter ihrem Einfluß verschiedene Varianten ausgebildet, die sich selbst wieder vielfach überschneiden[228].

Da das Chanson, besonders das zeitkritische –, trotz gelegentlicher restaurativer Interessen seiner Interpreten sowohl inhaltlich wie stilistisch am Zeitgeschehen teilnahm, gibt es uns in seinen vielfachen Ausprägungen und Themen Bilder seiner Zeit[229]. Damit ist noch nicht gesagt, daß es immer alle wesentlichen Probleme spiegelt. Denn nicht jedes Thema ist für das Vortragspodium gleichermaßen geeignet.

Am mächtigsten wirkt das literarische Chanson da, wo es ihm, nach den Worten seiner wohl bedeutendsten Interpretin: Yvette Guilbert, gelingt, «un drame condensé» zu geben; oder, wie es der Altmeister des deutschen Chansons, Willi Schaeffers, ausdrückt: «... in zwei, drei Strophen wird eine Handlung entwickelt, zu der ein Romanschriftsteller zwei Bände oder ein Lustspielautor 3 Akte braucht. Es folgt daraus, daß der Interpret kongenial begabt sein muß, um in wenigen Minuten den Inhalt erschöpfend darstellen zu können[230].»

So stellt sich uns das literarische Chanson in Deutschland als eine interessante mimisch-literarische Vortragsgattung dar. Es ist geeignet, uns Aufschlüsse über das Wesen der Vortragsgattungen überhaupt zu geben, indem es uns an seiner noch relativ jungen Geschichte erleben läßt, wie sich eine mimisch gebundene Gattung mit ihren Lebensbedingungen wandelt.

Anmerkungen

[1] Durch den Neutrum-Artikel unterscheiden wir das literarische Chanson des Kabaretts von allen anderen Arten der französischen Chansons (*La chanson populaire* = Volkslied, etc.).

[2] Vgl. das von Yvette Guilbert (Nr. 1001) der Bibliographie – Wir sagen in Deutschland für die weibliche Vortragskünstlerin *Chansonette*, was im Frz. «Kleines Lied» heißt; die Franzosen aber *Chansonnière*.

[3] Wir gebrauchen verschiedene *Termini technici*:

Texter, um nicht Dichter sagen zu müssen, was sich bei der Qualität der Texte häufig verbietet. Verfasser oder Autor wäre wiederum zu umfassend, weil sich diese Bezeichnungen auch auf die musikalische Urheberschaft beziehen.

Kreieren ist als Fremdwort in seiner Kürze beim Chanson unersetzbar. Es bedeutet: Text und Musik durch den Vortrag erstmalig in einer bestimmten, gültigen Schallform zu vereinen. Meistens steckt aber in dem Wort noch etwas von der Bedeutung «Entdecken», d.h. einen Text für das Publikum als Chanson zu entdecken.

Interpret heißt beim Chanson bezeichnenderweise der Vortragende, weil seine Gestaltung gleichzeitig eine Interpretation des Textes ist (ebenso im Französischen).

(Alle übrigen Termini werden in der Literaturdiskussion behandelt.)

[4] Eine solche gibt Yvette Guilbert mit ihrem aufschlußreichen Büchlein (Nr. 171), aus dem ausführlich zitiert wird.

[5] Die beste und umfassendste Geschichte des Kabaretts haben wir in Klaus Budzinskis lebendig geschriebenem Buch *Die Muse mit der scharfen Zunge, vom Cabaret zum Kabarett* (München 1961). Es erschien wenige Wochen, nachdem ich an der Göttinger Universität meine Arbeit über die *Interpretation des literarischen Chansons* eingereicht hatte. In dieser gab ich im Anhang eine Kurzgeschichte des Kabaretts in Stichworten und entschied mich für eine ganz ähnliche Periodisierung wie Budzinski in seinem Buch, von dem ich damals noch nicht wissen konnte. Es versteht sich von selbst, daß Budzinski und ich oft dieselben Textbeispiele auswählen: er zur Illustration der Kabarettgeschichte – ich zur Veranschaulichung des Chansons. Es gibt auch nur eine begrenzte Anzahl guter Beschreibungen der ersten Kabaretts, die wir beide – mit verschiedener Akzentuierung – verwenden. Häufig zitiere ich auch Budzinskis eigene Kommentare, wo sie für unsere Betrachtung wertvoll sind. Da das Buch leicht zu erhalten ist, betrachte ich es als eine Art historischer Ergänzung zu

Anmerkungen

meiner spezielleren, auf das Chanson konzentrierten Untersuchung (es enthält auch ausgezeichnetes Bildmaterial) und zitiere aus ihm unter der Chiffre B und der jeweiligen Seitenzahl. Die anderen Zitate werden mit der laufenden Nummer der Bibliographie belegt.

6 Vgl. Beschreibungen der Kabaretts «Chat Noir» und «Elf Scharfrichter».
7 Die *Diseuse* arbeitet mehr mit dem zur Musik *gesprochenen* Wort als die *Chansonette*, welche mehr singt.
8 Das Melodrama nahm seinen Ausgang von J. J. Rousseaus *Pygmalion*, Raimund verwendete es noch in Feenszenen und an Stellen besonderer Feierlichkeit. Heute ist es nur noch im Kabarett üblich.
9 Vgl. die Guilbert-Zitate a. a. O.
10 Ausführlichere Begründung in der Zusammenfassung.
11 In Wirklichkeit zwischen Raum, Akteur und Publikum; es prägt:
der Raum das Publikum (indem es sich in ihm z. B. behaglich oder fremd, durch Dekoration und Ausstattung angeregt oder gelähmt, als Masse oder als Gemeinschaft fühlt, etc.) –
das Publikum den Raum (und seine Stimmung. Zur Verdeutlichung ein paar gebräuchliche Redeweisen der Theaterpraxis: «gähnende Leere», «sensationelle Fülle», «im Raum spürte man knisternde Erwartung», «blasiert distanziertes Abwarten», «erregtes Getöse», «im Raum lag feierliche Stille», «den Raum belebte ein elegant-mondänes Publikum» (Nelson-Revuen), «der Raum wurde zum proletarischen Tribunal» (Piscator-Bühne) –
der Raum den Akteur (und seine darstellerischen Nuancierungsmöglichkeiten, er schreibt ihm grobe oder feine Mimik vor, ebenso den Stimmeinsatz, wir sprechen vom «Ankämpfen gegen einen ungünstigen Raum» – auch stimmungsmäßig – und «Getragenwerden von der Stimmung eines Raumes») –
der Akteur den Raum (der Vortragende kann «einen Raum füllen», «gegen die Atmosphäre eines Raumes nicht ankommen», er kann den Raum als Rahmen für seine Darbietung nutzen, er kann ihn weiten, vergessen machen, wie wir in mehreren Interpretationen zeigen) –
das Publikum den Akteur (es kann ihn beeinflußen durch Wohlwollen, Ablehnung, Verständnis, Schwerfälligkeit, durch seinen Geschmack, seine Bildung, seine politischen Interessen etc.) –
der Akteur das Publikum (er kann es langweilen, faszinieren, rühren, erheitern, beruhigen, aufwiegeln, zum Nachdenken bringen, erotisch animieren, anekeln, kann es scheinbar ignorieren oder auch engsten Kontakt mit ihm nehmen).

Anmerkungen

Das Medium aber zwischen diesen drei Hauptfaktoren und von allen dreien abhängig ist das Dargebotene, in unserem Fall das Chanson. Es ist vom Akteur (Interpreten) unmittelbar abhängig, von Raum und Publikum aber nur mittelbar durch den Akteur. All das bezieht sich zuerst auf die Schallform des Chansons. Insofern diese aber von der «Partitur» des Textes bestimmt wird, oder diese häufig selbst bestimmt, wirken sich die oben skizzierten sechs Abhängigkeiten auch auf den Chansontext aus. Nicht alle Sonderformen der mimischen Künste (etwa Oper, Schauspiel, Film) wird man aus diesen Grundfaktoren vollständig ableiten und erklären können. Es bleibt natürlich die Originalität des Künstlers unberücksichtigt. Aber es wird sich immer lohnen, diese Grundvoraussetzungen klar zu übersehen, weil auch die schöpferische Originalität des einzelnen Künstlers von ihnen abhängt. Besonders wichtig aber sind sie uns, die wir die typischen Merkmale einer *Gattung* aus ihren mimischen Voraussetzungen und ihrer Lebensform erkennen und erklären wollen.

[12] Beschreibung in den Kapiteln über den Song und Mehring.
[13] Belege im Kapitel über die «Elf Scharfrichter» und das «Überbrettl».
[14] Etwa Gilbert Bécaud, Jacques Brel, George Brassens.
[15] Über den Vereinscharakter der ersten Cabarets in den Kapiteln über «Chat Noir» und «Elf Scharfrichter».
[16] Für uns bedeutet «naiv»: ohne den Seitenblick auf das Publikum, ohne Reflexion darüber, wie das Vorgetragene aufgenommen wird, ohne jenen Grad von Bewußtheit, der den vortragenden Künstler vom «nur für sich» singenden Laien unterscheidet.
[17] Zitiert im «Scharfrichter»-Kapitel.
[18] Beispiel: Julius Bierbaums *Lustiger Ehemann*.
[19] Der Song *Rote Melodie*.
[20] Beschreibung des Couplets im 1. Exkurs.
[21] Als *einfache* oder *horizontal orientierte* Formen bezeichnen wir Gedichte, deren Handlungsbau (oder Gedankenverlauf) und, damit verbunden, deren Spannung nur auf eine Richtung hin orientiert sind: auf den Höhepunkt, die Entscheidung oder den Schluß.
So ist die Struktur der meisten Balladen. Es ist nicht entscheidend, ob ein durchgehender Handlungsstrang vom Anfang bis zum Höhepunkt verfolgt wird, wie etwa in der Schillerballade, oder ob von mehreren Aspekten auf eine Richtung gedeutet wird, wie wir es in einigen Balladen der Annette von Droste-Hülshoff beobachten können. Wichtig ist, daß in all diesen Formen nur (horizontale) Spannung in eine Richtung vorliegt.

Anmerkungen

Würde der Sprecher seine Grundstimmung oder einen Hauptgedanken formulieren und durch ihn alle anderen Betrachtungen und Aussagen verbinden, indem er diese in jedem Vers in das wiederholte Hauptthema einmünden ließe, so erreichte er damit die Spannung der zum Kehrreim orientierten Form. Wir finden die doppelte Spannung zum Refrain und (schwächer) zum Gedichtende besonders häufig im Chanson und Couplet. Die Spannung auf einen Höhepunkt oder das Ende hin ist hier unbedeutend geworden, weil sie zu der (letztlich distanziert) betrachtenden Haltung des Sprechers nicht paßt.

In der Ballade sind «Zugaben» undenkbar, wohl aber ließe sich die Reihe von Bildern und Betrachtungen in den Gesängen Villons, Bruants, Nestroys oder Reutters um einige Glieder vermehren, da sie kaum auf einen Handlungshöhepunkt oder das Ende hin gestaltet sind, sondern auf Kehrreim und Refrain.

[22] Tucholsky etwa mit Bruant und mit Otto Reutter (Bibliographie Nr. 967).
[23] B, 16 ff (B = Budzinsky, vgl. Anm. 5).
[24] 2 (Die erste Zahl entspricht der fortlaufenden Nummer der Bibliographie, nach dem Komma folgt die Seitenzahl, nach dem Schrägstrich eine weitere Buchangabe).
[25] 179.
[26] 179.
[27] B, 18 f.
[28] Vgl. 829 und 984.
[29] Vgl. Diskographie.
[30] 552/556/565/770.
[31] 784.
[32] 575.
[33] 575.
[34] 544.
[35] 634/638.
[36] 641.
[37] 343.
[38] Von vielen wird das Hinrichtungslied mit dem Bänkelsang verwechselt, als ob es untrennbar zu ihm gehöre. Wie unsere Beispiele zeigen, geht dieser Typus – vergleichbar darin dem Dirnenlied – über den Rahmen des Bänkelsangs weit hinaus. Berührungspunkte mit dem Bänkelsang hat das Hinrichtungslied in den (meistens von Gefängnisgeistlichen verfaßten) *Relationen*, den Lebensbeichten bekannter Schwerverbrecher, die der Bänkelsänger auf seiner fort-

Anmerkungen

währenden Suche nach außerordentlichen und sensationellen Stoffen begierig aufgriff und zusammen mit Schilderungen von Naturkatastrophen und Kriminalfällen vortrug.

[39] 641/618.

[40] 534.

[41] Bedeutende Dichter und Schriftsteller mit Gedichten in einigen der wichtigsten Vortragsbüchern:

Deutsche Chansons (Hrsg. Bierbaum, Leipzig 1901 ff)

Otto Julius Bierbaum: *Gigerlette | Der lustige Ehemann | Jeanette* im ganzen 24 Gedichte

Richard Dehmel: *Ballade vom stillen Mädchen | Tanzlied* – 22 G.

Gustav Falke: *Das Ständchen | Nachtwandler | Lebensläufe* – 14 G.

Ludwig Finckh: 11 G.

Alfred Walter Heymel: 12 G.

Arno Holz: *Nachtstück | Märchen | Im Volkston | Trinklied* – 14 G.

Detlev von Liliencron: *Nach dem Ball | Bruder Liederlich* – 14 G.

Rudolf Alexander Schröder: *Frau Roland | Der schöne Alfred* – 16 G.

Frank Wedekind: *Pennal | Ilse | Brigitte B. | Galathea* – 9 G.

Ernst von Wolzogen: *Madame Adèle | Das Laufmädel | Domino* – 3 G.

Bänkelbuch, Neue deutsche Chansons (Hrsg. Eric Singer, Wien 1920)

Hans Adler: 10 G.

Hermann Hesse: *Wanderschaft | Elisabeth* – 9 G.

Alfred Kerr: 5 G.

Klabund: *Lebenslauf | Resignation* – 11 G.

Erich Mühsam: 11 G.

René Schickele: 6 G.

Tucholsky: 6 G.

Wedekind: 12 G.

Die zehnte Muse (Hrsg. Maximilian Bern, Berlin 1922 ff.)

Werner Bergengruen: *Die eine, selige Nacht | Meine Bude* – 2 G.

Bierbaum: 5 G.

Max Brod: 2 G.

Gottfried August Bürger: *Der wohlgesinnte Liebhaber | Mein frommes Mädchen | Mittel wider die Schlaflosigkeit | Reiz und Schönheit | Die Esel und die Nachtigall | Der Hund aus der Schänke | Collinet und Juliette | Veit Ehrenwort* – 8 G.

Matthias Claudius: *Phidile | Der nach geendigtem Prozeß | Voltaire und Shakespeare* – 3 G.

Simon Dach: 1 G.

Marie von Ebner-Eschenbach: 2 G.

Anmerkungen

Paul Fleming: 2 G.
Fontane: *Das Publikum | Die arme Else | Maria Duchatel | Jan Bart* – 4 G.
Bruno Frank: 3 G.
Ludwig Fulda: 20 G.
E. Geibel: 5 G.
F. Ginzkey: 3 G.
H. Glassbrenner: 3 G.
Gleim: 5 G.
J. W. Goethe: *Vorschlag zur Güte*
F. Grillparzer: 8 G.
Anastasius Grün: 2 G.
Gryphius: 1 G.
J. Ch. Günther: 2 G.
Hagedorn: 2 G.
Hartleben: 5 G.
Hebbel: 6 G.
Heinrich Heine: 3 G.
P. Heyse: 13 G.
Hölty: 2 G.
G. Keller: 3 G.
E. v. Kleist: 1 G.
Klopstock: 3 G.
N. Lenau: 3 G.
Lessing *Die lügenhafte Philis | Die Haushaltung | Die Küsse* – 4 G.
von Logau: 3 H.
A. Wildgans: 4 G.
Bunter Abend, Auslese von Vortragsstücken (Hrsg. R. Zoozmann, 1922)
Bierbaum, Brentano, M. Claudius, Dehmel, Otto Ernst, v. Fallersleben, Fontane, Geibel, Gellert, Glaßbrenner, Gleim, Goethe, Hebbel, Heine, Hesse, Hofmannsthal, Holz, Huch, Keller, Kerner, Klabund, Liliencron, Meyer, Miegel, Morgenstern, Mörike, Rückert, Strachwitz, Strauss und Torney, Sudermann, Wedekind, Wolzogen.
Bunte Platte. Vortragsbuch für jedermann (Hrsg. W. Schaeffers, 1953)
Abraham a Santa Clara, Baudelaire, Bierbaum, Bürger, Busch, Lord Byron, A. v. Chamisso, M. Claudius, Charles de Coster, Dehmel, Fontane, Gellert, Glaßbrenner, Goethe, Günther, Hebbel, Heine, Erich Kästner, Klabund, Lasker-Schüler, Leip, Lenau, Lessing, Liliencron, Morgenstern etc.

[42] Es darf nicht übersehen werden, daß das Couplet sowohl in der Wiener als in der Berliner Singspieltradition nicht die einzige musi-

Anmerkungen

kalische Form ist. Aber es verdrängt seit Nestroy immer mehr die von der Oper übernommenen Formen, weil diese zum Publikum nicht den Kontakt schaffen können, der jetzt erstrebt wird. Erst mit dem Couplet kann der Zuschauer so angesprochen werden, wie er es nun verlangt. (Es ist die Zeit, in der das Bürgertum zu Bedeutung und Ansehen kommt.)
Dem Couplet vor allem verdankt das Volkstheater den eigenartig familiären Zauber, den im modernen Stück häufig der Sprecher schaffen soll.
In einem Schema der Bühnenmusikeinlagen bei Raimund und Nestroy stände also das Couplet als eine der letztentwickelten Sologesangsformen:
rein instrumentale Musik
(Einzugsmärsche, Verwandlungs-
musiken etc.).   vokale Musik
                       /   \
            solistische –   Ensembles
           / / | \   \   / | \
        Arie Ariette Lied Melodram Couplet   Duett Trio Chor etc.

Die musikalischen Einlagen nehmen in den Stücken von Raimund und Nestroy einen sehr breiten Raum ein. Auch Otto Rommel bescheidet sich in seinem Nestroy-Buch (Johann Nestroy, Wien 1930): «Die Entwicklung des musikalischen Elements muß einer besonderen Publikation vorbehalten werden. Hier sei nur festgestellt, daß die Zauberstücke und Possen der Frühzeit Singspielcharakter tragen. Sie haben Chöre (oft bis zu sechs), Arien, Duette, seltener Terzette, und Schlußgesänge. Der Schlußgesang – er bringt, ein ererbtes Zöpfchen, oft genug den üblichen Appell an die Gnade des Publikums, der allerdings bei Nestroy zur Entrüstung eben dieses Publikums auch in Anklage umschlagen konnte – verschwindet zuerst; dann werden die Chöre spärlicher, an Stelle der Arien treten die Couplets. Mit *Talisman* erlischt die Singspieltradition gänzlich. Die Chöre verschwinden, an Stelle der meist subjektiv gefärbten und gesungenen Arie tritt das reflektierende Couplet, das durch einen eigenartigen Sprechgesang zur Wirkung gebracht wird. –

Anmerkungen

Drei Couplets fallen durchschnittlich auf ein Stück. Es sind entweder Entréecouplets, an die sich der Entréemonolog anschließt, oder sie werden durch einen meist kurzen Einleitungsmonolog an die Handlung, mit der sie inhaltlich nicht zusammenhängen – richtige Parabasen – angehängt. Sie schließen stets mit dem Abgang des Komikers. Während Nestroy in den ersten Jahren (bis 1837) Scholz fast ebensoviel Couplets zuteilt, wie sich selbst, behält er sie später fast ausschließlich sich selbst vor. Er hat ungefähr 140 Couplets geschrieben, von denen 125 in den Werken, der Rest in der Nachlese vorliegen. Sie stellen ein stattliches Corpus einer ihm eigentümlichen Dichtung dar.»
Alfred Orel (938) erläutert in der Einleitung zu seiner Ausgabe der Bühnengesänge Raimunds ausführlich die Bedeutung der Musik für alle Schichten der Wiener Bevölkerung. Dort auch Einzelheiten über Raimunds Komponisten: Wenzel Müller, Josef Drechsler, Philipp Jakob Riotte und Konradin Kreutzer.
Wichtig ist, daß beide Dichter sich selbst in der Komposition versuchten. Das läßt uns natürlich an Brecht denken.
Für Raimund ist bewiesen, daß er viele seiner schönsten Melodien selbst ausdachte und von seinem «Hauskomponisten» nur aufschreiben und arrangieren ließ. Man nimmt an, daß die bekannte Melodie zum Hobellied (Verschwender) von ihm selbst stammt.

43 Heinz Kindermann sagt dazu (700, 253): «Das Alt-Wiener Volkstheater kann niemals vom Literarischen her allein beurteilt werden. Der Mimus hat an ihm so intensiven Anteil, daß die Spielbücher, auch Raimunds und Nestroys, nur als Partitur des darstellerischen Gesamtkunstwerkes in Betracht kommen.» – Das leuchtet ein, wenn wir die Herkunft des Wiener Volkstheaters aus der Comedia dell'Arte, dem barocken Gesamtkunstwerk, der Wiener Lokalposse und der Parodie mit den beliebten Quodlibets, dem Wiener Singspiel und der Zauberoper (Mozart) bedenken. Alle diese sind *mimisch* gebundene Formen.
Es mag scheinen, daß wir dem Couplet ungebührend breiten Raum widmen. Aber es verdient höchste Beachtung, da es die einzige feste Sprachform unseres Betrachtungskreises darstellt, – und es belohnt sie, indem es uns Maßstäbe gibt, die auch für Chanson und Song gelten.

44 569.
45 In Budzinski und Ewers (87/84).
46 14.
47 Ausgeschmückt durch die Freunde: Auriol, J. L. Brown, Cheret,

Anmerkungen

Falguiere, Feux, Forain, Gerome, Gandara, Grasset, Houdon, H. Pille, Xavier Privas, Raffaeli, G. Redon, Radiquet, Roedel, Rochergrosse, Robert, Wagner, Uzes u.v.A. – Dem «Chat Noir» nahestehende Künstler (meist Maler–Dichter): Theodore Botrel, Anatole Le Braz, Aristide Bruant, Jean Baptiste Clément, Cléo de Merode, Damia, Max Dearly, Maurice Donnay, Dranem, Fragson, Yvette Guilbert, Paul de Kock, Paul Marinier, A. Masson, Mayol, Gabriel Montoya, Mac Nab, Franc Nohain, La belle Otero, Polaire, Polin, Privas, Xavier, Edmond Teulet, Teresa, Léon Xanrof, Toulouse Lautrec, Pierre Trimouillat, Lindes, Jean Goudetzki, Jehan-Rictus, Jouy, Meusy, Feruy, Lemercier, Fursy, Hypsa.
Musiker: Charles de Sivry (Schwager Verlaines), Claude Debussy, Paul Delmet, Adolphe Stanislas.

[48] Ähnlich Carco (190)
[49] B, 25.
[50] 237.
[51] B, 26.
[52] B, 26.
[53] B, 26 und 29.
[54] Vgl. Bibliographie.
[55] Probe auf S. 58.
[56] Vgl. Diskothek.
[57] 171.
[58] 174.
[59] 83.
[60] B, 31f.
[61] 171.
[62] 7,8.
[63] R. Maizeroy beschreibt Yvette Guilbert: «Ein schlanker, behender Körper, nie anders als in enganliegende Seide gekleidet. Das Gesicht blaß, fremdartig; unvergeßlich die spöttischen Augen; ein nicht endenwollender Hals ... Eine unvergleichliche Diseuse, der es gegeben war, in drei Versen eine Welt auszudrücken.»
Aber es gab auch andere Stimmen: «La voilà! Der lange, geschlechtslose Blutegel! Sie schleicht und zischt, sie kriecht und läßt hinter sich ihre schleimige Spur.» (246) (Maurice Lefèvre in: *Gestes de la chanson*)
[64] Yvette Guilbert wurde außerdem gemalt von: Frappa, Bach, Blanche, Bellery-Desfontaines und Toulouse-Lautrec.
[65] 84.
[66] 1000.

Anmerkungen

[67] Mit Übertragung ins Deutsche in: 574 / 572 / 573.
[68] Ebenfalls in: 572 / 573 / 574.
[69] Es ist im Rahmen dieser nicht notwendig, bei jedem Beispiel nach dem eigentlichen Erzähler zu fragen, d. h. danach, wie weit sich der Texter mit der Person seines Chansons identifiziert. Wir verstehen deshalb unter dem *Sprecher* immer die sprechende Person des Chansons, die der Interpret darstellt, unabhängig davon, ob diese – vom Texter aus gesehen – eine Karikatur ist oder – vom Interpreten aus betrachtet – mit «innerer Distanz» vorgestellt wird.
[70] Nur einmal, an diesem Hinrichtungslied, sei uns gestattet, anzudeuten, wie sich diese mimischen Qualitäten des Textes konkret auswirken. – Den Wechsel der Sprechrichtung würde nur ein Dilettant ständig mit Drehungen des Körpers begleiten. Der gute Interpret bedient sich immer der natürlichen Ausdrucksmittel, die er allerdings steigern darf. Der nahen Ansprache im intimen Raum entsprechen die Medien des Kontaktes: halblaute, weiche Stimmlage (durch entspanntes Ansatzrohr), nahen Blickwickel etc., der Ausweitung des inneren Raumes entsprechend die Gebärden zunehmender Kontaktlosigkeit; gesteigerte Lautstärke verbunden mit zunehmender Tonhöhe und -härte, bis zum schrillen Schrei (durch zunehmende Verkrampfung des Stimmansatzes in der Erregung), angstvolles Weiten der Augen verbunden mit Vergrößerung der Pupillen und des Sehwinkels, Verkrampfung des Mundes, krampfhafte Atemtätigkeit, – eventuell Steigerung in die klassische Gebärde der Todesangst (das Greifen mit der Hand an die Kehle), weil diese hier ganz konkret aufgefaßt werden kann.
[71] 574 und B, 27.
[72] 574.
[73] 859.
[74] 250.
[75] 251.
[76] B, 33.
[77] Zusammen mit ähnlichen Themen der Großstadt wurden diese Motive um die Jahrhundertwende immer wieder behandelt und stellen eine Verbindung zum literarischen Chanson dar, das um die gleiche Zeit in Berlin und München entstand und diese Texte teilweise benutzte. Einige Beispiele:
Großstadtstimmung allgemein:
Julius Hart: *Berlin / Auf der Fahrt nach Berlin*
Bruno Wille: *Entzauberung / Straße / Moderne Ballade*
Karl Henckell: *Am Brückenrande*

Anmerkungen

Clara Müller: *Im Vorort*
Reinhold Fuchs: *Weltstadteinsamkeit;*
 mit ähnlichen Themen: Wilhelm Arent, Ernst Schur, Detlev von Liliencron, Kurt Tucholsky, Friedrich Hollaender (*Wenn wir Stadtbahn fahren*, Chanson für Blandine Ebinger), Franz Mehring, Börries von Münchhausen, Alberta von Puttkammer, Ernst von Wolzogen, Ilse Frapan, Gustav Falke, Maximiliam Fuhrmann, Friedrich Adler, Rudolf Nelson (*Ladenmädel*), Jakob Audorf u.v.a.
Großstadtpflaster und -Elend:
 Richard Dehmel: *Im Spelunkenrevier* / *Venus Pandemos* / *Venus Bestia*
J. H. Mackay: *Die Verstoßene* / *Die Verlorenen*
Karl Henckell: *Die Dirne* / *Die Engelmacherin* / *Das große Ungeheuer*
Margarete Beutler: *Die Kommenden* / *Am Wege* / *Vor der Polizeiwache;*
 mit ähnlichen Themen: Franz Held, Ludwig Scharf (*Proleta sum*), Liliencron, Adele Schreiber, Wedekind, Erich Mühsam, Emil Nicolai, Hans Hyan, Franz Diederich, Martin Drescher, Emanuel von Bodman, Else Lasker-Schüler u.v.a. Ostwalds Sammlung (771/772) bietet außerdem reichlich Material von unbekannten Verfassern.

[78] 705.
[79] 485.
[80] Ergänzungen in Klammern sowie das Folgende: B, 50f.
[81] 352.
[82] 323.
[83] B.,
[84] 253.
[85] 859.
[86] 705.
[87] 705.
[88] B, 54.
[89] Diskographie.
[90] 836.
[91] 705.
[92] B, 56.
[93] 990.
[94] 990.
[95] 990.
[96] 871.
[97] 269 / 285 / 289 / 311 / 323 / 352.
[98] B, 36f.
[99] Mitwirkende: Bierbaum, Paulus, Koppel-Bradsky, H. H. Ewers, Olga Wohlbrück, Wedekind, Hanns von Gumppenberg, Rideamus,

Anmerkungen

Leo Heller, Marcel Salzer, Gisela Schneider, der Architekt Endell, Liliencron, Ulrike von Levetzow. – Musik: Bogumil Zepler, Fr. Lehner, Rothstein, Oscar Straus, Elsa-Laura Seemann-Wolzogen.

[100] Vgl. Bibliographie: III, 1, A, a
[101] 84.
[102] Nachahmungen und Parallel-Unternehmungen:
«Schall und Rauch» (eröffnet 23. 1. 1901, Max Reinhardt und Schauspielerkollegen)
«Trianon Theater» (eröffnet 1902, Bierbaum, bestand einen Tag);
«Bausenwein-Liliencron» (Alexanderplatz, bestand ein halbes Jahr);
«Der hungrige Pegasus» (1901–02, Weinstube von Dalbelli, Leitung der Maler Max Tilke, Musik: Moratti);
«Zum siebenten Himmel» (Ltg. G. David Schulz, jeden Mittwochabend);
«Die silberne Punschterrine» (Ltg. Hans Hyan, Musik: seine Frau);
«Kabarett zum Peter Hille» (gen. «Kabarett zur Prostitution P. H.s»);
«Kabarett für Höhenkunst, Teloplasma» (1902, Ltg. Herwarth Walden).
[103] B, 37f.
[104] Diskographie.
[105] 705.
[106] 705.
[107] B, 42.
[108] 705.
[109] B, 88.
[110] B, 154.
[111] B, 90.
[112] B, 155.
[113] Diskographie.
[114] B, 158.
[115] Diskographie.
[116] 484, 190.
[117] Etwa Cocteaus *Geliebte Stimme* (München 1959).
[118] Aus dem Gedächtnis notiert.
[119] Bekanntestes Beispiel: *Drei alte Schachteln* (Kollo, Rideamus).
[120] 208.
[121] B, 97f.
[122] B, 98.
[123] B, 99.
[124] B, 100.

Anmerkungen

[125] B, 93.
[126] B, 96.
[127] B, 95 f.
[128] 976.
[129] Nach Tonband notiert.
[130] B, 155.
[131] 722.
[132] B, 157.
[133] 722.
[134] 871.
[135] 874.
[136] B, 118.
[137] 874.
[138] 874.
[139] 874.
[140] 874.
[141] 990, *Der goldene Mittelweg* u.a.
[142] *Es ist ein Reis entsprungen*, Wolfenbüttel 15. Jh.
[143] Brecht etwa in der Liebesszene der *Dreigroschenoper* oder in der Ballade von der Hanna Cash, 824
[144] 874.
[145] B, 121.
[146] 899.
[147] Von Ringelnatz gibt es ähnliche Chansons (*Turnergedichte*, *Wettlauf*, *Klimmzug*).
[148] 889.
[149] 976a, 57.
[150] 976a, 56.
[151] 976a, 121.
[152] 976a, 136.
[153] 976, 60.
[154] B.
[155] Nelsons *Ladenmädel*, S. 114.
[156] 976a, 88.
[157] 976a, 89.
[158] Ges. Werke I, 87.
[159] 276.
[160] 276.
[161] 5.
[162] B, 134.
[163] 967, I, 1026.

Anmerkungen

[164] 976a, 92.
[165] B, 116.
[166] B, 140.
[167] Vgl. den 1. Exkurs.
[168] Deutschsprachige Kleinkunstbühnen und Kabaretts nach dem 1. Weltkrieg bis heute (nach dem Titelschlagwort alphabetisch geordnet; K = festes Kabarett-Ensemble):
«Allotria» / Hamburg ,nach dem 2. Weltkrieg
«Amnestierten, Die» / Kiel, Studenten-K, nach dem 2. Weltkrieg
«Annast-Künstlerspiele» / München, nach dem 2. Weltkrieg
«Arche Nova» / Mainz K (Hüsch) nach dem 2. Weltkrieg
«Astoria» / Bremen, nach dem 2. Weltkrieg
«Augustin, Der liebe» / Wien, nach dem 2. Weltkrieg
«Bernhard-Theater» / Zürich, nach dem 2. Weltkrieg
«Carow, Haus am See» / Berlin, nach dem 2. Weltkrieg
«Casanova» / Essen, nach dem 2. Weltkrieg
«Chat Noir» / Berlin, nach dem 1. Weltkrieg
«Clara, Variété» / Basel, nach dem 2. Weltkrieg
«Cornichon, Le» / Zürich K (Gilles) während des 2. Weltkrieges
«Distel» / Ostberlin K, nach dem 2. Weltkrieg
«Epoche, La belle» / Travemünde, nach dem 2. Weltkrieg
«Fédéral» / Zürich, K, nach dem 2. Weltkrieg
«Fische, Die kleinen» / München K, nach dem 2. Weltkrieg
«Frankfurter Brettl» / Frankfurt a.M., K, ab 1959
«Georgspalast» / Hannover, nach dem 2. Weltkrieg
«Größenwahn» / Berlin, K (Valetti) um 1920
«Hansa-Theater» / Hamburg, nach dem 2. Weltkrieg
«Insulaner» / Westberlin K (Neumann, Sais) nach dem 2. Weltkrieg
«Intimes Theater» / Wien, nach dem 2. Weltkrieg
«Katakombe, Die» / Berlin (W. Finck) 1929 bis Krieg
«Kleine Freiheit, Die» / München K, nach dem 2. Weltkrieg
«Kabarett der Komiker» / Berlin (Schaeffers) 1924 und 1946
«Kom(m)ödchen, Das» / Düsseldorf K (Lorentz) seit 1948
«Lach- und Schießgesellschaft» / München K, nach dem 2. Weltkrieg
«Literatur am Naschmarkt» / Wien 1933-38 und ab 1947
«Mausefalle, Die» / Stuttgart K, nach dem 2. Weltkrieg
«Moulin Rouge» / Wien ab 1945
«Namenlosen, Die» / München K, nach dem 2. Weltkrieg
«Nelson-Theater» / Berlin 1914-27
«Palladium» / Düsseldorf nach dem 2. Weltkrieg

Anmerkungen

«Pfeffermühle» / Leipzig K nach dem 2. Weltkrieg
«Rakete» / Berlin K (Rosa Valetti) um 1922
«Rendez-vous» / Hamburg K (Ahrweiler) nach dem 2. Weltkrieg
«Roland» / Berlin, nach dem 1. Weltkrieg
«Ronacher-Variete» / Wien seit der Jahrhundertwende
«Schaubude» / München K (Kästner, Herking) seit 1946
«Schiedsrichter» / K nach dem 2. Weltkrieg
«Schmiere» / Frankfurt a. M. K nach dem 2. Weltkrieg
«Simplizissimus» / München (K. Kobus) 1903–44
«Simplizissimus» / Wien nach dem 2. Weltkrieg
«Stachelschweine» / Berlin-West K nach dem 2. Weltkrieg
«Vaterland, Haus» / Hamburg nach dem 2. Weltkrieg
«Vogel, Der blaue» / Rußland K in Deutschland um 1929
«Wendeltreppe» / Hamburg nach dem 2. Weltkrieg
«Wiener Werkel» / Wien 1940–45
«Zwiebel» / München K nach dem 2. Weltkrieg

[169] Nach Tonband notiert.
[170] B, 194.
[171] 871.
[172] B.
[173] 913.
[174] *Quodlibet* ist die Bezeichnung für eine Montage von Liedparodien meist schlagerhaften Charakters. Aktuelle Melodien werden mit neuen Inhalten gefüllt und nach bestimmten inhaltlichen und formalen Gesichtspunkten aneinander gekoppelt. – Diese Form ist für das moderne Kabarett typisch und harrt noch eingehender Untersuchung.
[175] B, 245 (Die folgenden Beispiele bis Anm. 181 liegen mir alle gleichzeitig im Text und als Tonbandaufnahmen vor).
[176] B, 253.
[177] B, 255.
[178] B, 269.
[179] B, 300f.
[180] B, 301.
[181] B, 326.
[182] Beste Interpretin: Trude Hesterberg.
[183] Es ist ein echter Song; und Brecht hat m. W. nie begründet, warum er einige seiner mehr oder weniger von François Villon inspirierten, zum Teil direkt von K. L. Ammers Übertragung übernommenen Songs wie sein Vorbild *Balladen* nennt. Sie haben weder mit unserem Begriff «Ballade» etwas zu tun, noch entsprechen sie – wie die

Anmerkungen

Villonschen Originale – der altfranzösischen Tanzliedform. K. L. Ammer (984, 89): «Zur Form: Die Ballade besteht ... aus drei gleichgebauten Strophen, die durch dieselben Reime und einen Refrain zusammengehalten werden. Jeder dieser Abschnitte umfaßt acht oder zehn Verse. Ein sog. Geleit schließt sich an und wiederholt noch einmal den Refrain.» – Ebenso wie das Couplet im Wiener Volkstheater – ist der Song nicht die einzige musikalische Ausdrucksform besonders der späten Stücke Brechts. Die Chöre und gesungenen Berichte können hier nicht besprochen werden.

[184] Noch heute erlaubt die italienische Opernregie dem Sänger, seine «große Arie» an der Rampe zu singen. Doch geschieht das dort gerade aus dem Kunstwollen, das Brecht immer bekämpft hat: dort die sinnlich-ästhetische Verzauberung, der «kulinarische Kunstgenuß» (Brecht) – am epischen Theater dagegen: das Herausreißen aus der Bühnenillusion, die intellektuelle Auseinandersetzung, die weltanschauliche Agitation.

[185] 829, 28.

[186] Schon Elsa-Laura Seemann, die Frau Wolzogens, trug zur Laute z. B. die *Ballade von den beiden Königskindern* vor; Dora Dorette singt *Schwesterlein* in der Zuccalmaglio-Brahms-Version; Melitta Berg singt die *Ballade vom Ringlein;* Nina Tscharowa singt slawische Volkslieder – und sogar Marlene Dietrich trägt zwischen ihren frechen Songs eine alte amerikanische Volksweise vor (*Go away from my window*).

[187] Auf einer Langspielplatte ist uns unter anderen Kostbarkeiten das Prozessionslied der Kinder aus dem 18. Jh. (Champagne) *C'est le mai* von ihr gesungen erhalten. Yvette Guilbert entdeckte mehr als dreißig alte Balladen für ihre Vortragskunst (u. a. auch *La mort de Jean Renaud*) und bot sie teilweise unverändert, teilweise ergänzt und mit neuen Melodien versehen – immer aber mit sicherem Stilgefühl. – Das Pariser Cabaret «Lapin agile» brachte noch bei seinem letzten deuschen Gastspiel (Köln 1960) wertvolles, fast vergessenes Volksgut.

[188] Nachdem die erste Periode des deutschen *Schlagers* durch die äußeren Bedingungen der Operette und Revue gekennzeichnet worden war, die zweite durch die des Tonfilms – so ist die letzte Entwicklung nicht ohne die Phonoindustrie zu denken. Die moderne Wiedergabetechnik übermittelt den Schlager nicht nur den Hörern – sondern verändert ihn auch oder bereitet ihn durch vielerlei technische Tricks auf. Dadurch entfernt sich der Schlager noch mehr vom Chanson, dessen Reiz zunehmend in seiner Unmittelbarkeit des Kon-

Anmerkungen

taktes von Interpreten und Hörern empfunden wird. In Deutschland sind erst in den letzten drei Jahren mehr Schallplatten mit Chansons herausgebracht worden (Diskographie), verschwindend wenig im Verhältnis zur Schlagerproduktion oder auch zu den Auflageziffern französischer populärer Chansons. Nach dem 2. Weltkrieg erhielten das Kabarett und die verschiedenen Arten des künstlerischen Tingeltangels neuen Auftrieb durch viele bedeutende Schauspieler, die bis zur Währungsreform ohne Engagement waren und «aufs Dorf tingeln» gingen. Die meisten der so entstandenen Kabaretts sind inzwischen wieder eingegangen.

[189] Heute sind 49% aller gespielten Musiken Schlager. Viertausend Schlager werden in den letzten Jahren bei uns durchschnittlich auf den Markt geworfen. Doch nur wenige sind so beschaffen, daß sie wirklich «Schlager» werden.

[190] Geb. 1884. Ihre Songs werden zu Recht als «amerikanische Chansons» bezeichnet. Titel: *Some of these days / After you've gone / Mei jiddische Momma / Little bluebird* u.v.a. Sie singt auch Gershwin und Cole Porter. Nach dem letzten Krieg hatte Sophie Tucker den ersten Lehrauftrag einer Universität für das Chanson (in den USA). Sie ist außerdem durch Gastspiele in England (1934 vor George V. und Queen Mary) und mit ihren Schallplatten in Europa sehr bekannt geworden. – Neuerdings tragen einige der besten und reifsten Negersängerinnen auf dem amerikanischen Kontinent (z. B. Sarah Vaughan und Carmen McRae) ihre Jazzgesänge in einer Art vor, die sie dem Chanson sehr nahe bringen.

[191] François Mauriac etwa bezeichnete in einem Interview mit *Music Hall* Jaques Préverts Chanson *Les feuilles mortes* (Musik: Joseph Kosma, kreiert von Yves Montand) den vollkommensten Ausdruck der Nachkriegszeit. Diese Äußerung spiegelt seine Teilnahme am Chanson.

[192] Jean Cocteau beschrieb preisend Edith Piaf, Maurice Chevalier und Charles Trenet in 246, 190ff.

[193] 940 / 941.

[194] 940.

[195] 940.

[196] 839–43.

[197] 834.

[198] 976a, 187.

[199] B, 74.

[200] 264–65.

[201] B, 304ff.

Anmerkungen

²⁰² B, 305.
²⁰³ Proben ihrer Gedichte in 716.
²⁰⁴ 948.
²⁰⁵ 716.
²⁰⁶ Wir haben in dieser Arbeit Beispiele anerkannter literarischer Chansons aus verschiedensten Literaturgattungen mit unterschiedlicher Sprachstruktur sowie verschiedensten Inhalts und Gehalts gebracht. Selbst der Refrain ist nur beliebt, aber nicht notwendig, wie Ringelnatz' *Seepferdchen* oder ein Lied von Otto Reutter bewiesen.
²⁰⁷ Es handelt sich um eine *künstlerische* Ausdrucksform, auch wenn nicht jedes Chanson Kunst ist, weil versucht wird, mit künstlerischen Mitteln (geformter Sprache, Mimik und Musik) eine künstlerische Wirkung (emotionale Ergriffenheit durch ein geformtes Objektives) zu erreichen.
²⁰⁸ Die Entstehung des literarischen Chansons läßt sich in Deutschland auf das Jahr genau festlegen, weil wir genügend historische Zeugnisse besitzen (Bibliographie Nr. 84/423). Wir haben in dieser Arbeit versucht, die Vorläufer und Randformen nicht unbeachtet zu lassen.
²⁰⁹ Daß das Chanson eine *solistische* Vortragsform ist, beweisen unsere Textbeispiele und die aller entsprechenden Anthologien. – Es gibt auch den Solosketch mit Musikbegleitung, eine kabarettistische Kurzform des Einmann-Stückes, die dem Chanson sehr nahe kommt. Damit erledigt sich auch die Frage, ob etwa die sogen. Chansons der Berliner Neuss und Müller diesen Namen zu Recht tragen: wenn sie ohne weiteres auch von einem gesungen werden könnten (wie *Schlag nach bei Shakespeare* aus Cole Porters Musical *Kiss me Kate*), dann ja. Wenn aber durchgängig im ganzen Lied jede Person eine eigene Funktion und Aussage hat, kann vom Chanson nicht mehr die Rede sein.
²¹⁰ Daß es nicht für den Sänger geschrieben ist, ergibt sich aus der Geschichte seiner Anfänge und mißglückten Versuchen mit Konzertsängern; außerdem aus unseren Überlegungen über die psychologische Situation des Sängers und des Rezitators.
²¹¹ Um das zu veranschaulichen, haben wir auf S. 41f. ausführlich von Augenzeugen beschreiben lassen, was Yvette Guilbert aus einem kleinen Volksliedchen machte, und haben selbst einen Song und ein lyrisches Chanson (S. 125 und 159) vom Vortrag der Diseuse Kate Kühl her interpretiert. – Gelegentlich sind wir auch auf verschiedene Interpretationen des gleichen Chansons durch verschiedene Chansonniers eingegangen, um zu zeigen, wie entscheidend der Vortrag ist.

Anmerkungen

[212] Wir erklärten uns das durch die häufige Personeneinheit von Verfasser und Vortragendem des Chansons und zeigten (S. 80 und 108), wie Texter, Musiker und Interpret sich gegenseitig beeinflußten und im guten Chanson zusammenwirkten. Besonders deutlich wird die Unergiebigkeit des Textes allein für das Verständnis der Form an den Music Hall Gesängen von Franz Mehring.

[213] Die artistisch distanzierte Sprechhaltung des Chansonniers, die niemals naiv im Stoff aufgeht, sondern stilisierend oder karikierend Distanz wahrt, haben wir sowohl an den Texten selbst als auch am Vortrag großer Interpreten immer wieder beschrieben: an Yvette Guilbert, Marya Delvard, Frank Wedekind, Marlene Dietrich, Hilde Hildebrandt, Blandine Ebinger, Klabund, Georg Kreisler u.a.

In vielen unserer Beispiele läßt sich schon aus dem Text eine innere Distanz ablesen; etwa aus folgenden Wendungen: «Bin ja nur eine alte Hur ...» / «Was glauben Sie, wie das glücklich macht!» / «Immerwieder muß ich lüstern flüstern ...» / «Doch wir wollen uns nicht brüsten. Dazu ist die Brust nicht da ...» / «Es ist beinahe so, daß ich weine...»

Auch die starke Neigung zur Ironie und Parodie ist vor allem aus der distanzierten Haltung des Vortragenden zu erklären. – Was Yvette Guilbert in ihrem Buch (Nr. 171) über den Vortrag des Chansons sagt, ist so wichtig, daß wir ein längeres Zitat daraus geben: «Pour la comédienne, comme pour la diseuse de chansons, la technique est la même. La science du bien dire, du beau parler demande les mêmes études. (p. 11) L'art du comédien au service d'une chanteuse sans voix, qui demande à l'orchestre, ou au piano de chanter pour elle, voilà quel est mon art – à vous de le continuer, et surtout de le parfaire. (p. 12) La chanteuse qui a, ce qu'on apelle ›un registre unique‹ et normalement placé, ce qui est le cas de la plupart des chanteuses, ne peut pas espérer atteindre jamais l'art de bien illustrer la chanson, sa voix serait-elle la plus belle du monde... Nous sommes en effet des peintres, des imagiers, notre organe est notre palette, c'est avec la voix parlée mêlée au chant, la multiplicité des ›nuances‹, que nous colorons, et mettons en lumière, nos personnages, nos sujets, leur atmosphère, leur époque. (p. 15) ... je ne me préoccupais de la musique de mes textes qu'en dernier lieu, c'était pour moi la garniture. Toutes mes chansons furent apprises, comme des rôles ou des poésies, cela dépendait du texte. Et je me suis aperçue qu'il me fallait 3 octaves, à partir du grave, pour m'exprimer. (p. 27).

Anmerkungen

Qu'est-ce que le rhythme fondu?
Ce fut mon apport nouveau dans l'art du diseur, ce fut ma ›trouvaille‹ à mes débuts, depuis, tout le monde l'imite. Voici en quoi elle consistait, cette trouvaille.
Il s'agissait de quitter le rhythme musical et de le remplacer par la parole rhythmée, selon les accents, les besoins des textes, au commencement de ma carrière, cela émerveillait le public, et Gounod luimême adorait ce stratagème de coloration. (p. 35)
La danse n'est qu'une pensée musiquée, et les mots qui la traduisent, ce sont not attitudes, nos gestes, notre corps. (p. 78)
Non – – Non, ne croyez point que ce soit pédant de demander au chanteur de chansons de s'y préparer plastiquement. – Je sais moi quelles furent mes études à ce cujet! L'étude de la plastique fixe aussi celle des époques, un mot, une phrase vous met sur la route du geste à faire. (p. 80)
Je le répète, à l'art du geste, à l'harmonisation du corps, le don de se parer, de s'habiller, de se costumer, avec érudition doit s'ajouter pour parfaire la présentation de l'artiste.
Un diseur de chansons doit connaître à fond la chanson, et être capable de l'interpreter dans toutes ses époques, dans toutes ses charactères et ses styles. S'il se borne à en indiquer les périodes par ses costumes il lui faut se documenter. (p. 86)
Les paroles écrites d'une chanson ne sont pour moi qu'un accessoire. C'est le sujet qui m'importe, c'est lui qu'il faut chanter, dire, exprimer, rendre vivant. (p. 92) Ah! l'amusante acrobatie que de jongler avec des refrains! ... (p. 94) Vous le voyez, rien ne peut être absolu dans la chanson, chaque texte amène sa variante expressive. Là, un silence, là, un accessoire. Un silence pour le temps passé, un accessoire pour préciser le temps qui passe, pendant le temps présent. Il y a dans chaque chanson mille occassions d'en chauffer l'atmosphère. Le texte, ou la musique, peuvent devenir également vos inspirateurs. (p. 106)
La chanson n'est rien d'autre qu'un drame condensé.» (p. 115)
Es gibt wenige andere gute Bemerkungen über die Kunst des Chansonsvortrags. Wir haben sie fast alle zitiert. Eine vorzügliche, das Wesentliche treffende Rezension schrieb Dolf Sternberger über Marlene Dietrich bei ihrer letzten Deutschlandtournée (*FAZ*, 30. 5. 1960). Sie illustriert und bestätigt unsere eigenen Auffassungen.

[214] Wir bevorzugen vor den Ausdrücken «klein» und «mittelgroß» die Angabe *intim*, weil sie weit genauer das trifft, was wir sagen wollen. Die ersten beiden Worte sind relativ, weil ein ziemlich großer Raum

Anmerkungen

noch intim wirken kann, ein kleiner aber auch unpersönlich und fremd. Wie die Geschichte des Kabaretts gezeigt hat, kommt es weniger auf die tatsächliche Raumgröße an als auf die *Atmosphäre*, das heißt die besondere Stimmung und Überschaubarkeit. Wir bezeichnen darum den Kabarettsaal dann als *intim*, wenn die Menschen sich in ihm noch als Gemeinschaft fühlen können und nicht als Masse.

Die intime, den Kontakt mit dem Publikum begünstigende Kabarett-Atmosphäre beschrieben wir mehrfach («Chat Noir», «Scharfrichter»). Wir gaben auch negative Beispiele («Überbrettl»); hier noch zwei weitere: «Frank Wedekind ist, der in intimem Raume, wie bei den ›Scharfrichtern‹ prächtige Wirkungen erzielte, eine bare Unmöglichkeit für die große Bühne», berichtet H. H. Ewers (84, 29), der ihn selbst oft erlebt hat. Ebenso schildert er, wie die in Paris so erfolgreichen Begleiter der Yvette Guilbert bei ihrem Berliner Gastspiel im ungewohnt großen Raum keine besondere Wirkung erzielten; Gabriel Montoyas berühmte *Berceuse bleue* und Marcel Legays fein nuancierte Lieder kamen einfach nicht an (84, 15): «Genauso wie seine Kameraden vom Montmartre fiel bei dem unglücklichen Gastspiel der Yvette in dem völlig ungeeigneten Zentraltheater der liebenswürdige Clément George mit seinen reizenden Pariser Bluetten ab. Als die Diva dann Berlin den Rücken kehrte, blieb der Sänger-Dichter, der übrigens nebenbei auch Maler ist ..., in der Reichshauptstadt zurück und trat verschiedentlich in Cabarets auf, namentlich in dem ›Siebenten Himmel‹ des Georg David Schulz. Und merkwürdig, kaum trat er wieder in solch kleinem, intimem Rahmen auf, so kehrte sein alter Erfolg zurück, das Publikum überschüttete ihn mit Beifall ...»

Welchen Einfluß die Größe und Atmosphäre des Raumes haben, zeigten wir an den sprachlichen Veränderungen des Music Hall Chansons von Mehring und des *Roten Songs*.

Wie die großen Volkschansonniers sich in Riesenräumen durchsetzten, wurde an Claire Waldoff und Otto Reutter gezeigt. Auch der Vereinscharakter und das besondere Verständnis des Publikums für feine Nuancen wurden an dem Pariser und dem Münchner Beispiel gezeigt.

[215] Daß das Chanson ohne den Hörerkontakt nicht wirken kann, zeigte auch das *Dada*-Beispiel.

[216] Die mimischen Wirkungen der Sprachgebärden, besonders des Refrains, vom Vortragenden auf das Publikum wurden mehrfach an Beispielen beschrieben.

[217] Die bevorzugte Revue-Form des Nummernprogramms im Kabarett

Anmerkungen

wurde mit dem Strophenaufbau des Couplets und des Chansons mit *horizontaler Strophenspannung* verglichen und aus gemeinsamer Wurzel erklärt: der frei assoziierenden, *parataktischen* Denkungsart des Chansonniers.

[218] Wohl in keiner anderen sprachlichen Gattung sind Sprache und Mimus so eng verbunden wie im Chanson. Das erklärt sich schon aus seiner knappen und konzentrierten Form, aus der der Vortragskünstler alle nur möglichen mimischen Wirkungen entwickeln muß. Es ist deshalb auch ein besonders dankbares Studienobjekt für die Sprechkunde, die ja u.a. die Zusammenhänge von Sprachstruktur und Schallform, Körpergebärden eingeschlossen, untersucht.

[219] Die häufige Verlagerung der Sprechrichtung mit den dadurch bedingten Veränderungen der Schallform zeigten wir besonders an *A la Roquette*, den Nestroy-Couplets, *Madame Adele*, Tucholskys *Augen in der Großstadt* im Vergleich mit einem motivgleichen Gedicht von Liliencron, der *Roten Melodie*, dem *Graben* und *Seepferdchen*. An einem Nestroy-Couplet stellten wir allein 25 Änderungen der Sprechrichtung fest. Dort fiel uns ebenfalls die starke Strophengliederung (Doppelrefrain) auf.

[220] Wir untersuchten sie metrisch in *Madame Adele* und verglichen sie an dem Chanson von Tucholsky mit einem motivgleichen Gedicht. Die Wirkung des Refrains als «mimischem activans» durch zeitweise Überwindung des «intellektuellen Vorsprungs» zwischen Solisten und Publikum beschrieben wir ausführlich gesondert und an Beispielen: *A la Roquette, Der mondäne Vamp, Das Ladenmädel, Hannelore, Ballade von der sexuellen Hörigkeit, Es hat jeschnappt* von Klabund, *Rote Melodie* und *Marschlied 45*.

[221] Die beiden Strophenbautypen verglichen wir und erklärten uns ihre unterschiedlichen Wirkungen an Beispielen.

[222] Natürlich begegnete uns das Rollengedicht unter den Beispielen am häufigsten: *Madame Adele, Die rote Rosa*, Henckells *Dirne*, Wedekinds *Ilse*, Nelsons *Vamp*, Hollaenders *Lieder eines armen Mädchens*, Klabunds *Dirnenlied*, Tucholskys *Dorfschöne* und *Rote Melodie*, Nelsons *Nachtgespenst*, Kästners *Marschlied 45*, Therese Angeloffs *Untertanengeist* und die Qualtinger-Chansons.

Eine Sonderform dieser Hauptgruppe ist das Gespräch mit einer imaginären Person: Bruants *A la Roquette*, Wedekinds *Tantenmörder*, Hollaenders *Jonny*, Cole Porters *Mein Mann ist verhindert*, Wolzogens *Laufmädel*, Tucholskys *Mutterns Hände* und andere Lieder.

Im Grunde nähern sich fast alle im Kabarett vorgetragenen Chansons unserem Typ I (Selbstdarstellung); besonders dann, wenn sie

Anmerkungen

von kostümierten Darstellern vorgetragen werden. Darum wird sich auf unserem Gebiet der Begriff *Rollengedicht* als ungenügend erweisen. Es gibt viele Grade von der direkten zur indirekten Selbstdarstellung. Es fragt sich, ob sich Adele (Wolzogen) direkter charakterisiert als zum Beispiel der philosophierende Schuster bei Nestroy oder gar die Frau in Porters Chanson. Adele tritt nämlich auch neben sich und schildert sich objektiv: «Je suis Adele, la reine blonde, on me connait...»
Von den 45 erfolgreichsten Chansons des Züricher Cabarets «Cornichon» aus den Programmen von 1934–44 gehören nur fünf nicht zu Typ I.

[223] Als Beispiele für die zweite Sprechhaltung (Bericht) nennen wir Wedekinds Bänkelsang *Brigitte B.* und Morlocks Ballade *Von einem, der keinen Standpunkt hatte.*

[224] Die Nestroy-Couplets und Brechts *Ballade von der sexuellen Hörigkeit* veranschaulichen die dritte, reflektierende Gruppe: außerdem Otto Reutters Couplets, Wedekinds *Realistin* und Kästners *Moralische Anatomie.*

[225] Die lyrische Äußerung erlebten wir relativ ausgeprägt in Tucholskys *Japanlied* und in Verbindung mit der ersten und dritten Sprechhaltung in *Parc Monceau*, außerdem in *Seepferdchen*, Kreislers *Zwei alte Tanten* und in Verbindung mit Sprechhaltung 2 in der *Romanze vom Flußgott und dem Mädchen.*

[226] Auf die im Text angelegten mimischen Möglichkeiten wiesen wir schon in *Sur le pont d'Avignon* hin und später bei den Interpretationen (z. B. *Madame Adele*) immer wieder. Von der charakteristischen Vortragsart der Chansonniers berichteten Bahr, Klossowsky, Bab, Kerr, Budzinsky und viele andere. Aus ihren Beschreibungen sowohl wie aus unseren Überlegungen über die Abhängigkeit des Chansonniers von seinem Rahmen geht klar hervor, daß es eher eine Kunst der untertreibenden Stilisierung und der feinen Nuance als der groben Effekte ist.

[227] Viele Menschen assoziieren bei dem Begriff *Chanson* unwillkürlich den anderen: *Sprechgesang*. Es darf, damit keine Verwirrung entsteht, hier nie vergessen werden, daß wir vom Literarischen Chanson in *Deutschland* sprechen, denn in Frankreich ist das nur gesungene Chanson viel häufiger, weshalb es auch schwieriger vom anspruchsvolleren Schlager zu unterscheiden ist, der sich dort ebenfalls Chanson nennt. Darum wird in Frankreich zur besseren Unterscheidung das Chanson unserer Art häufig *Couplet* genannt. Natürlich gibt es auch bei uns – besonders aus dem Volksliederschatz kreierte –

Anmerkungen

Chansons, die *nur gesungen* werden. Aber die Tendenz über den dramatisch pointierten Gesang zum Sprechgesang ist unverkennbar und erklärt sich aus der psychologischen Situation des Vortragenden. Ein gutes Beispiel dafür ist Wolzogens *Madame Adele*. Unvorstellbar, daß sie, nachdem sie sich in so großer Pose dem Publikum vorgestellt hat, die Worte «Oje, oji, hab nur ka Angst – Ich sing auch Deutsch ...» (Z. 5/6) noch singt! Zumindest könnte sie es nicht im gleichen Ton. Hier spüren wir wiederum, wie alle Wirkungen miteinander verzahnt sind: denn an dem veränderten Ton dieser Zeilen ist ja ebenfalls die Verschiebung der Sprechrichtung schuld, die einen kleineren (intimeren) Sprechraum zwischen Adèle und dem angesprochenen Zuschauer schafft.
Es lassen sich aber die verschiedenen Ausdrucksebenen (Sprache, Gesang und deren Mischungen) nicht fest mit den Aussageebenen (Reflexion, Anrede, lyrische Schilderung etc.) verbinden, so daß man etwa sagen könnte, der Interpret benutze immer die Sprache für den nüchtern-sachlichen Teil und gehe zum Gesang über, wenn sein Vortrag gefühlvoll wird. Kate Kühl z. B. singt den Warnruf an den General, spricht aber die gefühlvollen Klagezeilen. – Dennoch gibt es zweifellos für die Zusammenhänge zwischen Sprachvorlage und Schallform Gesetze. Sie sind nur nicht so einfach und müssen noch genau untersucht werden.
Es gibt *nur gesprochene* Chansons. In Paris kann man sie allabendlich in der «Caveau de la République» hören. Yves Montand sprach das Chanson *Barbara* von Jacques Prévert auf eine Schallplatte.

[228] Im historischen Teil dieser Arbeit unterschieden wir Einflüsse vom Volkslied, Vagantenlied, Troubadourgesang, Dirnenlied, Moritat und Bänkelsang (echten und stilisierten), politischen Lied und Couplet, Rokoko- und Schäferlied, Operettenarie und Gassenhauer, Einlagen aus Singspielen, Possen und Revuen sowie Shanties und Liedern der Sozialistischen Arbeiterfront. Außerdem teilten wir grob (und durchaus vorläufig!) ein in das von Naturalismus, Jugendstil und Neuromantik gleichzeitig beeinflußte Chanson der «Elf Scharfrichter» und des «Überbrettls», in das vornehmlich vom weltstädtischen Berlin geprägte mondäne und das volkstümliche Chanson, in das politische Chanson in der frühen Erscheinung als Roter Song, das gesellschaftskritische- und Reportagechanson und schließlich gesungene Lyrik aller Spielarten. Wir zeigten auch, wie diese unzureichenden und doch notwendigen Klassifizierungen sich überschneiden.

[229] Wie die Guilbert in ihren Liedern den Lebensstil einer Stadt und einer

Anmerkungen

Epoche einfing, schilderte uns Julius Bab. Ähnliches läßt sich zu Recht über bedeutende deutsche Chansons sagen: *Das Ladenmädel*, Nelsons *Mondänen Vamp*, Reutters Couplets, Claire Waldoffs Berliner Lieder, Tucholskys *Rote Melodie* und *Graben*, Mehrings *Alexanderplatz*, Kästners *Marschlied 45* und die zeitkritischen Chansons der Schweizer und Wiener Kabaretts. Der Naturalismus spiegelte sich besonders in den Dirnenliedern von Bruant bis Henckell, die Neuromantik und der Jugendstil mehr in den poetischen Liedern des Montmartre und von Schwabing. Aber auch die Neue Sachlichkeit hinterließ ihre Spuren. Restaurative Interessen sahen wir bei Yvette Guilbert, Pamela Wedekind und anderen allein auftretenden Diseusen.

Daß dies nur Andeutungen sein können, ist bei dem gebotenen Umfang dieser Arbeit selbstverständlich. Es kam hier auch weniger darauf an, die historische Entwicklung des Chansons bis in alle Einzelheiten zu belegen, als darauf, einen ersten Gesamtüberblick über das neue Gebiet zu geben.

[230] Wie das geschieht, haben wir in Interpretationen gezeigt: Yvette Guilbert, Otto Reutter, Kate Kühl, Ursula Herking.

Definitionen und Literaturdiskussion

Wenn man unsere führenden Enzyklopädien und Literaturgeschichten befragt, stellt man bald fest, daß eine *Bänkel-* und *Chansondichtung* erst seit drei Jahrzehnten mehr und mehr erwähnt wird. Die große Zahl der literarischen «Brettl» und «Überbrettl» am Anfang unseres Jahrhunderts, besonders in den ersten fünf Jahren, wurde von der Wissenschaft nicht ernst genommen.

CHANSON

Schweizer Lexikon (Zürich 1946, II, Spalte 386):
Chanson, 1) in der *Musik:* frz. Lied wechselnder Form u. Werkgattungszugehörigkeit. In der Troubadour- u. Trouvères-Lit. des 11.-13. Jh. einstimmiges Strophenlied, im 14. Jh. instrumentalbegleitetes, kunstvolles Sololied in Burgund u. Oberitalien; in der frz. Renaissance (16. Jh.) A-cappella-Hauptform, prägnant deklamiert, mehrstimmigkunstvoll (Ausg. von Attaignant, 1539-49); im 17. u. 18. Jh. nach Stil u. Inhalt leichtgehaltene Ariette; im 19. Jh., bes. als Chansonette, einstimmiges, meist heiter-ausgelassenes, satirisches oder lyrisch-sentimentales Klavierliedchen (auch Kinderlied), doch in der Klein- u. Kammerkunst wieder zu Bedeutung gelangt.

2) in der *Literatur:* ursprünglich im frz. Sprachgebrauch allgemein ein volkstümliches sangbares Lied. Im 17. u. 18. Jh. war das Chanson zum leichten Gesellschaftslied geworden, ging in dieser Bedeutung im 18. Jh. auch in den deutschen Sprachgebrauch über, wurde im 19. Jh. zum politisch-sozialen u. revolutionären Lied und in diesem engeren Sinn wieder volkstümlich (vgl. Béranger). Heute lebt das Chanson im frz. u. deutschen Sprachgebiet fort vor allem als Cabaret-Lied mit heiter-geselliger und satirisch-politisch-sozialer Färbung.

Der Große Herder (Freiburg i. Br. 1953, Spalte 727):
Die Chanson: Im Mittelalter Sammelbezeichnung für weltliche Lieder in frz. Sprache. Im 15. Jh. dreistimmige frz. Lieder mit gemischter Besetzung (Singstimme u. Instrumente), besonders bei höfischer Geselligkeit. Im 16. Jh. zum Chorsatz entwickelt.
Das Chanson: Seit dem 19. Jh. frech-witziges Schlagerlied, seine Sängerin Chansonette.
Der Große Herder (Freiburg i. Br. 1932, 3, Sp. 176):
Das Chanson: einstimmiges Lied, meist heiteren, witzig pointierten oder sentimentalen Inhalts.

Definitionen und Literaturdiskussion

Winkler Prins Encyclopaedie (Amsterdam-Brüssel):
Chanson: (frz. Lied) was oorspronkelijk de naam voor ieder episch of lyrisch gedichtet, dat gezongen kon worden. Thans verstaat men er en gemakkelijk te zingen lied onder, dat de liefde, de wijn of een voorval van de dag behandelt.

Larousse due XXe siècle (Paris 1929, X, 128f.)
chanson f: Pièce de vers, divisée en stances égales, appelées couplets, se terminant en général par un refrain, et qui est destinée à être chantée. (Chanson à boire, – de table, – bachique, – où le vin est célébré, – farcie = en langue vulgaire entremêlée de latin, en faveur au moyen âge, – d'actualité, etc.)
chanson de geste: poème épique du moyen âge, où l'on celebrait les exploits des paladins.
chansonette f: petite chanson sur un sujet (satirique et) léger et gracieux. Chanson burlesque, le plus souvent entrecoupée de morceaux parlés, dans la langue du peuple ou dans un français ridicule attribué à des étrangers. – des chansonnettes de caféconcert.
chansonner: faire une chanson satirique contre quelqu'un.
chansonneur: celui qui chansonne.
chansonnier -ière: personne qui fait, qui chante des chansons.
chanteuse: – des rues, – de l'opéra.

WOLFGANG MÜLLER definiert (99): «*Chanson* – das französische Wort für Lied – bezeichnet als Kabarettbegriff eine gesungene Ballade, die sich im Laufe der kabarettistischen Entwicklung zur Balladenmontage entwickelt. Die Ballade ist im Grunde genommen nichts anderes als eine gereimte Novelle auf engstem Raum. Das Chanson montiert die typischen Situationshöhepunkte der Ballade und verbindet sie durch einen oft moralisierenden Kehrreim. Es montiert dabei gern private, soziale und politische Situationen und ähnelt in dieser Beziehung dem Couplet.» – Meines Erachtens faßt hier Müller den Begriff zu eng. Zwar sagt auch Yvette Guilbert (171, 115): «La chanson n'est rien d'autre qu'un drame condensé.» Doch scheint mir hier nur *ein* Typ des Chansons gekennzeichnet, den es in Frankreich wie in Deutschland gibt: eine Verbindung unserer zweiten Grundhaltung mit dem Refrainbau. Besonders scheint mir Müllers Balladen-Charakteristik zu verwirren. Sein «Balladen-Chanson» würde kaum den Selbstdarstellungstyp (bei uns den ersten) fassen, – schon gar nicht den Meditationstyp (bei uns den dritten).

Definitionen und Literaturdiskussion

WILLI SCHAEFFERS (163): «Das Chanson entwickelt über zwei drei Strophen hindurch eine Handlung, die erst in der letzten Strophe oder im Refrain ihre Auflösung erfährt oder eine Pointe erhält, sei dies nun in witziger, heiterer, humoriger Weise, oder ist es ein ernstes Chanson, so erschüttert es seine Hörer. Es braucht nicht in die Masse zu dringen, wie der Schlager. Tut es das doch, so ist das ein reiner Zufall, oder es hatte eben schlagerähnliche Motive.» – Mit den Maßstäben, die wir uns erarbeitet haben, erkennen wir die Oberflächlichkeit dieser Bestimmung. Erstens braucht das Chanson nicht unbedingt eine *Handlung* zu entfalten, zum anderen ist es ein Unterschied, der die ganze Struktur bestimmt, ob die «Auflösung» oder Pointe in jedem Refrain oder erst am Schluß des Gedichtes kommt.

Die übrigen uns bekannten Beschreibungen des Chansons befassen sich nur mit seinem Inhalt und Gehalt. WALTER WIDMER packt das Thema tiefer an (164): «... Es ist der Hang zum Urgründigen des menschlichen Wesens, zum bloß psychoanalytisch Erfaß- und Deutbaren, das auch im kultiviertesten Geist hin und wieder hochkommt und ihn zwingt, so zu reden, wie ihm der Schnabel gewachsen ist. Lust am Gepfefferten, Starkgewürzten, Drastischen, Pikanten, das Bedürfnis nach einem politischen Ventil, das angreift und zupackt, das aufdeckt und bloßstellt, oft verquickt mit dem volkstümlichen Hang zum Sentimentalen, gefühlvoll Schwärmerischen, zum Gefühlsduseligen – manchmal als Mittel zum Zweck verwendet, – all dies gehört zum Chanson ... Das Chanson wird nicht geschrieben, damit es gelesen wird. Es ist für das Ohr und nicht für das Auge gemacht; es wird (ob improvisiert oder mühsam komponiert) vorgetragen und angehört ... Animieren, aufpeitschen, anklagen, satirisch hernehmen, all dies will das Chanson.»

GÜNTER GRAMM erläutert das Chanson mehr von seinen verwandten Arten her (162): «Ebenso, wie Esprit und Geist manchen Unterschied in der Geisteshaltung der Deutschen und der Franzosen beinhalten, drücken *Chanson* und *Lied* einen zwar verwandten, aber doch wesentlich anderen Begriff im Kulturleben der beiden Nachbarn aus ... Mit dem *Schlager* gemeinsam hat das *Chanson* die Beschwingtheit und seine gewisse Kurzlebigkeit. Der *Schlager* wird mehr von der Musik, besonders vom Rhythmus bestimmt. Das *Chanson* hat sein eigenes Gepräge von der Melodie und vom Wort her und muß daher als eigene Kunstgattung gewertet und anerkannt werden ... Zwischen *Schlager* und *Volkslied* soll das *Chanson* nun seinen Platz finden? ... Als Volkslied ist das Chanson aber haupsächlich deswegen zu bezeichnen, weil

Definitionen und Literaturdiskussion

es in Frankreich eben wahrhaft volkstümlich und in allen sozialen Schichten verbreitet ist.»

Auch diese Beschreibung scheint uns etwas verschwommen. Was ist mit «Beschwingtheit» wirklich gemeint? Zum «eigenen Gepräge des Chansons von der Melodie und vom Wort her» (*und* muß betont werden!) möchten wir hinzufügen: und vor allem von der *mimischen* Gestaltung her. Die Unterschiede zwischen Frankreich und Deutschland sind zu betonen: In Frankreich hat sich das Chanson der Music Hall wesentlich aus dem Volkslied, wozu wir auch die Lieder der Gassen- und Schenkensänger rechnen, entwickelt, - in Deutschland aber aus der Kunstlyrik, die am Anfang des Jahrhunderts in den Bänkelton verfiel. Darum mag unser Chanson oft tiefsinniger und pointierter sein - das französische ist «sangbarer». Das mag auch mit dem Nationalcharakter - falls es den überhaupt gibt - zusammenhängen. Auf ihn zielen die Worte, die ALFRED KERR anläßlich der ersten Gastspiele französischer Chansonniers in München, Berlin und Wien um die Jahrhundertwende fand (4): «Es ruht Einziges, ja Einziges in den Kampfgesängen und Lebensgesängen dieses großen untergehenden Volkes ...» (Damals glaubte man an den Untergang des französischen Volkes, weil die Geburtenziffern bedrohlich gesunken waren und sich auch andere Dekadenzerscheinungen beobachten ließen). «Was an Empörung und was an holder Daseinsseligkeit lebt, das sangen sie. (Schon am Abend. Die Zensur bekommt solche Lieder am Mittag, gibt rasch ihren Spruch. Und um neun, wenn die Laternen brennen, ist es auswendig gelernt.) ... Und in diesen Liedern ist alles, Kot und Glorie: Himmlisches und Niederstes. Mit einem Wort: Menschliches, Menschliches, Menschliches ...»

Typisch für die Vorstellung, die sich der gebildete Laie vom Chanson macht, scheint mir folgende, witzige Definition (179, 75): Wenn man singt «Ich liebe dich!», dann ist das ein Kunstlied (Beethoven oder Grieg). Wenn man singt «Ich bin verliebt!» dann ist das eine Operette (Lehàr). Wenn man singt «Sei lieb zu mir!» dann ist das ein Schlager (Gaze). Wenn man aber singt «Ich bin von Kopf bis Fuß auf Liebe eingestellt!» dann ist das ein Chanson (Hollaender). Das Chanson möchte stets eine Portion frecher sein als Kunstlied oder Schlager. Es hat Ironie! Es zielt nicht nur auf das Herz, sondern auch auf das Gehirn. Es hat eine nadelspitze Pointe und möchte damit ein bissel tiefer bohren. Es wendet sich nicht an das «Menschliche», sondern an das «Allzumenschliche» und gibt sich deshalb mit normalen Lösungen nicht zufrieden. Es hat immer einen gewissen Tick - und der will witzig oder erschütternd sein.

Definitionen und Literaturdiskussion

BÄNKEL

Da man immer wieder geneigt war, den Begriff *Chanson* auf die uns bekannte Refrain-Struktur einzugrenzen, kam man in Verlegenheit um eine Bezeichnung für all die anderen Formen, die im Kabarett vorgetragen wurden, und für den Stil dieses ganzen Genres. So griff man zurück auf die Wortverbindungen mit *Bänkel*: Bänkelton, Bänkellyrik etc. Damit verwirrte sich die Lage vollends, da nun niemand mehr unterscheiden konnte zwischen a) dem ursprünglichen oder naiven Bänkelsang, b) den mannigfachen Arten des stilisierten Bänkelsangs (Salonbänkelsang, Variétébänkelsang) und c) der literarischen Mode, in die ein großer Teil der Lyrik um die Jahrhundertwende verfiel.

Im «Sachwörterbuch der Deutschkunde» (1930) gibt A. SPAMER unter dem Stichwort *Bänkelsang* folgende Auskunft (S. 85):

«... Der seit dem 18. Jh. bezeugte Name, der für die älteren Bezeichnungen (Marktsänger, Gassensänger, Avisensänger) langsam ablöste, erklärt sich aus der Bank, auf der die erklärende Person (heute meist eine Frau) steht, um von ihr aus mit einem Rohrstock die einzelnen Bilder abzudeuten ... Allen Bänkelliedern gemeinsam ist außer der eintönigen und schwermütigen Melodie (dem «Bänkelsängerton») eine bestimmte stoffliche Begrenzung und deren moralische Auswertung. Naturkatastrophen (Feuersbrünste, Hungers-Wassernöte) besonders aber die Schilderung menschlicher Verbrechen und Laster (Dirnenlieder, Zuhälterballaden und Hinrichtungslieder sind solche Grundtypen v. V.) jeder Art bestreiten ihren Motivkreis und dienen zur Abschreckung, zur Aufrüttelung des Gewissens, zur Hinleitung in ein gottergebenes Leben ... Zu Beginn des 18. Jh. muß der Bänkel teilweise schon ein ziemlich tiefstehendes Gewerbe gewesen sein, über das man sich lustig machen konnte ... Die Entdeckung des Bänkelsangs durch die Literatur des späteren 18. Jh. scheint ihm nicht nur neue Romanzen und Liedstoffe zugeführt sondern auch seine moralische Haltung neugestärkt zu haben. Zugleich aber nahm ihn die literarische Parodie in Beschlag, die bis auf unsere Tage den ‹gebildeten› ein völlig falsches Bild seines Wesens vermittelte! ...»

MERKER-STAMMLER (S. 105) erklärt das Wort *Moritat* als gesanglich zerdehnte Form von Mordtat.

ERIC SINGER im Vorwort zu seinem 1920 als Fortsetzung von Bierbaums Anthologie (494) herausgegebenen *Bänkelbuch* (792): «Der Herausgeber ist ... bereit, die Meinung zu verfechten, daß alle von ihm hier gesammelten, an und für sich höchst verschiedenartigen Gedichte das gemeinsame Grundelement dessen enthalten, was er den ‹Bänkel-

Definitionen und Literaturdiskussion

ton in der modernen Lyrik› nennen möchte: er findet diesen Ton in Gedichten, deren wenigstens scheinbar leichte und spielerische Form in ihm die Resonanz von Volksliedern wachruft, deren Strophen irgendwie sangbar, ihrem organischen Aufbau nach improvisiert sein könnten und aus denen er keinerlei störende Nebengeräusche mühseliger Herstellung und beabsichtigter Wirkung heraushört ... Bänkel sind für ihn Gedichte, die nicht durch die Wucht des verarbeiteten Problems, nicht durch ihre pädagogische Perspektive, nicht durch das unduldsame Pathos – etc. – wirken wollen, sondern nur durch die Persönlichkeit des Dichters, der seine eigenen kleinen Angelegenheiten ...»

Diese Ausführungen sind hilflos, wo sie den gemeinsamen Charakter der Gedichte gegen die übrige Lyrik der Zeit abgrenzen wollen, unscharf, wo sie diesen selbst in Worte zu fassen versuchen, – ja stellenweise sogar falsch. Aus vielen Gedichten hört man die «störenden Nebengeräusche» eben doch heraus – und sie haben mit dem echten Volkslied wenig zu tun.

Verwunderlich bleibt die Tatsache, daß man gerade den *Bänkelsang* als Vergleichbares für diese Art Gedichte heranzog: naiv, meist ernst und nie frivol oder gar schlüpfrig (wie das damalige Chanson mit Vorliebe), weitausladend in der Darstellung, überladen mit schwülstigen Reflektionen oder moralischen Nutzanwendungen, in der Erzählhaltung auf einen, unseren zweiten, Grundtypus (mit dem Hinrichtungslied auf zwei, nämlich außerdem den ersten –) ebenso beschränkt wie in der Stoffauswahl und im eintönigen «Leierkasten-Rhythmus»; – Das *Chanson*: vielschichtig, humorvoll, ja voller Ironie und pikanter Pointen, in der Stoffbehandlung kurz und prägnant bis zur Andeutung, meist Reflexion und moralische Nutzanwendung dem Hörer überlassend, reich an verschiedenen Rhythmen durch die Gliederung der Strophe, an Sprachgebärden und Gebärdensprache. Gemeinsam haben sie immerhin den intensiven Hörerkontakt, die Ausrichtung auf das Publikum, beim *Song* sogar in der Funktion des Zeigens, die Aktualität der Aussage.

BRETTL

Brettl aus dem süddeutschen Sprachraum – ebenso wie das wienerische *Werkl* – meint: die Bretter, «die die Welt bedeuten» (Theater) in verkleinerter Ausgabe (das Podium des Kabaretts). Den Ausdruck *Überbrettl* erfand Ernst von Wolzogen für seine Gründung in Berlin. Die Vorsilbe «Über» war damals Mode und geht natürlich auf Nietzsche (Übermensch) zurück

Definitionen und Literaturdiskussion

CABARET

Cabaret: Wirtschaft, Schenke.
Cabaret artistique: Kabarett in unserem Sinn.
Poète cabaretier: Für das Kabarett schreibender Autor.

COUPLET

Über das *Couplet* ist im 1. Exkurs ausführlich gesprochen worden.

KABARETT

Man sollte in Deutschland den Begriff *Kabarett*, wie es schon häufig geschieht, *festen Ensembles* vorbehalten, die ein zusammenhängendes Programm unter einem Leitthema bringen (z. B. «Insulaner», Berlin) – und für alle anderen Unternehmen, die immer andere «solistische» Künstler engagieren die Bezeichnungen *Cabaret, Kleinkunstbühne, Variété* oder *Tingeltangel* gebrauchen.

KEHRREIM / REFRAIN

(669, 98ff.) *Kehrreim* oder *Refrain:* regelmäßige Wiederkehr eines Wortes, einer Redewendung, eines Satzes an den entsprechenden Stellen der Strophen; hat sich aus der wechselseitigen Betätigung von Vorsängern und Umstand entwickelt.

Wir unterscheiden: *Anfangs-, Binnen-* und *Endkehrreim*.

Umfang: Ein Wort bis mehrere Zeilen; beim Couplet selten über zwei Zeilen, beim Chanson (Nelson) oft länger als die Vorstrophe. Es gibt auch den *wachsenden Kehrreim*.

Stellung im Gedichtganzen – in der Regel durchgängig durch das ganze Gedicht – entweder an jedem oder an jedem zweiten Strophenende, oder am Anfang oder *in* der Strophe. – *Periodischer Kehrreim:* Stellung in regelmäßigen Abständen.

Beziehung zwischen Kehrreim und Inhalt der Strophe: *Wortkehrreim* = flüssiger, fester (starrer). *Tonkehrreim* = flüssiger, fester (starrer). *Tonkehrreim* = schallnachahmender (Instrumente, Arbeitsgeräusche, Tiere und Menschen), gefühlsausdrückender (alle Stimmungen).

Zusammenhang zwischen Kern (Vorstrophe) und Kehrreim: *verbunden* (formal oder inhaltlich) – *lose verbunden* (formal oder inhaltlich) – *unverbunden* (Volkslied)

Definitionen und Literaturdiskussion

Zweck und Wirkung des Kehrreims (hierzu bereits S. 26, S. 34f. und Zusammenfassung):

1. Der Kehrreim nimmt teil an den allgemeinen Wirkungen der Wiederholungsfiguren (Gleichführung). Regelmäßiger Wechsel von Altem und Neuem, das Lustvolle aller rhythmischen Regelmäßigkeit. Freude am Klangspiel, am Musikalischen.

2. Er erzielt Einheit, indem er das Mannigfaltige unter einen Gesichtspunkt bringt. Indem er die strophische Gliederung und Sinneinschnitte markiert, schafft er Harmonie und trägt zu klarem Aufbau bei. Oft ist er die Klammer, die das ganze zusammenhält, besonders in Gleichlautstrophen, wo er auch das Disparate zusammenzwingt (Couplet).

3. Er verstärkt den Gesamteindruck, hämmert ein (Summation der Reize): die Stimmung, die allgemeine Gefühlslage, den Hauptgedanken, einen symbolischen Einzelumstand. Bei rhetorischen Dichtern erhält er oft das kräftige Schlagwort.

4. Vom Standpunkt des «Umstandes» dient er zur Abreaktion von angestauten Gefühlen, Äußerungen des Beifalles oder des Abscheus.

5. Wenn der Kehrreim im Gegensatz zum Kern steht, kann er verstärken oder auch widerrufen.

6. In episierenden Gedichten kann der Kehrreim retardieren.

EMIL STAIGER (668) beschreibt gut die musikalischen Wirkungen des Refrains: «Was lyrische Dichtung vor dem Zerfließen bewahrt, ist einzig die Wiederholung.» (S. 27) – «Meist aber, zumal in Volksliedern und volksliedmäßigen Gedichten, fällt er (der Kehrreim) auf durch musikalischere Diktion. Ja, er scheint nicht selten alles Lyrische in sich zu sammeln, während die übrigen Verse mehr zum Epischen oder Dramatischen neigen.» (S. 32) – «Die wechselnden Verse solcher (Kehrreim-)Lieder werden meist in einer mehr rezitativischen Weise vorgetragen, von einem Einzelsänger womöglich, damit die ‹Geschichte› verstanden wird. Beim Kehrreim fallen die Zuhörer ein. Der Gesang schwillt an. Das Musikalische überwiegt die Bedeutung der Worte.» (S. 33) – «..., was der Kehrreim leistet. Der Dichter schlägt die Seite, die unwillkürlich in seinem Herzen erklang, mit Wissen und Willen abermals an und lauscht dem Ton zum zweiten, dritten, vierten und fünften Male nach. Was sich als Sprache von ihm gelöst hat, erzeugt dieselbe Stimmung wieder, ermöglicht eine Rückkehr in den Moment der lyrischen Eingebung. Dazwischen mag er erzählen oder über die Stimmung reflektieren. Das Ganze bleibt doch lyrisch gebunden. Der Kehrreim am Strophenende ist davon (von dem am Anfang) nicht grundsätzlich unterschieden. Das Lyrische wird nur künst-

Definitionen und Literaturdiskussion

lich zurückgestellt, und es ist sinngemäß, wenn der Kehrreim dann in der Überschrift erscheint, wie in ‹Treulieb, Treulieb ist verloren›. Denn damit beginnt es in Wahrheit auch hier. Der Kehrreim ist die musikalische Quelle des ganzen Gedichts.»

SONG

Bemerkenswerterweise ist der *Song* in unserem (Kabarett-) Sinne ebenso wie das *Chanson* in den amerikanischen Lexika überhaupt nicht erwähnt, in den deutschen nur in den neuesten Ausgaben, in den italienischen ebenfalls nicht, dafür in den Schweizer Lexika und im Winkler-Prins.

Es ist bezeichnend, daß das Deutsche die Namen für zwei moderne Schwestern des Liedes von seinen Nachbarländern übernahm, denn es führte gleichzeitig mit den Namen auch den Stil ein, für den diese stehen. Besonders bei Brechts *Songs* ist der Einfluß anglo-amerikanischer *Shanties* und Volksballaden nicht zu übersehen. Die Musik ist vom Jazz beeinflußt. Im ganzen versteht man unter den *Songs* gröbere Gebilde als Chansons, in den zwanziger Jahren mit weltanschaulich «roter» Färbung. Heute hat sich auch dieser Unterschied verwischt, und man spricht bereits von «frechen Songs» in Filmen etc., die weder ein ernsthaftes Anliegen haben noch in der Form den großen Songs von Brecht und Tucholsky ähneln.

VORSTROPHE / VERS

Vorstrophe oder auch *Vers* wird der erste Teil einer Strophe genannt, der dem Refrain, Kehrreim oder Chorus vorausgeht.

Bibliographie der Vortragsgattungen

besonders des deutschen und französischen literarischen
Chansons, des Songs, Couplets und Bänkelsangs
und ihres Podiums,
des künstlerischen Tingeltangels, Cabarets, Kabaretts,
des Variétés, der Music Hall etc.

(Bücher, Dissertationen und Artikel nach Inhalt und Erscheinungsdatum geordnet mit einem alphabetischen Register)

Das literarische Chanson und sein Podium – die Cabarets, Kabarette, Music Halls, kabarettistischen Filme und Rundfunksendungen aller Arten – erfreuen sich des zunehmenden Interesses der Literatur- und Theaterwissenschaften. Das Auffinden der wichtigen Literatur bot bisher besondere Schwierigkeiten, weil es nur relativ wenige Monographien über das Podium und gar keine über das Chanson selbst gibt – dafür aber eine große Zahl verstreuter Bemerkungen zu beiden in Memoiren, Biographien, Theaterbüchern und Zeitschriften.

Diese Bibliographie stellt den ersten Versuch einer Sichtung des gesamten Materials dar und möchte dem Interessierten einen wertenden Überblick geben. Sie strebt für die deutschsprachige Literatur über Chanson und Kabarett Vollständigkeit bis zum Jahre 1963 an. Erinnerungen einzelner Kabarett- und Chansonkünstler sind aufgenommen, soweit sie für die Kabarettgeschichte bedeutsam scheinen. Rezensionen der einzelnen Vortragskünstler konnten nur in Ausnahmefällen berücksichtigt werden. Sie lassen sich in *The Music Index* (*The Key to Current Music Periodical Literature*) bequem unter dem jeweiligen Namen auffinden. Dafür soll durch die Aufnahme von Büchern über verwandte Vortragsgattungen in Auswahl dem vergleichenden Betrachter die Möglichkeit einer ersten Orientierung gegeben werden.

Die auf den ersten Blick vielleicht verwirrende Gliederung der Bibliographie wird jedem eine Hilfe sein, der sie zu nutzen versteht. (Das Register am Schluß ermöglicht auch ein schnelles Auffinden unter alphabetischen Gesichtspunkten.) Sie soll – zusammen mit den Hinweisen in Klammern und den Sternchen (*) – dem Benutzer Aufschlüsse über Art und Ergiebigkeit der Werke vermitteln und ihm das langwierige Suchen durch den Leihverkehr ersparen, wo dieses nicht wirklich notwendig ist.

Bibliographie der Vortragsgattungen

Bei vielen Werken, wo es durch den Titel nicht ohnehin klar wird, deuten Stichworte in Klammern an, wovon sie handeln. Die Anzahl der Sternchen entspricht der Wichtigkeit für das Thema (Lit. Chanson in Deutschland). Diese Bewertung ist natürlich subjektiv und nur als Hinweis gedacht. Sie erfaßt nur die Werke, die der Verf. einsehen konnte.

Es wird durchnumeriert. Wo ein Titel nochmals in Frage kommt, wird auf die laufende Nummer verwiesen.

Die Bibliographie besteht aus zwei Hauptteilen: der erste und wichtigere erfaßt vor allem die beschreibende Literatur, der zweite die Texte von Chansons.

Im ersten Teil wird zunächst nach dem Geltungsbereich der Schriften für verschiedene Sprachräume geordnet: Die unter I gesammelten sprechen von Kabarett und Chanson im allgemeinen oder in Frankreich *und* Deutschland und anderen Ländern. Unter II wird von den gleichen Dingen, jedoch *nur in Frankreich* und unter III ebenfalls *nur in Deutschland, der Schweiz und Österreich* gesprochen.

Unter IV wird auf Randgebiete des Chansons – andere Vortragsgattungen, mit denen sich der Vergleich lohnt – kurz verwiesen.

Die Abschnitte I, II und III sind völlig gleichartig – nach dem Prinzip: vom Allgemeinen zum Besonderen – gegliedert: Unter 1 wird jeweils Literatur zusammengefaßt, die *indirekt* das Kabarett oder das Chanson (oder beides) behandelt, – unter 2 Literatur, die *direkt* das Kabarett und *indirekt* das Chanson betrifft, – und schließlich unter 3 alles, was *direkt* zum Chanson, dem Zentrum dieser Bibliographie, geschrieben wurde.

Unter A erscheint immer deutsch-sprachige, unter B französisch-sprachige, unter C englisch-sprachige und unter D anders-sprachige Literatur (ital., russ. poln. etc.).

Zuerst werden Bücher und Dissertationen aufgeführt (a), dann Artikel in Zeitschriften, Zeitungen, Sammelwerken etc. (b), schließlich Zeitschriften selbst (c) und in Kap. IV auch Editionen (d). Diese Chiffrierung wird durchgehalten, auch dort, wo unter den einzelnen Kategorien noch keine Veröffentlichungen nachgewiesen werden können.

Innerhalb dieser Gruppen wird in der Regel – mit Ausnahme von IV, wo es sinnlos wäre (Auswahl), – nach Erscheinungsjahr geordnet und erst danach alphabetisch. So kann das Interesse an Chanson und Cabaret mit Vorsicht (Weltkriege) an der Zahl der Veröffentlichungen abgelesen werden.

Diese Bibliographie folgt in ihrem ersten und wichtigsten Teil also

Bibliographie der Vortragsgattungen

zuerst einem sachlichen Ordnungsprinzip, dann dem chronologischen und zum Schluß – ergänzt durch das Register – dem alphabetischen.

Der zweite Teil (Chansontexte) brauchte nur nach den Sprachen der Texte gegliedert zu werden (A = deutsch, B = französisch) und nach der Art der Bücher (a–d).

So sind z. B. für den an deutscher Kabarettgeschichte Interessierten die wichtigsten Abschnitte I, 2, A und III, 2, A – oder für den das französische Chanson Studierenden II, A–B und die Texte unter B, a–d. Letzterer aber wird sicher auch das französische Volkslied vergleichend in seine Betrachtung einbeziehen (IV, 2, A–B) – und wenn er an einem bestimmten Autor interessiert ist – findet er im Register Verweise auf alle entsprechenden Nummern dieser Bibliographie.

Es wird empfohlen, immer zuerst das Register zu befragen.

Beim Umfang dieser Bibliographie mußte als Grundprinzip gelten: so kurz wie möglich. Aus diesem Grunde wurde im allgemeinen auf Verlagsnennung verzichtet; Verlage sind nur dort erwähnt, wo infolge Fehlens anderer Angaben die Verlagsangabe dem Suchenden nützlich sein kann. Wo Erscheinungsjahr und -ort nicht genannt sind, konnten diese nicht ermittelt werden. Lange Zeitschriftennamen wurden häufig durch die Dietrich-Signatur (Internationale Bibliographie der Zeitschriftenliteratur, Leipzig/Osnabrück 1896 ff.) ersetzt (z. B. *D 1402 = Artista Rundschau*).

ERSTER TEIL

I/1/A/a Deutschsprachige Bücher und Dissertationen, die indirekt Kabarett und (oder) Chanson allgemein oder in Frankreich und Deutschland betreffen:

1 Schubert, F. L.: *Die Tanzmusik*. Leipzig 1867*
2 Reich, Hermann: *Der Mimus*. Berlin 1903**
3 Mönkeberg, Adolf: *Die Stellung der Spielleute im Mittelalter*. Diss. Freiburg 1910
4 Kerr, Alfred: *Die Welt im Drama*. (Bd. IV *Brettl*, frz. und dt.). Berlin 1917*
5 – *Ges. Schriften* (frz. Chanson, Gastspiele der Guilbert). Berlin 1917*
6 Schidrowitz, Leo (Hrsg.): *Sittengeschichte des Theaters*. Wien, Leipzig 1925
7 Bab, Julius: *Schauspieler und Schauspielerkunst* (über Yvette Guilbert). Berlin 1926*

Bibliographie der Vortragsgattungen

8 – *Das Theater der Gegenwart* (Yvette Guilbert). Leipzig 1928**
9 Guilbert, Yvette: *Lied meines Lebens*. Berlin 1928*
10 Gregor, Josef: *Weltgeschichte des Theaters*. München 1944
11 Prévot, René: *Seliger Zweiklang, Schwabing Montmartre*. (Chat Noir, Simpl, Cabaret allgemein) München 1946**
12 Chevalier, Maurice: *Mein Weg und meine Lieder*. Wien 1948
13 Mistinguette: *Mein ganzes Leben*. Zürich o. J.
14 Ewen, Dawid: *George Gershwin, Leben und Werk*. (Meister der leichten Musik 1) Zürich, Leipzig 1954
15 Melchinger, Siegfrid / Jäggi: *Harlekin*. Basel 1959
16 Geiler, Voli / Morath, Walter *2 Schauspieler*. Basel 1960
17 Chevalier, Maurice: *Chanson meines Lebens* (*C'est l'amour*). (Übertr. Irene Müller) Bern, Wien 1961

I/1/A/b   Artikel

18 Suhr W.: *Größen der Kleinkunst* (Reclams Universum, 56. Jg., Nr. 24) Leipzig o. J.
19 Ricaumont, Jaques de: «Marianne Oswald» (D. 6119k, 4. Jg., S. 506–9) 1949
20 Jungk, Klaus: «Religiöse Lieder – religöse Songs» (D. 10330, 28. Jg., S. 69–73) 1958
21 Erley, Fritz: «Das Neueste von gestern, Chansons von damals und Stars von einst» (D. 13120, Nr. 16, S. 9) 1962

I/1/A/c   Zeitschriften

22 *Bühne und Welt*. Zeitschrift für Theaterwesen, Literatur und Musik (Jg. 3–4). Berlin 1900–04
23 *Pariser Magazin*. Internationale Revue der Film-, Bühnen-, Cabaret-Stars
24 *Das Programm*. Fachzeitschrift der internationalen Artistenloge

I/1/B/a   Französischsprachige Bücher und Dissertationen, die indirekt Kabarett und (oder) Chanson allgemein oder in Frankreich und Deutschland betreffen:

25 Villard, Jean (Gilles): *La chanson, le théâtre et la vie*. Genf 1944
26 – *Mon Demi-Siècle*.
27 Chevalier, Maurice: *Ma route et mes chansons* (1. *La Louque*, 2. *Londres, Hollywood, Paris*, 3. *Tempes grises*, 4. *Par-ci, par-là*). Paris 1946–50
28 Held, Anna: *Mémoires inédits*. Paris 1954

Bibliographie der Vortragsgattungen

29 Evreinoff, N.: *Sul Krivoa zerkalo*. (Histoire du théatre russe; Rußland) Paris 1947

I/1/B/b und c   Artikel und Zeitschriften (entfällt)

I/1/C/a   Englischsprachige Bücher und Dissertationen, die indirekt Kabarett und (oder) Chanson allgemein, in England, USA oder in Frankreich und Deutschland betreffen:

30 Dibdin, T. J.: *Reminiscences*. London 1827
31 Angelo, H. Charles W.: *Reminiscenses*. London 1828
32 Hibbert, H. G.: *Fifty Years of A Londoners Life*. 1916
33 Sims, G. R.: *My Life*. Nash 1917
34 Rendle, T. McDonald: *Swings and Roundabouts*. Chapman 1919
35 Hibbert, G. H.: *A Playgoer's Memories*. Grant R. 1920
36 Chancellor, Beresford, E.: *The Pleasure Haunts of London During Four Centuries*. Constable 1925
37 Burke, Thomas: *London in My Time*. London 1934
38 Disher, M. Willson: *Winkles and Champagne*. London 1938
39 Burke, Thomas: *English Night Life*. London 1943
40 Short, Ernest: *Fifty Years of Vaudeville*. Eyre a. S. 1946
41 Macqueen-Pope, W.: *Twenty Shillings in The Pound*. London 1948
42 Chevalier, M.: *The Man in the Straw Hat, My Story*. New York 1949
43 Ferguson, Sir Louis: *Old-time Music-hall Comedians*. (80er, 90er Jahre, viele Lieder:) Privately printed 1949*
44 Wilson, A. E.: *Robey George, Leben*. (Fotos:)* o. J. u. Ort
45 Ewen, David: *The Story of Irving* Berlin, New York 1950
46 Macqueen-Pope, W.: *The Melodies Linger on, Monumental Story of The Music-Hall*. Allen 1950
47 Burton, Jack: *Blue Book of Tin Pan Alley*. (Anth. of popul. music). New York 1951*
48 – *Blue Books of Musicals*. New York 1952
49 – *Blue Book of Broadway Musicals*. New York 1952*
50 – *Blue Book of Hollywood Musicals*. New York o. J.
51 Ivamy, E. E. R. H.: *Show Business and The Law*. London 1955
52 Rodgers/Hammerstein/Taylor Deams: *Some Enchanted Evenings The Story of R. and H*. London 1955
53 Hammerstein, J./Sheean, J. V.: *The Amazing Oscar Hammerstein. Life and Exploits of an Impresario*. London 1956
54 Ewen, David: *Richard Rodgers*. New York 1957
55 – *Panorama of American Popular Music*. New York 1957*

Bibliographie der Vortragsgattungen

56 Burton, Jack: *The Index of American Popular Music*. (Bibliographie). New York 1957
57 Korb, Arthur: *How to Write Songs thats Sell*. Boston 1957
58 Ewen, David: *Complete Book of the American Musical Theatre*. New York 1958
59 Emurian, E. K.: *Living Stories of Favorite Songs*. Boston 1958
60 Meyer, Hazel: *The Gold in Tin Pan Alley*. Philad. 1958
61 Montgomery, E. R.: *The Story behind Popular Songs* (illustr.) NY 1958
62 Stormen, Win: *Your Guide to Playing and Writing Popular Music* (illustr.). NY 1958
63 Buchanan, F. R.: *How Man Made Music* (illustr). Chicago 1959
64 Gershwin, Ira (Hrsg.): *Lyrics on Several Occasions, a Selection of Stage and Screen Lyrics*. NY 1959
65 Marcuse, M. F.: *Tin Pan Alley in Gaslight, a Saga of the Songs that Made the Gray Nineties «gay»*. NY 1959
66 Fuld, J. C.: *American popular Music 1875–1950* (reference book). Philad. 1955
67 Chevalier, M.: *I've Been Lucky*. London 1962
(Die Nummern 30 bis 44 beziehen sich hauptsächlich auf die engl. Music-hall, die folgenden bis 66 auf die amerikanische populäre Musik.)

I/1/C/b   Artikel

68 Cherry Gwendolyn u. a.: «*Portraits in Colour*», S. 100–4 = *Eartha Kitt*). NY 1962
69 Coleman, R.: «*What it's Like to Work with Sinatra*», in: *Melodie. Maker* 37:10. 23. Juni, 1962

I/1/D/a   Anderssprachige Bücher und Dissertationen, die indirekt Kabarett und (oder) Chanson allgemein betreffen:

70 Famicyn, A. S.: *Skoromochi v. Staroj Rossij* (Buffoni nella Vecchia Russia, Rußland). Petersburg 1889
71 Jarro (Giullio Piccini): *Attori cantanti concertisti acrobati*. Florenz 1908
72 Bragaglia, A. G.: *Il teatro della rivoluzione*. Rom 1929
73 Cangiullo, F.: *Le serate futuristé*. Neapel 1930
74 Petrolini, E.: *Gastone*. Bologna 1932
75 Maldacea, N.: *Memorie*. Neapel 1933

Bibliographie der Vortragsgattungen

76 Cavalieri, C.: *Ce mie verità*. Rom 1936
77 Utesov, L.: *Akterskie zapiski* (Schauspielermemoiren). Moskau, Leningrad 1939
78 Ripellino, A. M.: *Poesia russa del Novecento*. Parma 1954
79 Stichting: *Onze lichte Muziek*. Amsterdam 1954
80 Zuniga, Angel: *Una historia de couplé*. Barcelona 1954
(Die vorstehenden Nummern gehen meistens auf das komische Theater und das «Café Concert» der verschiedenen Länder ein. Dabei werden kabarettähnliche Erscheinungen besprochen. Aus dem Titel und Erscheinungsort ist zu ersehen, von welchem Lande die Rede ist.)

I/1/D/b Artikel

81 Jarro: «Vita di L. Fregoli», in: *Il naso di Ermate Novelli*. Florenz 1900

I/2/A/a Deutschsprachige Bücher und Dissertationen, die direkt das Kabarett und indirekt das Chanson, allgemein oder in Frankreich und Deutschland betreffen:

82 Bahr, Hermann: *Zur Kritik der Moderne* (S. 188 ff. Au Chat Noir). Zürich 1890*
83 Moeller van den Bruck, Arthur: *Das Variété*. Berlin 1902*
84 Ewers, Hans Heinz: *Das Cabaret*. (= Das Theater Bd. 11). Berlin, Leipzig 1904****
85 Schumann, Werner: *Unsterbliches Kabarett* (Yvette Guilbert u. v. a.). Hannover 1948***
86 Müller, Carl Wolfgang: *Narren, Henker, Komödianten* (Bildmaterial, Definitionen, Geschichte) Bonn. 1956***
87 Budzinski, Klaus: *Die Muse mit der scharfen Zunge* (beste dt.-spr. K-Geschichte). München 1961****

I/2/A/b Artikel

88 Schmiedel, H. P. «Die szen. Kunst der Kabarettbühne» (D. 377d, S. 117–20 oder D. 1235f, VII, S. 125). 1926
89 Aimot, J. M.: «Variété, Kabarett und Zirkus» (D. 1271b, 947–51)
90 Breuhaus, Fr. Aug.: «Kabaretts und Tanzpaläste» (Dekoration) (D. 785, 75–81)
91 Günther, I.: «Kabarett» (D. 4776, 329–33)

Bibliographie der Vortragsgattungen

92 Hiegel, Pierre: «Madame, la chanson» (Dionysos Nr. 9, S. 24). 1948
93 Jaesrich, H.: «Einige Worte über das Kabarett» (D. 11525, 2 J., N. 11, S. 13). 1948
94 Neumann, Günter: «Vorlesung über das Kabarett» (*Dionysos*, D. 3660, 2. J., Nr. 3, S. 20–29). Berlin 1948
95 Vaucher, C. F.: «Cabaret Voly Geiler, Walter Morath» (D. 9101, 1. J., H. 2). 1954
96 Anon.: «Sowjet Union, Gewagte Pointen» (D. 13199, 8. J. N. 28, S. 33). 1954
97 Pirner, Otto: «Apropos Kabarett». (D. 7592, 5. J., S. 17) 1957
98 Anon.: «75 Jahre Kabarett», in: *Das Schönste*, H. 2, Februar, S. 16–21 (viele Bilder!). 1957*
99 Müller, Carl Wolfgang: «Die Anfänge des politischen Kabaretts» (D. 11379, 3. J., S. 204–15). 1958
100 Martini, Fritz: «Kabarett», in: *Reallex. d. dt. Lit.geschichte*, 2 A., 1958, Bd. I, 798–803**
101 Finck, Werner/Budzinski, Klaus: «Was ist eigentlich Kabarett» (*Musica*, D. 10312, 4. J., H. 6, S. 127). 1961*

I/2/B/a Französischsprachige Bücher und Dissertationen, die direkt das Kabarett und indirekt das Chanson allgemein oder in Frankreich und Deutschland, (England) betreffen:

102 Fréjavill, G.: *Au Music Hall*. Paris 1922
103 Bizet, R.: *L'époque du Music Hall*. Paris 1926
104 Leon, L./Martin: *Le music-hall et ses figures*. Paris 1928
105 Roubaud, L.: *Music-Hall*. Paris 1929
106 *Le cirque et le music-hall*. Paris 1931
107 Charles, Jaques: «Naissance du Music Hall» in: *Les Oeuvres Libres*. Paris 1952
108 *Académie du cirque et du music-hall. Histoire du music-hall*. Paris 1954
109 Charles, Jaques: *Cent ans de music-hall, Histoire générale en Gr. Bre, France, USA*. (Fotos! Sophie Tucker! gut lesbar) Genf, Paris 1955
110 Beaud/Bost P./Baze R./Brayer Y. et coll.: *Histoire du Music Hall*. Paris

I/2/B/b Artikel (entfällt)

I/2/C/a Englischsprachige Bücher und Dissertationen, die

Bibliographie der Vortragsgattungen

direkt das Kabarett und indirekt das Chanson, allgemein oder in Frankreich und Deutschland (England), betreffen:

111 Dibdin, C.: *Professional Life*. London 1803
112 Sale, G. A.: *Twice Round the Clock*. London 1859
113 Fitzgerald, P.: *Music Hall Land*. London 1890
114 Wheatley, H. B.: *London Past and Present*. London 1891
115 Wroth, W.: *The London Pleasure Gardens of the XVIII Century*. London 1896
116 – *Cremorne and the Later London Garden*. London 1907
117 Anon: *Views of Pleasure Gardens of London* London. 1896
118 Cochran, C.: *The Secret of a Showman*. London 1925
119 – *Review of Revues*. London 1930
120 – *Showman looks on*. London 1945
121 Booth, J. B.: *Old Pink' Un Days*. London 1924
122 Chancellor, E. B.: *The Pleasure Haunts of London During Four Centuries*. London 1925
123 Watson, B.: *Sheridan to Robertson*. Cambridge 1926
124 Desmond, S.: *London Nights of Long Ago*. London 1927
125 Astre, A.: «Cabarets littéraires et artistiques», in: *Les spectacles à travers les âges*. Paris 1931
126 Booth, J. B.: *The Days We Knew*. London 1943
127 Cleaves, J.: *The Theatre through the Ages*. London 1946
128 Munoz, Matilde: *Historia de la zarzuela y el génere chico* (Coleccion Historia y Biografia) (Spanien, Bilder!). Madrid 1946*
129 Sands, M.: *Invitation to Ranelagh*. London 1946
130 Scott, Harold: *The Early Doors, History of the Music Halls* (Bibliographie!). London 1946 *
131 Scott, W. S.: *Bygone Pleasures of London*. London 1948
132 Disher, M. W.: *Pleasures of London*. London 1950
133 Pulling, Christopher: *They Were Singing. And What They Sang About.* (Geistesgeschichte des engl. Songs, Register von Interpreten, Autoren und Liedern). London 1952***
134 Barker, R. F. R.: *The House, that Stoll Built. Story of Collosseum Theatre, London*. London 1957
135 Famsworth: *The Ziegfeld-Follies*. 1958

I/2/C/b   Artikel

136 Cabot, T.: «*Music to Eat by*» (*Cabaret Music*) (Mus. J. 21:50, Febr. 1963)

Bibliographie der Vortragsgattungen

I/2/D/a Anderssprachige Bücher und Dissertationen, die direkt das Kabarett und indirekt das Chanson, allgemein oder in Frankreich und Deutschland zusammen oder in anderen Ländern, betreffen:

137 Morini, A.: *Il teatro di varietà in Italia*. Florenz 1901
138 Jarro: *Viaggio umoristico nei teatri*. Florenz 1908
139 Bass, E.: *Jak se dela kaberet?* Prag 1917
140 Efros, N.: *Letucaja Mys (Il Pipistrello* Petersburg). 1918
141 Letucaja Mys: *N. E. Efros Teatr «Cetucaja Mys': Obzor desjatiletnej chudozestvennoj raboty pervago russkago teatra kabare (1908–18)*. Moskau 1918
142 Visser, Edmond: *Het Nederland. Cabaret.* (Holland) 1920
143 Znosko-Borovskij, A. (Hrsg.): *Ruskij teatr nacala XX veka* (Rußland). Prag 1925
144 Albom Sinjaja: *Bluza SSSR = Album «Die blaue Bluse» UDSSR* «Trud i Knija» (Fotos). Moskau 1928
145 Viviani, R.: *Dalla vita alle szene*. Bologna 1928
146 Voskresenskij, S. A./Pando, M. (Hrsg.): *Estrada (Il teatro di varietà)*. Moskau-Leningrad 1928
147 Livsic, B.: *Sul Brodjacaja sobaka Polutoraglaz yj strelu* (Rußland). Leningrad 1933
148 Cangiullo, F.: *Le novelle de varietà*. Neapel 1938
149 – *Caffeconcerto*. Mailand
150 De Angelis, R.: *Caffeconcerto*. Mailand 1940
151 – *Storia del café-chantant*. Mailand 1946
152 Boy-Zelenski: *Znasz-li ten kraj?* Warschau 1946
153 Rano, Luciano: *Storia del varietà*. Milano 1956
154 Kusnecov, Evgenij: *Aus der Vergangenheit der russ. Kleinkunstbühne* (Russ). Moskau 1958

I/2/D/b Artikel

155 Bass, E.: «Malé sceny» in: *Nové ceské divadlo* (tschech.). Prag 1928–29
156 Cerveny, J.: «Cervena Sedma», in: *Cesky zivot, Nr. 3*. Prag 1948
157 *Enciclopedia dello Spettacolo*. Bd. II Artikel *Cabaret*, Sp. 1429–40, Artikel *Café concerto* Sp. 1463–65, Bd. IX Artikel *Varieta* Sp. 1439–56 (Literatur). Roma 1954***
158 Pandolfi, V.: «I cabarets», in *Spettacolo del secolo* p. 325 ff. Pisa 1953
159 Viviani, R.: «Eden Teatro e la Bohême dei comici», in: *Teatro*, I. Turin 1957

Bibliographie der Vortragsgattungen

I/3/A/a Deutschsprachige Bücher und Dissertationen, die direkt das literarische Chanson, allgemein oder in Frankreich und Deutschland, betreffen:

160 Ruttkowski, Wolfgang: *Das literarische Chanson in Deutschland.* Diss. McGill. Montreal 1965

I/3/A/b Artikel

161 Anon.: «Kleine Anleitung zum Chanson-Singen», in: *Vier Viertel* (D. 15081, 2. J., Nr. 13 S. 5). Berlin 1948
162 Gramm, Günter: «Das Chanson», in: *Neuphilol. Ztschr.* (D. 18049, 3. J., S. 326). Berlin 1951**
163 Schaeffers, Willi: «Was ist ein Chanson?», in: *Musik und Dichtung* (D. 10324, S. 326–31). Berlin 1951***
164 Widmer, W.: «Volkssprache: Chanson», in: *Musik und Dichtung* (D. 10324, D. 152). Berlin 1953 **
165 Althaus, P. P.: «Das Chanson und der Bourgeois» (ebenda, S. 154)**
166 Barlatier, Pierre: «Vom Lied zum Chanson», in: *Antares* (D. 716p, 4. J., N. 1, S. 43–50). Baden-B. 1956 *
167 Martini, Fritz: «Chanson» in: *Reallex. d. dt. Lit.geschichte* 2. A., I, 205–7). 1956 ***
168 Weinrich, Harald: «Interpretation eines Chansons und seiner Gattung» (D. 13250, N. F., H. 4, S. 153–67) in: *Die Neueren Sprachen.* 1960 ***
169 Ruttkowski, Wolfgang: «Reflexion über das literarische Chanson», in: *Neue Deutsche Hefte,* Nr. 91, Jan. 1963 und in: *Welt und Wort,* Febr. 1963
170 – «Das literarische Chanson sprechkundlich interpretiert», in: *Neue Deutsche Hefte* Nr. 101. 1964

I/3/B/a Französischsprachige Bücher und Dissertationen, die direkt das literarische Chanson, allgemein oder in Frankreich und Deutschland, betreffen:

171 Guilbert, Yvette: *L'Art de chanter une Chanson* (Beste Darst. d. Technik, Texte, Fotos). Paris 1928*****
engl. «How to sing a song» New York 1918

I/3/B/b Artikel   (entfällt)

I/3/C/a Anderssprachige Bücher etc. (s. o.!)

Bibliographie der Vortragsgattungen

172 Engel, Lyle, Kenyon: *Popular record directory*, Greenwich, Conn. 1958 (US-Discographie).

I/3/C/b bis I/3/D/b   (entfällt)

II/1/A/a   Deutschsprachige Bücher und Dissertationen, die indirekt Kabarett und (oder) Chanson in Frankreich betreffen:

173 Salis, Rodolphe: *Chat Noir-Geschichten*
174 Klossowsky, Erich: *Die Maler vom Montmartre*. Reihe «Die Kunst» 15 (Y. Guilbert, S. 50f.). Berlin 1903 ***
175 Gumppenberg, Hans von: *Lebenserinnerungen, Aus dem Nachlaß* (Brettl in München). Berlin, Zürich 1929***
176 Chevalier, M.: *Mein Weg und meine Lieder*. Wien 1948 *
177 Guilbert, Yvette: *Mir sang die Erde*. Düsseldorf 1950 *
178 Dorgeles, Roland: *Geschichten vom Montmartre*. Stuttgart 1952
179 Haas, Walter: *Das Schlagerbuch, Vom Minnesang zum Rock'n Roll*. München 1955***
180 Montand, Yves: *Den Kopf voll Sonne*. Berlin(-Ost) 1957
181 Frasnay/Brusse: *Paris – oh! la! la! Ein Bummel durch die Nachtlokale*. Rüschlikon 1958
182 Robert, Jaques: *Paris bei Nacht* (Fotos). Bonn 1958
183 Toulouse-Lautrec, H. de: «Moulin Rouge und Kabaretts», in: *Kl. Encycl. d. Kunst* 16, 1958
184 Voss, C. D.: *Künstler der Schallplatte*, Bd. 1. 1961, *Bildband für Schlagerfreunde*

II/1/A/b   Artikel   (entfällt)

II/1/B/a   Französischsprachige Bücher und Dissertationen, die indirekt Kabarett und (oder) Chanson in Frankreich betreffen:

185 Goudeau, Emile: *10 ans de Bohême*. Paris 1888
186 Geoffroy, Gustave (Hrsg.): *Yvette Guilbert, 16 Lithographien von Toulouse-Lautrec* (100 signierte Exempl.). Paris 1894
187 Guilbert, Yvette: *La Vedette*. Paris 1902
188 – *Les Demi-Vieilles*. Paris 1905
189 Montorgueil, G.: *Le vieux Montmartre* (alte Stiche: Chat Noir etc.). Paris 1925*
190 Carco, F.: *Scènes de la vie de Montmartre*. 1919
191 Donnay, Maurice: *Autour du Chat Noir*. Paris 1926

Bibliographie der Vortragsgattungen

192 Guilbert, Yvette: *La Chanson de ma vie*. Paris 1927 dt. *Lied meines Lebens*. Berlin 1928
193 – *La passante émerveillée*. 1928
194 Baker/Sauvage, M.: *Les mémoires de Joséphine Baker*. Paris dt. München 1928
195 Bayard, Jean Emile: *Montmartre, Hier et Aujourd'hui*. Paris 1925
196 Fursy: *Mon petit bonhomme de chemin*. Paris 1928
197 Donnay, M.: *Mes souvenirs*. Paris 1933
198 Bonnaud, D./Hyspa, V. u.a.: *L'esprit montmarteois, interviews et souvenirs*. Rom 1938
199 Adrian, P.: *Souvenirs des frères Isola*. Paris 1943
200 Villard, Jean (Gilles): *La chanson, le théatre et la vie*. Lausanne 1944
201 Willemetz, A.: *Maurice Chevalier, Notice biogr.* Genf
202 Guilbert, Y.: *Autres Temps – autres chants*. 1945 *
203 Cocteau, Jean: *Le Foyer des Artistes* (Chevalier, Trenet, Piaf u.a.). Paris 1947
204 Warnod, André: *Ceux de la Butte, Histoire des grands artistes*, Bd. 1. Paris 1947
205 Colette: *Wir Komödianten vom Varieté* (*L'envers du Music Hall*). Paris 1931, Wien 1952 auch in: *Oeuvres completes*, Paris 1949–50
206 Chevalier, M.: *Ma route et mes chansons*, 6 Bde. 1. *La Louque*, 2. *Londres-Hollywood-Paris*, 3. *Tempes grises*, 4. *Par-ci, Par-là*, 5. *Y a tant d'Amour*, 6. *Noces d'Or*. Paris 1950–54
207 Bertraud, J.: *Les belles nuits de Paris*. Paris 1954
208 Moulin, Jean Pierre: *J'aime le Music Hall*. (atmosphärische Fotos der Chansonniers). Lausanne **
209 Cezan, Claude: *Le grenier de Toulouse tel que je l'ai vu* (Préface de J. L. Barrault). Toulouse
210 Rivollet, André: *Maurice Chevalier* (de Menilmontant au Casino de Paris). Paris 1927
211 Trenet/Andry. M.: «Charles Trenet», in: *Coll. Masques et visages*
212 Carco, Francis: *La belle époque au temps de Bruant*. Paris 1954
213 Derval, Paul: *Folies-Bergères*, Mémoires du Directeur, Préf. de Chevalier. Paris, Bonn 1955
214 Des Aulnoyes, François: *Histoire et philosophie du Strip-Tease, Essai sur l'érotisme au Music Hall*. Paris 1957
215 *Histoire de la France par la Chanson*, 7 Bde. Paris 1961

II/1/B/b Artikel

216 Anon.: «Les chanteurs de Paris» in: *Variety* (217:74, Jan. 20, 1960)

Bibliographie der Vortragsgattungen

II/1/C/a   Englischsprachige Bücher etc. (s. o.!)

217 Byl, Arthur (Hrsg.): *Yvette Guilbert*, 8 Lithographien von T. Lautrec, (handsigniert). London 1898

II/1/B/b bis II/1/D/b   (entfällt)

II/2/A/a   Deutschsprachige Bücher und Dissertationen, direkt Kabarett und indirekt Chanson in Frankreich betreffend:
Vgl. Nr. 174, 86, 87, 85, 84,

II/2/A/b   Artikel

218 Gennrich, Fritz: «Chansonniers von 1870–1900» (D. 1371, S. 125–43)
219 Anon.: «Yvette Guilbert», in: *Opernwelt*, Heft 5, 1961

II/2/B/a   Französischsprachige Bücher und Dissertationen, die direkt das Kabarett und indirekt das Chanson in Frankreich betreffen:

220 Valbel, Horace: *Les chansonniers et les cabarets artistiques de Paris.* Paris 1895
221 Lemaitre, Jules (Hrsg.): *Les gaités du Chat Noir.* Paris (um 1900)
222 Warnod, A.: *Bals, café et cabaret.* Paris 1913
223 Carco, F.: *Les Veillées du «Lapin Agile».* Paris 1919
224 Fréjavill, G.: *Au Music-Hall.* Paris 1923
225 Colette: *L'envers du Music-Hall.* Paris 1925
226 Verne. M.: *Aux Usines du Plaisir.* Paris 1929
227 – *Musée de volupté.* Paris 1930
228 Charles, Jaques: *De Gaby Deslys a Mistinguette.* Paris 1933
229 Millandy, G.: *Lorsque tout est fini, souvenirs d'un chansonnier du Quartier Latin.* Paris 1933
230 Donnay, M.: *Mes débuts à Paris.* Paris 1937
230a Casteras de, Raymond: *Avant le Chat Noir Les Hydropathes (1878–80).* Paris 1945 **
231 Romi: *Petite histoire de cafés-concerts parisiens.* Paris 1950
232 Derval, Paul: *Folies-Bergères.* (vgl. Nr. 213)
233 Halimi, André: *On connait la chanson* (Préf. de Georges Brassens et Guy Béart). Paris 1960
234 Bercy, Anne de/Ziwes, A.: *A Montmartre ... le soir, Cabarets et chansonniers d'hier.* Paris

Bibliographie der Vortragsgattungen

II/2/B/b   Artikel

235 P. Larousse: *Grand dictionnaire universel du XIXes:* Art. «Café chantant» où «Café Concert» Bd. III. Paris 1867

II/2/B/c   Zeitschriften

236 Rodolphe Salis (Hrsg.): *Le Chat Noir* (= *Wochenschrift* des *Cabarets*). Paris 1882–97
237 Bruant, Aristide (Hrsg.): *Le Mirliton* (= Wochenschrift des gleichn. Cabarets). Paris (ca. 1897)
238 *Music Hall, Mensuel* (Einzige Fachzeitschr. f. Chanson und Cabaret und Film). Paris, seit 1955

II/2/C/a bis II/2/D/a   (entfällt)

II/2/D/b   Anderssprachige ... Artikel

239 Donnay, M.: «Par le ombre cinesi alle Chat noir», in: *Cuenca*, I, p. 47ff. und in: *Sadoul*, I, p. 224ff

II/3/A/a   Deutschsprachige Bücher und Dissertationen, die direkt das Chanson in Frankreich betreffen:

240 Roey, Johann de: *Pater Duval und das religiöse Chanson* (aus d. Fläm. übertr. G. Hermanowski). München 1961

II/3/A/b   Artikel

241 Barjon, Louis: «Das frz. Chanson – ein Spiegel unserer Zeit» (D. 3683, 14. J., S. 27–40). 1958
242 Geitel, K.: «Ein Chanson aus Paris» (D. 4755u, 5. J., Nr. 1, S. 30–31). 1960

II/3/B/a   Französischsprachige Bücher und Dissertationen, die direkt das Chanson in Frankreich betreffen:

243 Charpentreau, Simone: *Veillées en Chansons; des disques et des thèmes* (frz. Diskographie) Paris 1958
244 Barjon, Louis: *La chanson d'aujourhui, sélection et discographie par Jaques Mignon*. Paris 1959
245 Barlatier, Pierre: *Regards neufs sur la chanson*. Paris 1954
246 Lefèvre, Maurice: *Gestes de la chanson*. Paris

II/3/B/b   Artikel

247 Barjon, Louis: «La chanson d'aujourdhui. Sa situation, ses charactères» (D. 27393, T. 294/5 etc.), in: *Etudes, Revue*

Bibliographie der Vortragsgattungen

Catholique, Paris S. 51, «Une enquête sur la chanson», S. 373. 1957

II/3/C/a Englischsprachige Bücher etc. s. o.!

248 French Ambassy: *US French music, bibliography*. NY 1954

II/3/c/b Artikel

249 Anon.: «Vive la chanson», in: *NY Times* (110:16, Sect. 2, Jun. 11), 1961

II/3/D/a und II/3/D/b (entfällt)

III/1/A/a Deutschsprachige Bücher und Dissertationen, die indirekt das Kabarett und (oder) das Chanson in Deutschland, der Schweiz und Österreich betreffen:

250 Drachmann, Holger: *Verschrieben* (Roman; erste Kabarettpläne). 1890
251 Bierbaum, Julius: *Stilpe, Roman aus der Froschperspektive* (Kabarettpläne). Berlin-Leipzig 1900
252 Moeller-Bruck, Arthur: *Der neue Humor Variétéstil = Die mod. Lit. in Gruppen und Einzeldarst.* Bd. XI (Bierbaum, Wedekind). Berlin-Leipzig 1902
253 Bahr, Hermann: *Rezensionen, Wiener Theater*. 1901–3
254 Mühsam, Erich: «Cabaret Zum Peter Hille» in: *Bühne und Brettl* 3, Nr. 10, S. 12–13. 1903*
255 Bab, Julius (Hrsg. Ostwald) *Die Berliner Bohème* (*Großstadtdokumente* Bd. 2). 1904*
256 Hart, Heinrich: «Peter Hille», in: *Die Dichtung* 14, S. 61 ff. Berlin-Leipzig 1904
257 – *Ges. Werke*. Berlin 1907
258 Wolzogen, Ernst v.: *Verse zu meinem Leben*. Berlin 1907
259 – *Ansichten und Aussichten, Ges. Studien über Musik, Lit. und Theater*. Berlin 1908*
260 Spitzer, Leo: «Die groteske Gestaltungs- und Sprachkunst Morgensterns», in: Sperber-Spitzer, *Motiv und Wort*. 1918
261 Walden, Herwart (Hrsg.): *Sturm-Abende*. 1918
262 – *Die Sturm-Bühne, Jahrbuch des Theaters der Expressionisten*, Folge 1–8 (Jan. 1918 bis Okt. 1919)
263 Brombacher, Kuno: *Der deutsche Bürger im Literaturspiegel von Lessing bis Sternheim*. München 1922

Bibliographie der Vortragsgattungen

264 Huelsenbeck, Richard: *Dada siegt, Bilanz des Dadaismus*. Berlin 1920
265 – «En avant Dada, Eine Geschichte des Dadaismus», in: *Silbergäule* 50/51 Hannover. 1920
266 Roselieb, Hans: «Peter Hille» (= *Lebensbilder aus Westf. u. Niedersachsen*). 1920
267 *Kabarett-Jahrbuch* von 1921–1922*
268 Hermann-Neiße, Max: Kabarettkritiken aus *Der Kritiker*. Berlin 1921–25 *
269 Thoma, Ludwig: *Leute, die ich kannte*. Ges. Werke I (Münchner Brettl). München 1922 *
270 Ostwald, Hans: *Kultur- und Sittengeschichte Berlins*. Berlin 1924
271 Müller, Günther: *Geschichte des deutschen Liedes* (S. 300ff, über Kabarett und Chanson). München 1925
272 Rosenfeld, Sandor Friedrich: *Roda Rodas Roman*. München 1925
273 Keller, Otto: *Die Operette; Musik, Libretto, Darst.* 1926
274 Polgar, Alfred: *Noch allerlei Theater* (Fritzi Massary). Berlin 1926 *
275 Ball, Hugo: *Die Flucht aus der Zeit* (S. 71 ff. Dada). 1927/46
276 Piscator, Erwin: *Das politische Theater* (rote Revuen, Songs, Mehring, Brecht). Berlin 1929**
277 Steinhausen, Georg: *Deutsche Geistes- und Kulturgeschichte von 1870 bis zur Gegenwart*. Halle 1931
278 Oppermann (Hrsg.): *Otto Reuter, Gedenkbuch über Leben und Schaffen*. Mühlhausen 1931
279 Weinert, Erich: *Das Karl-Valentin-Buch*. 1932
280 Bald, Gustav: *Die polit.-satir. Lyrik als publizist. Kampfmittel*. Diss. Erlangen 1933
281 Bauer, Michael: *Christian Morgensterns Leben und Werk* (S. 179ff). 1933
282 Grothe, Heinz: *Klabund – Leben und Werk eines Dichters*. Berlin 1933
283 Timmermann, Ernst: *Peter Hille, Persönlichkeit und Werk* (S. 96ff.). Diss. Köln 1933
284 Tolksdorf, Cäcilie: *John Gay Beggars Opera und Bert Brechts Dreigroschenoper*. Rheinberg 1934
285 Halbe, Max: *Jahrhundertwende, Geschichte meines Lebens 1893–1914* (Münchner Brettl, Wedekind, Kati Kobus). Danzig 1935 *
286 Coll.: *In Memoriam Joachim Ringelnatz* (S. 67–83, 112–115). Privatdr. 1937
287 Anon.: d' *Basler Fasnacht*. Basel 1939
288 Ihering, Herbert: *Von Josef Kainz bis Paula Wessely, Schauspieler von gestern und heute* (Giampietro, Girardi, Gründgens u.a.). 1942

Bibliographie der Vortragsgattungen

289 Petzet, Wolfgang/*Otto Falckenberg, Mein Leben mein Theater*. München, Wien, Leipzig 1944
290 Gregor, Josef: *Weltgeschichte des Theaters*. München 1944
291 Osborn, Max: *Der bunte Spiegel*. NY 1945
292 Loewensohn, Erwin: «Bemerkungen über das Neopathos», in: *Georg Heym, Ges. Gedichte* (S. 243 ff.). Zürich 1947
293 Soyfer, Jura: *Vom Paradies zum Weltuntergang*. Wien 1947
294 Vogedes, Alois: *Peter Hille, Ein Welt- und Gottestrunkener* (S. 62ff.). 1947
295 Fleischmann, Benno: *Max Reinhardt* (S. 61 ff.). Wien 1948
296 Lommel, R.: *Erlebtes und Erzähltes vom Kabarett, Bühne und Film*. 1948
297 Prager, Willy: *Sie werden lachen: Nichts erfunden, Alles erlebt*. 1948
298 Roh, Franz: *Kommentare zur Kunst* (Rundfunkkritiken). München 1948
299 Mann, Victor: *Wir waren fünf*. Konstanz 1949
300 Mühsam, Erich: *Namen und Menschen* (S. 69f.). Leipzig 1949
301 Pallmann, Gerhard (Hrsg.): *Karl Valentins Lachkabinett*. München 1950
302 Brecht, Bert: *Versuche: Kleines Organon für das Theater*. Berlin 1951
303 Hämmerle, Alphons: *Komik, Satire und Humor bei Nestroy*. Thèse Fribourg/Schweiz 1951
304 Prosel, Theo: *Freistaat Schwabing*. München 1951
305 Ringelnatz, Joachim (= Hans Boetticher): *Mein Leben bis zum Kriege* (K. Kobus, Simpl, München). Berlin 1931
306 Barthel, Manfred: *Das Berliner Parodie-Theater 1889–1911*. Diss. FU Berlin. 1952
307 Brecht/Berlau/Hubalek u.a.: *Theaterarbeit*. Dresden 1952
308 Marcus, Paul Erich (Ps. PEM): *Heimweh nach dem Kurfürstendamm*. Berlin 1952
309 Marinovic, Walter: *Der Witz bei Nestroy*. Diss. Wien 1952
310 Geiger, Hannsludwig:*Es war um die Jahrhundertwende*. München 1953
311 Heinsheimer, Hans W.: *Menagerie in Fis-Dur*. Zürich 1953
312 Herald, Heinz: *Max Reinhardt, Bildnis eines Theatermannes*. Hamburg 1953
313 Mann, Klaus: *Der Wendepunkt* (Kabarett Pfeffermühle S. 299f, 316f, 380f.). 1953
314 Sinsheimer, Hermann: *Gelebt im Paradies*. München 1953
315 Waldoff, Claire: *Weeste noch*. Düsseldorf 1953
316 Huelsenbeck, Richard: *Mit Witz, Licht und Grütze, Auf den Spuren des Dadaismus*. Wiesbaden 1954

Bibliographie der Vortragsgattungen

317 Lenz, Max Werner: *Die Urschweiz*. Stuttgart 1954
318 Roth, Eugen: *Simplicissimus, Ein Rückblick auf die satir. Zeitschrift*. Hannover 1954
319 Schreyer, Lothar/Walden, Nell: *Der Sturm, Ein Erinnerungsbuch an Herwarth Walden und die Künstler aus dem Sturmkreis*. 1954
320 Arp, Hans: *Unsern täglichen Traum, Erinnerungen, Dichtungen und Betrachtungen aus den Jahren 1914–54*. Zürich 1955
321 Bernauer, Rudolf: *Das Theater meines Lebens*. Berlin 1955
322 Buchele, Marga: *Der politische Witz als getarnte Meinungsäußerung gegen den totalitären Staat*. Diss. München 1955
323 Carossa, Hans: *Der Tag des jungen Arztes* (Scharfrichter, Delvard). Wiesbaden 1955
324 Franz, E. A.: *Wie schreibt man einen Schlagertext?* Bayreuth 1955
325 Kreuder, Peter: *Schön war die Zeit*. München 1955
326 Hinck, Walter: *Probleme der Dramaturgie und Spielweise in B. Brechts «epischem Theater»*. Diss. Göttingen 1956, Palästra 1960
327 Presber, Hans: *Dr. Kurt Tucholskys publizistischer Kampf in den Jahren 1919–32*. Diss. München 1956
328 Schreyer, Lothar: *Erinnerungen an Sturm und Bauhaus* (besonders S. 24ff.). 1956
329 Usinger, F.: «Der Dadaismus», in: *Expressionismus* (S. 341–50). 1956
330 Brecht, Bert: *Schriften zum Theater*. Berlin 1957
331 *Sinn und Form Sonderheft 2 über Brecht* (Nubels Bibliographie Nr. D 724, 706, 728). Berlin 1957
332 Haas, Willy: *Die literarische Welt, Erinnerungen*. München 1957
333 Arp/Huelsenbeck/Tzara: *Dada*. Zürich 1957
334 Mehring, Walter: *Berlin Dada* Zürich 1957
335 Schifferli, Peter: *Dada, Chronik der Gründer*, Zürich 1957
336 Schulz, K.: *Das politische Theater Erwin Piscators* Diss. Göttingen 1957
337 Verkauf, Willy: *Dada, Monographie einer Bewegung*. Teufen 1957
338 Kiaulehn, Walther: *Berlin, Schicksal einer Weltstadt*. München, Berlin 1958
339 Vogel, Hanns: *Schwabing – Vom Dorf zur Künstlerfreistatt*. München 1958
340 Weinert, Erich: *Ein Dichter unserer Zeit* (Dada S. 76–79). 1958
341 Hakel, Hermann: *Mein Kollege, der Affe*. Wien 1959
342 Kesten, H.: *Dichter im Café*. Wien 1959
343 Kesting, Marianne: *Bertolt Brecht in Selbstzeugnissen und Bilddokumenten* (Bibliographie!) 1959 *

Bibliographie der Vortragsgattungen

344 Reimann, Hans: *Mein blaues Wunder*. München 1959
345 Schulz, Klaus-Peter: *Kurt Tucholsky in Selbstzeugnissen und Bilddokumenten* (Bibliogr. und Diskogr.) Rowohlts Monographien. 1959*
346 Tucholsky, Kurt: *Ges Werke Bd. I* (Bruant, Reutter, Chanson allg.). Hamburg 1960 *
347 Zeller, Bernhard (Hrsg.): *Expressionismus, Literatur und Kunst 1910-23*, Ausstellungskatalog des dt. Literaturarchivs im Schiller Nationalmuseum, Marbach/N. vom 8. 5.-31. 10. 1960, Stuttgart 1960 (express. Kabaretts und Leseabende, Klabund Cabaret Voltaire) *
348 Hohl, Max: Die Bedeutung und die Aufgabe der Agitprop-Truppen und des polit. satir. Kabarets (= *Lehrmaterial f. d. Fernstudium, 1. Lehrgang für Kulturfunktionäre der FDGB*). Bernau 1961
349 Hirschfeld, Magnus: *Berlins drittes Geschlecht* (Invertiertenkabaretts). Berlin 1905
350 Nelson, Rudolf: *Nacht der Nächte, Revue meines Lebens*. Berlin
351 Schönfeld, A.: *Morgensterns Grotesken*. ZDB 8
352 Kutscher, Arthur: *Frank Wedekind*. München 1922-31
353 Klabund (Ps. Alfred Henschke): *Mariette* (Roman = K. Kobus)
354 Heselhaus, Clemens: *Deutsche Lyrik der Moderne von Nietzsche bis Ivan Goll* (Kapitel: Lyrische Grotesken», S. 286-338: über A. Holz, F. Wedekind, Morgenstern, Mehring, Brecht). Düsseldorf 1961
355 Frank, Rudolf: *Das moderne Theater* (= *Wege zum Wissen* 88)
356 Ball, Hugo: *Flametti* (Roman; Dada)
357 Esslin, Martin: *Brecht, Das Paradox des politischen Dichters*. Bonn 1962

III/1/A/b Artikel

358 Kraus, Karl: Kabarettartikel in der *Fackel* Jg. 12, Wien
359 Hausmann, Raoul: «Dadaistische Abrechnung», in: *Die junge Kunst*, H. 1, S. 11f. 1919
360 Arp, Hans: «Propaganda und Arp» in: *Merz*, Nr. 6. Zürich 1902
361 Liegler, L.: «Der Witz bei Nestroy», in: *PLan* 1 S. 7-13. 1945/47
362 Flatow, Curth: «Die kleine Pointe» (D. 3660, 2. J. N. 1,) 1948
363 Anon.: «Cabaret- und Variété-Schriftsteller», in: *Artista Rundschau* (D. 1402, 4. J., H. 3). Stuttgart 1949
364 Pauck, Heinz: «Fackel der Heiterkeit» (D. 3660, 2. J., N. 7 S. 13-15). 1948

Bibliographie der Vortragsgattungen

365 Menck, Clara: «Das kabarettistische Theater» (D. 16643, 4. F., N, 13, S. 15). 1949
366 Pichler, G.: «Nestroy und die Musik», in: *Österr. Musik Zs* 6, S. 325-27 (nach Rommel wertlos). 1951
367 Anon.: «Freiheit: Deutsche Sitte und Friseur» (D. 13199, 6. J., N. 39, s. 26-27). 1952
368 Bahl, F.: «Gedicht und Schlager», in: *Frankf. Hefte* 8, I, S. 44-47. 1953
369 Olles, Helmut: «Von der Anstrengung der Satire», in: *Akzente*, H. 2. 1954
370 Giez, L.: «Was ist Kitsch?», in: *Dt. Literatur im 20. Jh.*, 2. A., S. 150-163. 1956
371 Klemm, Erhard: «Die Interpretation des Arbeiterliedes» (D. 15449, 5. J., N. 9, S. 33-35). 1956
372 Kultermann, U.: «Café Voltaire», in: *Augenblick*, Nr. 2, H. 1 S. 24-26. 1956
373 Burg, Claudia: «Nichts griff so sehr dat Herze an», Artikelserie in der «Nachtdepesche»). Berlin 1957
374 Pfützner, Klaus: «Politisch Lied – kein garstig Lied» (D. 15449, 6. J.,) N. 9, S. 41-42. 1957
375 Zweig, Arnold: «Brechts Lieder, Gesänge, Chöre», in: *Sinn und Form* 9, S. 239-40. 1957
376 Jameson, Egon: «Am Flügel Rudolf Nelson» (Biogr. Serie in: *Der Kurier*). Berlin 1958
377 Leicht, Josef: «Geschluchzte Songs, Zur Psychologie der Überschnulze» (D. 5543, 9. J. N. 8, S. 2) 1958
378 Schöne, Albrecht: «Bertolt Brecht, Theatertheorie und dram. Dichtung», in: *Euphorion* 52, S. 272. 1958
379 Eisler, Hanns: «Bericht über die Entstehung eines Arbeiterliedes» (D. 10333, 9. J., S. 491-3). 1958
380 Gamm, Otto-Friedrich v.: «Bezeichnungsschutz für ein Kabarett-Ensemble», (Landgerichtsurteil München I, 5. 6. 56, D. 1345, 27. Bd. 1959, S. 98)
381 Geyer, Lothar: «Musikalische Formen in Kabarett- und Agitprop-Gruppen der Thälmann-Pioniere (D. 15449, 8. J., N. 6, S. 25). 1959
382 Bogisch, Erdman: «Volkslied, Kunstlied und Song im Unterricht», in: *Musik in der Schule*, Berlin D. 10333, 12. J., S. 174. 1961
383 Klotz, Volker: «Lied im Drama», in: *Akzente* 4/60. 1960
384 Leitke, Hubert: «Textsorgen und ihre Überwindung» (D. 15449, 9. J., N. 7, S. 50 in: *Volkskunst*. Leipzig 1960)

Bibliographie der Vortragsgattungen

III/1/A/c   Zeitschriften

385 *Simplicissimus*, München, April 1896 bis April 1904
386 *Die Insel*, Monatsschrift mit Buchschmuck und Illustr. J. I–III, 1899–1902
387 *Neuer Theater-Almanach*. Berlin 1901–1904
388 *Vossische Zeitung*. Berlin 1901–1904
389 *Leipziger Bühnenjahrbuch* I. Leipzig 1926
390 *Querschnitt*. Bd. VII (1927) und Bd. VIII (1928) Berlin
391 *Weltbühne*. 1929–1933
392 *Theater der Zeit, Blätter für Bühne, Film* etc. 2. J., Nr. 3. Berlin 1947
393 *Katakombe, Blätter der Schwabinger Untergrundbewegung*. Jg. 1. München 1957
394 *Der Städteführer der Artistik, Nachschlagewerk für Variété, Zirkus, Cabaret*. 1957/58

III/1/B/a   Französischsprachige Bücher und Dissertationen, die indirekt das Kabarett und (oder) das Chanson in Deutschland, Schweiz und Österreich betreffen:

395 Henry, Marc: *Au Pays des Maitres-Chanteurs*. Paris 1916
396 – *Trois Villes, Vienne, Munich, Berlin*, Paris 1917

III/1/B/b   (entfällt)

III/1/C/a   Englischsprachige Bücher etc.:

397 Winkelmann, John: *The Poetic Style of Erich Kästner*. Univ. of Nebraska Press 1957

III/1/C/b bis III/1/D/b   (entfällt)

III/2/A/a   Deutschsprachige Bücher und Dissertationen, die direkt das Kabarett und indirekt das Chanson in Deutschland, Schweiz und Österreich betreffen:

398 Hertwig, A.: *Ernst von Wolzogens Überbrettl in Wort und Bild*. Berlin 1901
399 *Die Elf Scharfrichter, Sondernummer der Ztschr. Bühne und Brettl*. Berlin 1903
400 Cotta, Johannes: *Der Kabarettkünstler*. Leipzig, ca. 1915
401 Ball, Hugo (Hrsg.): *Cabarett Voltaire, Sammlung künstl. und literarischer Beiträge*. Zürich 1916

Bibliographie der Vortragsgattungen

402 Ringelnatz (= Bötticher, Hans): *Simplicissimus, Künstlerkneipe und Kathi Kobus*, München 1925–26
403 Coll.: *Simplicissimus-Künstlerkneipe*. München 1932
404 Meerstein, Günther: *Das Kabarett im Dienste der Politik*. Diss. Dresden 1938
405 Weissert, Otto: *Das Cornichon-Buch* (gute Bilder u. Texte, 1934–44). Basel 1944*
406 Weys, Rudolf: *Literatur am Naschmarkt, Kulturgeschichte der Wiener Kleinkunst in Kostproben* (Bilder und Texte). Wien 1947*
407 Anon.: *Das Cornichon Buch*. Zürich 1950
408 Coll.: *Nebelspalter – 20 Jahre Schweizer Cabaret* (Nr. 11 Sonderr.). 1954
409 Weissert, Otto: *Hinter dem eigenen Vorhang, Das Buch vom Cabaret Fédéral (1949–53)*. Zürich 1954
410 Lorentz, Kay: *Das Kom(m)ödchen Buch* (Chansontexte, gute Bilder!). Düsseldorf 1955
411 König, Ernst: *Das Überbrettl Ernst von Wolzogens und die Berliner Überbrettl-Bewegung*. Diss. Kiel 1956
412 Müller, Carl Wolfgang: *Das Subjektiv-Komische in der Publizistik, dargestellt an den Anfängen des pol. Kabaretts in Deutschland*. (Überbrettl, Scharfrichter, Bilder, Lit.). Diss. FU Berlin 1956 **
413 Rolfs, Rudolf: *Die Schmiere, Das Schlechteste Theater der Welt* (Bd. 1). Frankfurt a. M. 1956
414 Ulrich, Rolf/Herbst, Jo/Thierry: *Die Stachelschweine*. Berlin 1956
415 Budenz, Toni: *Kleinkunst-Bühne, Arbeitsbuch*. München 1957
416 Schaeffers, Willi: *Tingeltangel, Ein Leben für die Kleinkunst, Aufgez. v. Erich Ebermayer* (wichtiger Überblick). Hamburg 1959 ***
417 Hüsch, Hanns-Dieter: *arche nova*. Hamburg, Flensburg 1960
418 Kolman, Trude: *Münchener Kleine Freiheit, Programmauswahl von 10 Jahren*. München 1960
419 Hakel, Hermann: *Wigl Wogl, Kabarett und Variété in Wien* (illustr.). Wien 1962
420 Kühl, Siegried: *Deutsches Kabarett (Kom(m)ödchen, Stachelschweine, Münchner Lach- und Schließgesellschaft, Die Schmiere*; (Fotoband mit Texten). Düsseldorf 1962*
421 Osthoff, Otto: *Das literarische Kabarett*

III/2/A/b Artikel

422 Fritzlar, Th.: «Das Überbrettl», in: *Das lit. Echo* (3. J., H. 10) 1900–1

Bibliographie der Vortragsgattungen

423 Wolzogen, Ernst Fr. v.: «Aus der Überbrettlperspektive», in: *Artist* N. 1000. 1904
424 Anon.: «Nachtkabarett zwischen zwei Zügen» (D. 1567, 20. J., N. 30, S. 4). 1943
425 Troll, Thaddäus: «Zwischen zwei Stühlen, Das dt. Kabarett seit 1945», (D. 18728, 10. J., N. 103, S. 14). 1955
426 Quandt, C. L.: «Das dt. Kabarett unserer Tage», in: «Der Zwiebelfisch» (D. 19091, 25. J., H. 9, S. 22). München 1946–48
427 Hoepner, W.: «Berliner Kabarett, Rückblick und Ausblick» (D. 13108, 2. J., N. 21). Berlin 1947
428 Erpenbeck, F.: «Kabarett und Komödie», in: *Theater der Zeit* (D. 14037, 2. J., N. 3). Berlin 1947
429 Lennig, Walter: «Das Publikum lacht falsch, Marginalien zum Kabarett von heute», in: *Athena* (D. 1409, 2. J., N. 2, S. 34–37). 1947
430 Nick, Edmund: «Musik im Kabarett» (D. 9140) in: *Musica Kassel* (2. J., N. 9, S. 110). 1947
431 Anon.: «André-Kabarett der Mode» D. 3660, 2. J., N. 9, S. 26–28). 1948
432 Anon.: «Krise des Kabaretts – Kabarett der Krise» (D. 13120, 2. J., N. 43, S. 7 und 12–13) 1949
433 Ludwig, Renate: «Möglichkeiten des dt. Kabaretts» (D. 18731 20. J., S. 698–99) 1948–49
434 Anon.: «Kabarett in Stuttgart» (D. 3660, 2. J., H. 20 S. 14–15). 1948
435 Trouwborst, Rolf: «Vom literarischen Kabarett» (D. 13798, 1. J., H. 3–4, S. 29–31). 1948
436 Anon.: «Das Kabarett und der Suchdienst» (D. 3480), in: *Christ und Welt* (2. J., N. 48, S. 14, Beschreibung einer Nummer der Stuttgarter «Mausefalle»). 1949
437 Heyne, K. E.: «Die Kunst des Cabaret», in: *National-Zeitung* (Nr. 560, Jg. 108, Basel). 1950
438 Lorentz, K.: «Das gute Publikum, Über das Kabarett Kom(m)ödchen in Düsseldorf» (D. 9168, 4. J., S. 41–43). 1951–52
439 Penzoldt, E.: «Die Elf Scharfrichter», in: *Süddeutsche Zeitung* (Nr. 85). 1951
440 Anon.: «Schmiere, Treppensitz 2 Mark» (D. 13199, 3. J., N. 12, S. 41). 1951
441 Anon.: Witze: «Du sein Adenauer!», Strafantrag gegen Waltraud Schmidt, Frankf. M., wegen Witzgeschmacklosigkeiten gegen Politiker im Nachtkabarett Ellis Elliot seitens Kon-

Bibliographie der Vortragsgattungen

rad Adenauer und Schumacher.» (D. 13199, 5. J., N. 27, S. 8). 1951
442 Anon.: «Kom(m)ödchen: Das Publikum vernichten» (D. 13199, 6. J., N. 1, S. 30). 1952
443 Esch: «Kabarett in Ost und West» (D. 16670, 3. J., N. 48, S. 10). 1953
444 Gaupp, Eberhard: «Opposition der Narren, Das Kabarett als demokrat. Gewissen» (D. 14432, 8. J., N. 8, S. 12–14). 1953
445 Reff, Werner: «Das Alte beseitigen, aber das Neue nicht vergessen, Moderne Kabarettgestaltung» (D. 15449, 2. J., H. 3, S. 22–23). 1953
446 Hollander, Jürgen von: «Das Unterbrettl» (D. 8916, 1. J. N. 4 S. 7). 1953
447 Rudolph, Alwin Alfred: «Das Überbrettl» (D. 6437, N. 5, S. 371–72). 1953
448 Anon.: «Verspätete Amnestierte» (D. 13664p, 4. J., F. 1, S. 6–7). 1954
449 Anon.: «Ein bißchen Handgemenge, Kabarett-Ostgastspiele» (D. 13199, 8. J., N. 48). 1954
450 Reissenberger, Gisela: «Zum Problem des Positiven im Kabarett» (D. 15449, 3. J., N. 2, S. 14). 1954
451 Barthel, M.: «Vom Kabarett in der Politik zur Politik im Kabarett» (D. 3521, 6. J., H. 2, S. 12). 1955
452 Pfützner, Klaus: «Das Kabarett – trotzdem ganz groß!» (D. 15449, 5. J., N. 12, S. 62). 1956
453 Beuler, André: «Literatur und Kabarett» (D. 716p, 5. J., N. 6 S. 27). 1957
454 Meyer, Ch.: «Das wacklige Studentenbrettl» (D. 13664p 7. J., N. 4–5, S. 6). 1957
455 Moliter, Jan: «Der LoreKaifels, Das zehnjährige Kom(m)ödchen in Düsseldorf» (D. 17291, 12. J., N. 15, S. 27). 1957
456 Lampe, Fr.: «Die Kunst, dagegen zu sein, Blick aufs polit. Kabarett» (D. 18728, 12. J., N. 17, S. 14). 1957
457 Luft, Friedrich: «Die gepolsterte Bank der Spötter», in: *Der Monat* 105. Berlin 1957
458 Skalnik, Kurt: «Mit G'walt und Qualtinger, Politisches Kabarett Wiens» (D. 5218g, 13. J., N. 43). 1957
459 Troll, Thaddäus: «Kabarett zwischen zwei Stühlen» (D. 16135, 26. J., S. 66–69). 1957
460 Lutz, Edmund Johannes: «Pädagog. Gedanken zum kabarettist. Spiel», in: *Beil, Jugendschriften-Warte* (D. 8813mg, 10. J., S. 44–45). 1958

Bibliographie der Vortragsgattungen

461 Reinhold, Conrad: «Junges Kabarett in der Zone» (D. 7592, 6. J., S. 321–26). 1958
462 Schneider, Paula: «Hat das Kabarett noch Lebensberechtigung?» (D. 15449, 7. J., N. 1–4 S. 46/53/52/52). 1958
463 Brehm, Erich: «Agitprop und Kabarett» (D. 8928, 7. J., N. 3 S. 112–119). 1959
464 Finck, Werner: «Ich sage nur – K. d. K. und Katakombe» (D. 9168, 12. J., H. 11, S. 39). 1959
465 Wehinger, Franz Josef: «Jugendkabarett-Rutschbahn oder Luftballon?» (D. 13215, 3. J., S. 5–10). 1959
466 Budzinski, Klaus: «Kunst auf den Markt des Tages gezerrt, aus der Geschichte des Kabaretts nach 1945», in: *Die Kultur* (D. 8242 k, 9. J., N. 167, S. 20). München 1960–61
467 Kauffmann, J.: «Die ›Distel‹ sticht auch Funktionäre», in: *SBZ-Archiv* (D. 12380, 11. J., H. 14 S. 226). Köln 1960
468 Kopetzky, Manfred: «Das Schülerkabarett», in: *Päd. Provinz* (D. 11359, 14. J., S. 313). Frankfurt a. M. 1960
469 Finck, Werner: «Im Höchstfalle 3 Monate – Über die Krise des Kabaretts», in: *Sonntagsblatt* (D. 13120, N. 45, S. 14). Hamburg 1961
470 Hoffmann, Ludwig: «Kabarett und Agitprop», in: *Volkskunst* (D. 15449, 10. J., N. 5, S. 44). Leipzig 1961
471 Hüsch, H. D.: «Das literarische Cabaret», in: *Waage* (D. 15578, 2. Bd., 4. S. 134), Stolberg 1961
472 Anon.: «Kabarett, Volkslied, Tanz», in: *Deutsche Volkskunst* (D. 15425, N. 2). Bochum 1961
473 Bergengruen, S.: «Sterbendes Kabarett» (D. 1555 ba, V. S. 157–60)
474 Finck, Werner: «Ich cabarésigniere», in: *Quelle*, H. 1 Köln
475 Ewers, H. H.: «Kabarett von heute» (D. 1432, 46. J., I, S. 581)
476 Gläser, A.: Der Brettl-Baron, Wie E. v. Wolzogen das dt. Kabarett erfand» (D. 826 h, NF. XI, S. 402–406)
477 Hammond/Norden, W.: «Soldatenkabarett» (D. 4477, 43. J., S. 228–30)
478 Hermann, M.: «Das dt. Kabarett» (D.MZ 22/5)
479 Anon.: «Kleinkunstbühnen» (D. 1525, 19. J., S. 102)
480 Anon.: «Hofgartenspiele Annast, Kabarett der Humoristen». München
481 Kuh, A.: «Unfug des Kabaretts» (D. 1242. S. 460)
482 Mahnen, van Erwin: «Die musikalische Überleitung im Kabarettprogramm» (D. 15449, 4. J., N. 7, S. 10)

Bibliographie der Vortragsgattungen

483 Rüthel, E.: «Krise des Kabaretts» (D. 1514b, IV, S. 446)
484 Schweriner, A.: «Kabarett und Film» (D. 456c, VI, S. 631) und «Rückfälle ins Unwürdige in Berliner Kabaretts» (ebenda)

III/2/A/c Zeitschriften

485 *Bühne und Brettl, Illustr. Zeitschr. für Bühne und Kunst.* Berlin J. I–V, 1901–05 (Harmonie-V.)
486 *Die Liebe in Kunst, Witz und Dichtung*, München-Schwabing, Berlin und Wien, ab. Aug. 1919 München
487 Forts. = *Die Kleinkunst* ab. Nr. 20 = 1921 ebenda, monatl. (interessante Inserate!)
488 *Das Künstlerbrettl, Moderne illustr. Ztschr.* München-Pasing 1921 (= Jg. 3, Nr. 1) (Musikbeilagen, lüsterne Erotik, dumme Chansons, einige Interpretenfotos, geschmacklos)
489 Müller (Hrsg.): Das Kabarett-Jahrbuch. Düsseldorf 1921/2
490 *Zwiebelfisch* 25. J. = 1946–48. München
491 *Das moderne Brettl* (Harmonie-V.). Berlin
492 *Artist, Organ der Kabarett- und Variétéwelt.* Düsseldorf
493 *Österr. Brettl, Monatszeitschr. f. Variété und Kleinkunst*

III/2/B/a bis III/2/D/b (entfällt)

III/3/A/a Deutschsprachige Bücher und Dissertationen, die direkt das literarische Chanson in Deutschland, der Schweiz und Österreich betreffen:

494 Bierbaum, Otto Julius: *Deutsche Chansons* (Vorwort). Berlin 1901
495 Brodt, Bodo (Ps. f. H. B. Gaulke): *Parlez-moi d'amour*. Offenbach (Kumm-V.) 1956
496 Ruttkowski, Wolfgang: *Das liter. Chanson in Deutschland*. Staatsexamensarbeit, Phil. Fak. Göttingen Juli 1961

III/3/A/b Artikel

497 Hieble, J.: «Lily Marlene – a Study of a Modern Song», in: *Mod. Lang. Journ.* 31, 30/34. 1947
498 Mayr, Rudolf: «Zwischen Moritat und Song», in: *Merkur* (D. 9170, 3. J., H. 5, S. 15–18). 1949
499 Benkiser, N.: «Triumph des Chansons», in: *Deutsche Ztg. und Wirtschaftsztg.* (9. J., Nr. 104). Stuttgart 1956
500 Schwaen, Kurt: «Die Stimme der unschlagbaren Klasse, Der Song in unserer Zeit» (D. 10333, 9. J., S. 436–38). 1958

Bibliographie der Vortragsgattungen

501 Klein, Günter: «Chanson von der Trommel», in: *Musik und Gesellschaft* (11:334). Leipzig, Juni 1961
502 Krause, J.: «Neu belebte jiddische Lied- und Chansonkultur» (D. 15447, 2. Bd. F. 13, S. 36–39). 1961
503 Ortwein, Carl Ernst: «Chansons nach Hans Lorbeer», in: *Musik und Gesellschaft* 11:334, Juni 1961

III/3/A/c bis III/3/D/c (entfällt)

(Nur in wenigen Fällen, wo sie in Buchform zusammengefaßt erschienen sind, konnten die Programmhefte der einzelnen Kabaretts berücksichtigt werden.)

IV. Randgebiete, andere Vortragsgattungen:

In vielen Fällen kann es für den vergleichenden Literaturwissenschaftler lohnen, andere Vortragsgattungen in seine Untersuchung einzubeziehen. Das Chanson hat sich an ihnen immer wieder orientiert: indem es etwa fremde Grundhaltungen imitiert oder karrikiert (z. B. Variété=Bänkelsang oder Volkslied=Chanson), häufig sogar Texte anderer Vortragsgattungen übernimmt und im Vortrag umschafft.

Für gründliche Untersuchungen sind die Bibliographien der anderen Gattungen zu befragen. Hier kann nur eine Auswahl besonders geeigneter Werke gegeben werden.

IV/1/A/a Deutschsprachige Bücher und Dissertationen über das deutsche Volkslied: (alphabetisch)

504 Blochmann, Elisabeth: «Die dt. Volksliedbewegung in Sturm und Drang und Romantik» (DVjs. 1419). 1923
505 Bringmeier, Martha: *Gemeinschafts und Volkslied* (Refrainerlebnis), Münster/W. 1931
506 Bücher, Karl: *Rhythmus und Arbeit* (Refrain-Theorie). 5. A. Leipzig 1919
507 Danckert, Werner: *Grundriß der Volksliedkunde*. Berlin 1939
508 – *Das europäische Volkslied*. Berlin 1938
509 Daur, Albert: *Das alte deutsche Volkslied nach seinen festen Ausdrucksformen betrachtet*. Leipzig 1909
510 Fritsch, A.: *Zur psychologischen Charakteristik des Kunst- und Volksliedes*. Leipzig 1941
511 Hampe, Theodor: *Fahrende Leute*. Leipzig 1902
512 Haupt, E.: *Stil -und sprachkundl. Untersuchungen zum deutschen Schlager, unter besonderer Berücksichtigung des Vergleichs mit dem Volkslied*. Diss. München 1957

Bibliographie der Vortragsgattungen

513 Hensel, Walter: *Auf den Spuren des dt. Volkslieds, Kleine Volksliedkunde.* Kassel 1944
514 Just, K. G.: «Musik und Dichtung», in: *Dt. Philol. im Aufr.* 3. Bd., S. 691 ff., (Gute Übersicht, Lit.). 1957
515 Keller, G.: *Tanz und Gesang bei den alten Germanen.* Diss. Bern 1927
516 Kircher, Erwin: «Volkslied und Volkspoesie in der Sturm- und Drangzeit, Ein begriffsgesch. Versuch», in: *Ztschr. f. dt. Wortforschung* 4. 1903
517 Klages, Ludwig: «Zur Psychologie des Volksliedes», in: *Die lit. Welt*, 3. Jg., N. 19, Berlin 1927
518 Lehrmann, Paul: *Die lateinische Parodie im Mittelalter* (mit Texten). München 1922–23
519 Levy, Paul: «Geschichte des Begriffes Volkslied», in: *Acta Germanica* 7, 3. Berlin 1911
520 Meier, John: *Kunstlied und Volkslied in Deutschland.* Halle 1906
521 – *Kunstlieder im Volksmunde, Materialien und Untersuchungen* (beim Chanson häufig umgekehrt): Halle 1906
522 Mersmann, Hans: *Volkslied und Gegenwart.* Potsdam 1937
523 Mies, Paul: *Das Kölnische Volks- und Karnevalslied 1823–1923.* Köln 1951
524 Müller-Blattau, J.: *Das Verhältnis von Wort und Ton in der Geschichte der Musik.* 1952
525 Oehler, F.: *Die Welt des neuen dt. Volksliedes.* 1943
526 Pohl, Gerhard: *Der Strophenbau im dt. Volkslied.* Berlin 1921 (und = *Palaestra* 136 Bd. 1, 2, 3)
527 Pulikowski, Julian von: *Gesch. d. Begriffes Volkslied im musik. Schrifttum.* Heidelberg 1933
528 Reuschel, K.: *Volkstümliches Lied* (RL 3, S. 495 f)
529 Wechssler, Eduard: *Begriff und Wesen des Volksliedes.* Marburg 1913
530 Wiora, Walter: *Das echte Volkslied.* Heidelberg 1950
531 – *Europäischer Volksgesang.* Kön 1959 (= *Das Musikwerk*, Hg. K. G. Fellerer)
532 Zimmer, Fr.: *Zur Charakteristik des dt. Volksliedes der Gegenwart.* Heidelberg 1882

IV/I/A/b, c   (entfällt)

IV/I/A/d Editionen   (erster Name = Hrsg.)

533 Beifus, I./Scholz H.: *Zur Gitarre = Programm: R. Kothe und Anna Zinkeisen (Überbrettl).* München

Bibliographie der Vortragsgattungen

534 Benzmann, Hans: *Buch der Balladen*. Leipzig 1913
535 Böhm, Magnus: *Volkstümliche Lieder der Deutschen im 18. und 19. Jh.* Leipzig 1895
537 Brentano/Arnim: *Des Knaben Wunderhorn*
538 Dithfurth, W. Fr. von: *52 ungedruckte Balladen des 16. 17. und 18. Jhs. aus fliegenden Blättern, handschr. Quellen und mündl. Überlieferung.* Stuttgart 1874
539 *Deutsche Volks- und Gesellschaftslieder des 17. und 18. Jhs.* Nördlingen 1872
540 Erk/Böhme: *Deutscher Liederhort*. Leipzig 1893
541 Goertz, Hartmann: *Alte Wiener Lieder*. München 1958
542 Gregor, Josef: *Europäische Lieder in den Ursprachen* (Noten). Berlin 1957
543 Günther, Joh. Christian: *Lieder* (seine eigenen)
544 Gumppenberg, Hans von: *Michael Bellmanns Lieder*. München
545 Hartmann, August: *Histor. Volkslieder und Zeitgedichte 16. Jh.–19. Jh.* München 1907–13
546 Hensel, Walter: *Der Zupfgeigenhansel*. Berlin
547 Herder: *Stimmen der Völker*
548 Keil, Robert u. Richard: *Deutsche Studentenlieder des 17. und 18. Jhs.* Lahr
549 Kopp, Arthur: *Deutsches Volks- und Studentenlied in vorkl. Zeit.* Berlin 1899
550 Meier, J. und coll.: *Deutsche Volkslieder, Balladen* (Dt. Volksliederarchiv). Berlin, Leipzig 1935 ff.
551 Meier/Seemann: *Lesebuch des dt. Volksliedes*. Berlin 1937
552 Mischke: *Der fahrende Schüler Lesebuch, Die «frischen Liedlein» der Landsknechte*. Nürnberg 1565
553 Mittler, Fr.: *Deutsche Volkslieder*. Marburg 1855
554 Scherrer, H.: *Deutsche Volkslieder u. Balladen*. München
555 Schopp, Joseph: *Das deutsche Arbeitslied*. Heidelberg 1935
556 Silcher/Erk: *Allgemeines deutsches Kommersbuch*. Lahr
557 Simrock, Karl: *Die deutschen Volkslieder*. Frankfurt a. M.
558 Soltau, L.: *100 hist. Volkslieder*. Leipzig 1836
559 Uhland, Ludwig: *Alte hoch- und niederdeutsche Volkslieder*. Stuttgart 1844
560 Vring, Georg von der: *Tausendmund. Europ. Lieder, Balladen.* München 1954
561 Vesper, Will: *Deutsche Balladen und hist. Lieder*. 1933
562 Wolzogen, Elsa Laura von: *100 deutsche Volkslieder zur Laute gesungen von*. Leipzig 1908

Bibliographie der Vortragsgattungen

563 Zeitler, Julius: *Der Rosengarten der deutschen Liebeslieder*
564 Gennrich, Friedrich: *Troubadours, Trouvères, Minne- und Meistersang* (Beispielsammlg.) (= Das Musikwerk, Hg. K. G. Fellerer 2). Köln 1951
565 *Vivat Academica! Studentenliederbuch.* Erlangen, Leipzig
566 Meyer, Richard M.: *Deutsche Parodien, Spottlied* etc. München 1913

IV/2/A/a Deutschsprachige Bücher über das französische Lied:

567 Davidson, F. J. A.: *Über den Ursprung und die Geschichte der frz. Balladen.* Halle 1960
568 Scheffler, W.: *Die frz. Volksdichtung und -Sage.* 1884
569 Schneider, Louis: *Das frz. Volkslied.* Berlin 1908
570 Spanke, Hans: *G. Raynauds Bibliogr. d. altfrz. Liedes.* Neubear. u. erg. Leiden 1955

IV/2/A/b Artikel

571 Delarue, Paul: *Das frz. Volkslied* (D. 716p, 4. J., N. 1, S. 38). 1956

IV/2/A/d Editionen (mit dt. Übertragungen)***

572 Bartuschek, Helmut (Hrsg.): *Der Gallische Hahn.* Berlin-Ost
573 Ewers, H. H./Henry, Marc: *Joli Tambour*, Das frz. V. München 1912
574 Müller, Hans Carl: *Lieder vom Montmartre.* München 1957
575 Wedekind, Pamela (Hrsg.): *25 Chansons de la vieille France.* Konstanz 1949

IV/2/B/a Französischsprachige Bücher und Dissertationen über das französische Lied:

576 Brunetière, F.: *L'évolution de la poésie lyrique en France au 19. siècle.* 1910
577 Coirault, P.: *Recherche sur notre ancienne chanson populaire trad.* 1927–32
578 Fahmy, Dorrya: *L'histoire de France à travers la chanson Alexandrie.* 1950
579 Foral, E.: *La chanson de toile òu chanson d'histoire* (= Romania 69). 1946
580 Marrou, Henri Irénée (Ps. Henri Dawenson): *Le livre des chansons* (139 chansons mit Kommentar). Neuchâtel 1955

Bibliographie der Vortragsgattungen

581 Noske, Frits: *La mélodie française de Berlioz à Duparc, essay de critique historique* (frz. Bibliographie). Amsterdam 1954
582 Tiersot, J.: *Histoire de la chanson popul. en France.* Paris 1889
583 – *La chanson populaire et les écrivains romantiques.* 1931
584 Tresch, M. *Évolution de la chanson français savante et populaire.* Brüssel, Paris 1926

IV/2/B/b und *c* (entfällt)

IV/2/B/d Editionen (erster Name = Hrsg.)

585 Asselineau, C.: *Le livre des Ballades.* Paris 1876
586 Beauquier, Charles: *Chansons pop. recueillies en Franche-Compté.* Paris 1894
587 Berthon, S./Bettembos, R.: *Chansons des 4 coins de la France.* Paris 1938
588 Bujéaud, Jérome: *Chants et Chansons des provinces de l'Ouest.* Miort 1866
589 *Chansons pop. de France du 15. au 19. siècle* (= *Les cahiers de l'unité française*). Paris 1941
590 Champfleury/Weckerlin, J. B.: *Chansons des provinces de France.* Paris 1860
591 Closson, Ernest: *Chansons pop. des provinces belges.* Brüssel 1905
592 Delvard, Marya: *Vieilles Chansons de France.* Leipzig 1928
593 Doncieux, Georges: *Le romancéro pop. de la France.* Paris 1904
594 Donnay, H./Moslé, W.: *Le Coucou, 30 chansons françaises.* 1951
595 Dumersan en Ségur: *Chansons nationales et pop. de France.* 1866
596 Hofmiller, Josef: *Chansons d'amour, Chans. pop. de France.* 1937
597 Jeanroy, A.: *Chansons satiriques et bachiques du XIIIe siècle.* Paris 1921
598 Lincy, Leroux de: *Recueil de chants historiques français,* Paris 1841
599 Montjoie: *Recueil de chansons pop. et chants scouts.* 1948
600 Paris, Gaston: *Chansons du XVe siècle.* Paris 1875
601 Prévert, Jaques: *Paroles* (übers. Kusenberg). Hamburg 1952
602 Schneider, G.: *Chansons, altfrz. Liebes- und Volkslieder* 1955
603 Theisen, Josef: *Chansons françaises* (= Hübers fremdspr. Texte 6). München 1955

IV/2/C/a–d (entfällt)

IV/3/a Bücher und Dissertationen über die deutsche Ballade:

604 Angermann, Rud.: *Der Typus des Leidvollen in der dt. Volksballade.* Diss. Leipzig 1911

Bibliographie der Vortragsgattungen

605 Benzmann, Hans: *Die soziale Ballade in Deutschland*. Diss. Greifswald 1912
606 Bestian, Hans: *Balladendichtung und Weltgefühl*. Diss. Bonn 1953
607 Bianchi, Lorenzo: *Von der Droste bis Liliencron, Beiträge zur dt. Novelle und Ballade*. Leipzig 1922
608 Chevalier, Ludwig: *Zur Poetik der Ballade* (Programm). Prag 1891–95
609 Degener, Friedrich: *Formtypen der dt. Ballade im 20. Jh.* (Kabarettballade). Diss. Göttingen 1961
610 Elsner, Wilhelm: «Der Weg der dt. Ballade», in: *Unvergängliche dt. Balladen*. München 1954
611 Enders, Carl: *Börries von Münchhausen und die dt. Ballade*. Bonn 1923
612 Fromm, Hans: «Über Geschichte und Wesen d. dt. Ballade», in: *Dt. Balladen*, 2. A. S. 391–412. 1954
613 Hamburger, Käte: «Die Sonderformen (Ballade, Film etc.)», in: *Die Logik der Dichtung*. Stuttgart 1957
614 Hansen, Niels: *Die Ballade C. F. Meyers*. Diss. Leipzig 1926
615 Hell, Hildegard: *Studien zur dt. Ballade der Gegenwart*. Diss. Bonn 1937
616 Horst, Karl August: *Die dt. Lit. der Gegenwart*. München 1957
617 Kaempchen, Paul Ludwig: *Die numinose Ballade*. Bonn 1930
618 Kayser, Wolfgang: *Geschichte der dt. Ballade*. Berlin 1936
619 Lang, Paul: *Die Balladik*. Basel 1942
620 Moser, H. J.: *Das dt. Sololied und die Ballade* (Noten). Köln 1957
621 Münchhausen, Börries Fr. von: «Über die Ballade», in: *Werke*
622 Pohl, Marta: *Gemeinsame Themen englisch-schottischer und französischer Volksballaden*. Diss. Würzburg 1940
623 Schäfer, Gerhard: *Stilformen alter dt. Balladen*. Diss. Tübingen 1947
624 Schneider, Rolf: *Theorie der Ballade*. Diss. Bonn 1950
625 Schnellbach, Peter: *Für die Ballade*. Heidelberg 1931
626 Spitteler, Carl: *Über die Ballade* (= Schriften Bd. 7). Zürich 1945

IV/3/b Artikel

627 Fromm, Hans: «Die Ballade als Art und die zeitgenöss. Ballade», in: *Deutschunterricht*, H. 4. 1956
628 – «The Development of the German Ballad (Entw. d. dt. Ballade)», in: *Universitas* Vol. 6, N. 1, S. 47. 1963
629 Kayser, Wolfgang: «Vom Wesen der gegenwärtigen Balladen-Dichtung», in: *Klingsor* 15. 1938

Bibliographie der Vortragsgattungen

630 – «Die Erneuerung der dt. Ballade um 1900», in: DSL. 1939
631 Müller, J.: «Romanze und Ballade, Die Frage ihrer Strukturen an 2 Gedichten von Heine dargelegt», in: *Wiss. Zschr. der Univ. Jena Gesch. - und Sprachw.*, R. 7, S. 377/85. 1957
632 Rieger, O.: «Die Ballade», in: *Welt und Wort* 13, S. 101. 1958
633 Wildbolz, R.: «Kunstballade», in: *Reallex. d. dt. Lit. Gesch.* 2. A., I, S. 902–9. 1958

IV/3/c und d (entfällt, siehe die Editionen betr. die Spezialbibliographien und IV/1/A/d)

IV/4/a Bücher und Dissertationen über den Bänkelsang:

634 Böhme, Gabriele: *Bänkelsängermoritaten vornehml. des 19. Jhs.* Diss. München 1922
635 Hampe, Theodor: *Fahrende Leute.* Leipzig 1902
636 Janda, Elsbeth/Nötzoldt, Fritz: *Die Moritat vom Bänkelsang oder Lied von der Straße.* München 1959
637 Kuckel, M.: *Moritat und Bänkelsang in Niederdtschl.* 1941
638 Naumann, Hans: *Studien über den Bänkelsang* (= Primitive Gemeinschaftskultur). Jena 1921
639 Penkert, Anton: *Das Gassenlied.* Leipzig 1911
640 Rebiczek, Franz: *Der Wiener Volks- und Bänkelsang (1800–48).* Wien, Leipzig 1913
641 Sternitzke, E.: *Der stilisierte Bänkelsang.* Diss. Marburg 1933

IV/4/b Artikel

642 Görner, Otto: «Der Bänkelsang», in: *Mitteld. Blätter f. Volkskunde* H. 4/5. 1932
643 Naumann, H.: «Bänkelsänger», in: RL I, S. 105 f.
644 Reim, Leo: «Neuer dt. Bänkelsang» in: *Die Literatur* 27. J. 1924
645 Seemann, Erich: «Newe Zeitung und Volkslied», in: *Jahrbuch f. Volksliedforschung* S. 87. 1932
646 – «Bänkelsang» in: *Reallex. d. dt. Litgesch.* 2. A., I, S. 128, 1955
647 Singer, Erich: «Bänkellied und Bänkellieder, in: *Forum 5* S. 375–77. 1958

IV/4/d Editionen (siehe auch IV/4/a)

648 *Der Bänkelsänger, Urkomische Schauerballaden*, Moritaten etc. Mühlhausen 1922
649 *Der lustige Bänkelsänger*, Sammlung der effektvollsten etc. 3. A. Dresden. 1920

Bibliographie der Vortragsgattungen

650 Goertz, Hartmann *Alte Wiener Lieder mit Noten*. München 1958
651 – *Ernst, ach Ernst, was du mir alles lernst, Berliner Lieder durch ein Jh*. München 1959
652 Kaiser, Bruno (Hrsg.): *Echte und falsche Moritaten*. Berlin 1955
653 *Koepp*, Johannes/Cleff, Wilhelm: *Lieber Leierkastenmann, Berliner Lieder*. Godesberg 1959
654 Kramer, K. H.: *Lob der Träne Ein Moritatenbuch*. Köln 1955
655 Anon.: *Lieder aus der Küche*, München 1957
656 Anon.: *Bänkelsängermoritaten von der Leipziger Messe um 1830*. Leipz. Stadtbibliothek
657 Anon.: *Polit. Bänkelsängerlieder*. Leipzig 1850
658 Schwarz, Erwin: *Die Drehorgel*. Hamburg 1941
659 Anon.: «Wiener Bänkl», in: *Wiener Brevier* (Soldatenbücherei Bd. 79). Wien 1943
660 Wiener, O.: *Arien und Bänkel aus Altwien*. Leipzig 1914

V   *Literaturtheoretische Werke:*

(In beschränkter Auswahl werden hier einige Werke genannt, in denen man sich über Bauformen von Gedichten – und damit auch von Chansons –, besonders über Wesen und Wirkung des Refrains und der Komik orientieren kann. Anordnung alphabetisch.)

V/1/a   Bücher über Bau und Struktur des Gedichtes:

661 Gietmann, Gerhard: *Poetik und Mimik*. Freiburg i. Br. 1900
662 Kayser, Wolfgang: *Das Groteske*. Oldenburg 1957
663 – *Das sprachliche Kunstwerk*. Bern 1948 u. ö.
664 Kutscher, Arthur: *Grundriß der Theaterwissenschaft*. München 1949
665 Petsch, Robert: *Die lyrische Dichtkunst, Wesen und Formen*. Halle 1939
666 – *Aufbauformen des lyrischen Gedichts*. Halle 1939
667 Reich, Hermann: *Der Mimus*. Berlin 1903 ***
668 Staiger, Emil: *Grundbegriffe der Poetik*. Zürich 1946
669 Wiegand, J.: *Abriß der lyr. Technik*. 1951 **

V/2/a   Bücher über den Refrain

670 Freericks, H.: *Der Kehrreim in der mhd. Dichtung*. Paderborn 1890
671 Grube, A. W.: *Aesth. Vorträge* (vom Kehrr. des dt. Volksliedes, Goethe etc.). Iserlohn 1866
672 Meyer, R. M.: «Über den Refrain», in: *Zschr. f. vergl. Lit. Gesch.* I, 34. 1887

Bibliographie der Vortragsgattungen

673 Ruhrmann, Friedrich: *Studien zur Geschichte und Charakteristik des R.s in d. engl. Lit.* (Angl. Forschungen 64). Heidelberg 1926/7
674 Stark, F.: *Der Kehrreim in der dt. Lit.* Diss. Göttingen 1886
675 Thurau, G.: «Der Refrain in der frz. Chanson», in: *Lithist. Forschungen XXIII*. Berlin 1901
676 Trojan, Felix: *Sprachrhythmus und vegetatives Nervensystem* (= Die Sprache Beiheft 2). Wien 1951
677 Wolf, F.: *Über die Lais, Sequenzen und Laiche*. Heidelberg 1841
678 Wundt, W.: *Völkerpsychologie*, Bd. III (Kunst). 1919 **

V/3/a   Bücher über das Wesen der Komik und die Technik der witzigen Pointierung:

679 Aristoteles: *Über die Dichtkunst* (*Philos. Werke* Bd. 1). Leipzig 1921
680 Bergson, Henri: *Le rire, Essay*. Paris 1912
681 Dovifat, Emil: «Die Karikatur als Kampfmittel», in: *Handb. d. Zeitungswissenschaft*, Leipzig 1941
682 Fischer, Kuno: *Über den Witz*. Heidelberg 1889
683 Flögel, Carl Friedrich: *Geschichte der komischen Literatur*. Leipzig 1784
684 Freud, Sigmund: *Der Witz und seine Beziehung zum Unbewußten*. Leipzig 1925
685 Hartmann, Eduard von: *Philosophie des Schönen*. Berlin 1924
686 Hoeffding, Harald: *Humor als Lebensgefühl*. Berlin 1918
687 Hohenemser, Herbert: *Pulcinella, Harlekin, Hanswurst*. München 1940
688 Jancke, Rudolf: *Das Wesen der Ironie*. Leipzig 1929
689 Jean Paul: *Vorschule der Ästhetik*
690 Jonson, Ben: *Every man out of his humour*. Oxford 1927
691 Jünger, Georg Friedrich: *Über das Komische*. Hamburg 1936
692 Jolles, André: *Einfache Formen* (Witz). Halle 1930
693 Lersch, Philipp: *Aufbau der Person*. München 1951
694 Lipps, Theodor: *Komik und Humor*. Leipzig 1922
695 Müller-Freienfels, Richard: *Das Lachen und das Lächeln, Komik und Humor als wiss. Probleme*. Bonn 1948
696 Plessner, Hellmut: *Lachen und Weinen*. München 1950
697 Reuling, C.: *Die komische Figur in den wichtigsten deutschen Dramen*. Stuttgart 1890
698 Roetschi, Robert: *Der ästhetische Genuß des Komischen*. Diss. Bern 1912

Bibliographie der Vortragsgattungen

699 Schneegans, Heinrich: *Geschichte der grotesken Satire*. Straßburg 1894

V/3/b   Artikel

700 Kindermann, Heinz: «Grundformen des komischen Theaters», in: *Studium generale*. 1952
701 Schoenberger, Franz: «Über Witz und Humor», in: *Amerik. Rundschau* J. 10. 1946
702 Schults, Julius: «Psychologie des Wortspiels», in: *Zschr. f. Ästhetik* Bd. 21. 1927

ZWEITER TEIL: TEXTE

A/a   Deutschsprachige Chanson-Anthologien mit verschiedenen Autoren/Repertoires:

703 Bender, Henry: *Repertoire* (Harmonie-V.). Berlin 1904
704 Bernhard, Fritz: *Splitter, Eine Auswahl von Rezitationen*. Leipzig 1954
705 Bierbaum, Otto Julius: *Deutsche Chansons*. Berlin 1901 ***
706 Berry, Gertrud: *5 Chansons mit Musik und Text von Ludwig Mendelsohn*. Berlin 1904
707 Bozena Bradsky: *Repertoire* (Harmonie-V.). Berlin 1904
708 Jos. Josephie: *Repertoire* (Harmonie-V.). Berlin 1904
709 Funck, Bernhard: *Verzaubertes Kabarett*. München 1952 ***
710 Girardi, Alexander: *Repertoire* (Harmonie-V.). Berlin 1904
711 Giampietro, Josef: *Repertoire* (Harmonie-V.). Berlin 1904
712 Greul, Heinz: *Chansons der Zwanziger Jahre* (Brecht u.a., Galerie Sanssouci). Zürich 1962
713 *Berliner Metropol-Theater Repertoire* (Harmonie-V.). Berlin 1904
714 Moreau, Jean: *Repertoire*. Berlin (vor 1922)
715 Rahner, Hans: *Chansons nach dem Französischen frei bearbeitet*. Wien 1946–47
716 Anon:. *Verzaubertes Kabarett*. München 1952 ***
717 Waldoff, Claire: *Repertoire* (Harmonie-V.). Berlin 1921
718 Wohlbrück, Olga: *Chansons I und II*. Berlin 1904

A/b   Deutschsprachige Chanson-Anthologien einzelner Autoren:

719 Finck, Werner: *Chevaliere, Käuze, Kerle, Chansonbuch*. 1947

Bibliographie der Vortragsgattungen

720 Gürtler, Danny: *Hetärenlieder.*
721 — *8 Chansons.* Berlin 1904
722 Hollaender, Friedrich: *Lieder und Chansons für Blandine Ebinger.* Freiburg i. Br. 1957
723 Hyan, Hans: *9 Chansons.* Berlin 1904
724 Klabund: *Chansons.* Wien 1930
725 — *Die Harfenjule, Balladen und Chansons.* Köln 1958**
726 Mehring, Walter: *Arche Noah SOS.* Hamburg 1951
727 Mendelssohn, Ludwig: *Vom Überbrettl, 6 Originalkompositionen.* Berlin 1904
728 Scharf, Ludwig: *Tschandalah Lieder, Chansons.* Stuttgart 1905
729 Wedekind, Frank: *Brettllieder* (5 Hefte). Berlin 1901–02
730 — *Chansons mit Klavierbegl. v. L. Kusche.* München 1951
731 — *53 Lautenlieder mit eigenen Melodien.* Berlin 1920
732 Weiner, Hans: *Das Chanson von heute.* Wien 1946–47

A/c Deutschsprachige Dichtungsanthologien, die u. a. Chansons enthalten, Kabarettprogramme: (alphabetisch)

733 *Die Amnestierten. Programmauswahl.* Kiel, mehrere Jg. nach 1948
734 Angermann, G./Heyer, G. W.: *Ach, du liebe Zeit, Eine kabarett. Nonstop-Hobby-Show.* 1958
735 Avenarius, Ferd.: *Das fröhliche Buch.* München 1909
736 Ball, Hugo: *Cabaret Voltaire, Recueil littéraire et artistique.* Zürich 1916
737 Balzer, Hans: *Die lachende Muse.* Weinheim-R. 1957
738 Bern, Maximilian: *Die zehnte Muse.* Berlin (viele Folgen seit 1925)
739 *Böse Buben: Repertoire* (Harmonie-V.). Berlin 1904
740 Brost, Eberhard: *Carmina Burana* (lt.-dt.). Heidelberg 1958
741 *Cabaret-Revue.* 1911–14
742 Anon.: *Deutscher Volkshumor in Schwänken, Schelmenliedern etc.* 2 Bde. Stuttgart 1849
743 *Elf Scharfrichter Repertoire* (Harmonie-V.). Berlin 1904
744 Ehrenfeld, Alex.: *Brettl-Almanach.* Zürich 1901
745 *Erotika* (Hrsg. anon.) *Vortragsbuch.* Gera-Reuß 1919
746 *Film und Funk. Schlagertexthefte.* Hamburg, seit 1950
747 Greul, Heinz: *Die elf Scharfrichter* (Reihe: Europ. Cabaret). Zürich 1962
748 Heller, Leo: *Aus Pennen und Kaschemmen* (Lieder aus dem Norden Berlins). Berlin 1921

Bibliographie der Vortragsgattungen

749 Henry, Marc/Ewers, H. H.: *Joli Tambour*. München 1912 ****
750 Herbst, Ulrich/Tscherry: *Die Stachelschweine*. Berlin 1956
751 Huelsenbeck, Richard: *Dada Almanach*. Berlin 1920
752 *Kabarett* (Hrsg. anon.). Halle, Leipzig 1954
753 *Kabarett-Jahrbuch* (Hrsg. anon.) 1921 und 1922
754 *Kleine Handbücherei für Kabarett und Estrade*. Leipzig 1954
755 Kothe, Robert: *Lieder zur Laute, Dt. Volkslieder und Balladen mit ihren alten Singweisen*. 1919
756 Kramer, Karl Heinz: *Lob der Träne, Moritatenbuch*. Köln 1955
757 Lesch, Walter/Lenz, Max Werner: *Cornichons, Verse aus dem Kabarett*. Elgg 1937
758 Leu-Steding, Günther: *Überbrettl-Damen-Vorträge* (= Bunte Theater Bibl. Bd. 2).
759 Lewetzow, Karl Fr. v.: *E. v. Wolzogens offizielles Repertoire* (= Buntes Theater Bd. 1/2). Berlin 1902
760 *Lieder zur Drehorgel für Exkneipe und Bierdorf* (Hrsg. anon.). Marburg 1908
761 *Dein schönstes Lied* (Arcadia Schlagertexthefte). Hamburg, (seit 1950)
762 *Berliner-Liederspiele Repertoire* (Harmonie-V.). Berlin 1904
763 Lindemann, Wilhelm: *Cabaret-Sammlung*. 1914–16
764 Lindener, W./Roehr, C. M.: *Cabaret-Sammlung*. Seit 1914
765 Mahl, R. W./Hall, H.: *Der Schnellhefter, Texte, Lieder, Berichte, Hinweise*. Ostdeutschland 1957
766 Müller-Hausen: *Das neue Kabarettbuch*. 1953
767 – *Das neue Kabarettbuch* (mit Noten), Berlin 1956
768 *Die Elfte Muse, Ein Führer durch die moderne Cabaret-Literatur*. München 1919
769 *Die Elfte Muse, Sammlung moderner und beliebter Cabaret- und Vortragslieder f. Gesang und Begl*. Berlin. 1919
770 Naumann, Heinrich: *Frech und Fromm, Dichtungen des lat. Mittelalters*. München 1960
771 Ostwald, Hans: *Lieder aus dem Rinnstein, Verbrecher- und Dirnenlieder* (3 Bd. mit Noten). Berlin 1903
772 – *Die Tippelschickse* (= Bunte-Theater-Bibliothek H. 3). Berlin [ca. 1904]
773 Osthoff, Otto: *Das literarische Kabarett* (H. 4, 5). 1946–47
774 *Die Pfeffermühle, Scharfe Sachen* ... Leipzig 1957
775 Pinthus, Kurt: *Menschheitsdämmerung*. Berlin 1920–59
776 Piper, Reinhard: *Liebesgedichte aus dem dt. Rokoko*. München 1946
777 Pottier/Clément: *Französische Revolutionslieder* (übers. v. W. Mehring). Berlin 1924

Bibliographie der Vortragsgattungen

778 Preil, A.: *Lachbühne ... Kabarettabende am laufenden Band.* Köln 1953
779 Reinhardt, M.: *Schall und Rauch.* Berlin-Leipzig 1901
780 Salm, Carl: *Das Kabarettbuch* (= Beckers Vortragsbücher 9). 1923
781 Marcell Salzer: *Repertoire* (Harmonie-V.). Berlin 1904
782 Schäfer, Oda: *Schwabing, Moritaten und Verse.* München 1958
783 Schaeffers, Willi: *Ich warne Neugierige* etc. (Meistervortragsstücke). Berlin 1912
784 Schaeffers, Willi: *Bunte Platte* (Vortragsbuch). Berlin 1953 ***
785 *Schall und Rauch, 5 Schwänke und Parodien.* Berlin 1904
786 Schanzer, Rudolph: *Cabaret und Variété* (Vortragsstücke). Berlin 1904
787 *Die Elf Scharfrichter* (Bd. 1/2). Berlin, Leipzig 1901
788 Schlaf, Johannes/Whitmann, Walt: *Lyrik des Chat Noir* (Paul Verlaine: Kreisende Ringe). Leipzig 1897
789 Schlösser, Wilhelm: *Vorwiegend heiter* (= 'Europ. Buchclub.) Stuttgart 1956
790 Schneider, Georg: *Fasching-Fastnacht-Karneval.* München 1960
791 Schwabach, K. H./Wunderlich, W./Pogge van Ranken: *Drei Mann auf einem Pegasus, Gedichte, Songs, Chansons.* 1959
792 Singer Eric: *Bänkelbuch, Deusche Chansons.* Wien 1920 und Köln, Berlin 1953**
793 – *Romanzenbuch.* Berlin, Köln 1955
794 *Die Stachelschweine* (Hrsg. Herbst, Ulrich). Berlin 1956/60
795 Stebler, J.: *Cabaret für die Volksbühne.* Solothurn 1936
796 Steidl, Robert: *Repertoire mit Musik.* Hamburg [vor 1922]
797 Emil Thomas: *Repertoire* (Harmonie-V.) Berlin 1904
798 *Überbrettl* (Hrsg. anon.) *Herren-Vorträge* (= H. 1) *Damen-Vorträge* (= H. 2) (= Bunte-Theater-Bibliothek 1, 2). Berlin [ca. 1904]
799 Ulrich, R./Thierry: *Die Stachelschweine.* 1960
800 Vandrey, M.: *Die elfte Muse, Kabarettbuch.* 1952
801 *Variété, Ein Buch der Autoren des Wiener Verlages.* Wien 1902
802 Wenk: *Musenklänge aus Deutschlands Leierkasten.* Leipzig 1849
803 Wenng, Walter: *Das schiefe Podium, Ein buntes Brettl-Buch.* Berlin 1922
804 Wiese, Benno v.: *Politische Lyrik 1756–1871 nach Motiven geordnet.* Berlin 1933
805 Wohlbrück, Olga: *Vortragsmappe von Olga Wohlbrück.* Halle 1893
806 Wolzogen, Elsa Laura v.: *Hundert deutsche Volkslieder für die Laute.* Stettin, Leipzig 1908

Bibliographie der Vortragsgattungen

807 *Wolzogens offizielles Repertoire*, hrsg. von Karl Fr. v. Lewetzow (= Reihe «Buntes Theater» 1/2) Berlin 1902
808 Wolzogens: *Überbrettl-Repertoire* (Harmonie-V.) [ca. 1904]
809 Zoozmann, Richard: *Bunter Abend, Eine Auslese von Vortragsstücken*. Leipzig 1922
810 – *Unartige Musenkinder*. Leipzig

A/d   Gedichtbände einzelner Autoren, die u. a. Chansons enthalten / Repertoires: (alphabetisch)

811 Adler, Hans: *Affentheater*. Leipzig
812 Arp, Hans: *Der Pyramidenbock*. Zürich 1924
813 – *Der Vogel selbdritt*. Berlin 1920
814 – *Die Wolkenpumpe*. Hannover 1920
815 – *Wortträume und schwarze Sterne, Ausw. aus den Gedichten der Jahre 1911–52*. Wiesbaden 1953
816 Aschenbach, W. W.: *Die Sparbüchse* (Musik Werner Bohne) 1954
817 Béranger, Pierre-Jean de: *Lieb war der König, o la-la*. Berlin 1959
818 Bierbaum, Julius: *Deutsche Chansons*. Berlin 1901
819 – *Irrgarten der Liebe*. Leipzig 1902
820 Brecht, Bertolt: *Chansons et poèmes*. Paris 1951 (Autour du monde²)
821 – *Gedichte und Lieder*. Berlin 1956
822 – *Brechts Dreigroschenbuch*. Frankfurt a. M. 1960
823 – *Ges. Werke*. London 1938
(vgl. auch Neuausgabe des Brechtarchivs in O.-Berlin, im übrigen die Nubel-Bibliographie in: *Sinn und Form*)
824 – *Hauspostille, Mit Anleitung und Gesangsnoten*. Berlin 1951
825 – *100 Gedichte*. Berlin 1951/58
826 – *Lieder, Gedichte, Chöre* (Noten). Paris 1934
827 –/Dessau, Paul: *Lieder und Gesänge*. Berlin 1957
828 – *Lieder zur Mutter Courage und ihre Kinder*. Weimar, Berlin 1949
829 – *Songs aus der Dreigroschenoper*. Berlin 1929–49
830 – *Stücke*. Gleichzeitig bei Suhrkamp/Berlin-Frankfurt a. M. und im Aufbau-V./Berlin-O. 1956
831 – *Taschenpostille* (Gesangsnoten). Berlin 1926–58
832 – *Versuche* (Heft 1–7, 1930–33) Berlin [bei Kiepenheuer] Heft 9–15 1949–57 [bei Suhrkamp], gleichzeitig (1951–57 im Aufbau-Verlag]
833 – *Vom Brettl unserer Tage, Gedichte und Chansons*. 1947
834 Busch, Wilhelm: *Gedichte*. Hamburg 1957–58
835 Colbert, E.: *Der Lattenzaun, Zeitspiel*. 1953
836 Dehmel, Richard: *Ges. Werke*. Berlin 1906

Bibliographie der Vortragsgattungen

837 Duschek, W. W.: *Na und ...?* Berlin-Zehlendorf
838 Ehrlich, Siegwart: *Mädel und Mond etc.* Berlin [vor 1922]
839 Endrikat, Fred: *Eine Auswahl seiner moralischen und unmoralischen Verse.* Berlin 1960
840 – *Der fröhliche Diogenes.* Berlin 1950
841 – *Liederliches und Lyrisches.* Berlin 1940
842 – *Sündenfallobst.* Berlin 1953
843 – *Höchst weltliche Sündenfibel,* Berlin 1950
844 Faesi, Robert: *Ungereimte Welt gereimt.* Berlin
845 Ferra, Vera: *Der Käferspiegel.* Wien 1946
846 Finck, Werner: *Finckenschläge, Gesammeltes.* Berlin 1953
847 – *Das Kautschbrevier.* Berlin 1938
848 Gass, Franz Ulrich: *Gesangbuch für die Badewanne.* Kumm 1956
849 Gilbert, Robert: *Meckern ist wichtig – nett sein kann jeder, satir. Gedichte.* Berlin
850 – *Vorsicht! Gedichte! Vier Lyrische Sektoren.* Berlin
851 – *Frischer Wind aus der Mottenkiste, Berliner Gedichte.* Berlin
852 Gordon, P.: *Das Kabarett, Sammlung von Sketchen für die Kleinbühne.* 1930
853 Grasshoff, Fritz: *Das Gemeinde-Brett.* Duisburg 1954
854 Grünbaum, Fritz: *Feine Herren ... die Kavaliere* [vor 1922]
855 – *Nieder mit mir!* Wien [vor 1922]
856 – *Verlogene Wahrheiten.* Wien [vor 1922]
857 Gumppenberg, Hanns: *Das Teutsche Dichterroß.* München 1901
858 Handl, Willi: *Couplets.* Wien 1902
859 Henckell, Karl: *Ges. Werke.* München 1921
860 Herwegh, Georg: *Gedichte eines Lebendigen.* Leipzig
861 Herwi, B.: *Deklamatorisches Potpourri.*
862 Kadow, M.: *Das Kabarett des Teufels.* 1953
863 Kästner, Erich: *Auswahl.* Berlin 1956
864 – *Bei Durchsicht meiner Bücher.* Berlin 1946
865 – *Die Kleine Freiheit.* Berlin 1952
866 – *Herz auf Taille.* Berlin 1959
867 – *Lyrische Hausapotheke.* Berlin
868 – *Der tägliche Kram.* Berlin 1949
869 – *Ein Mann gibt Auskunft.* Berlin 1960
870 – *Die dreizehn Monate.* Berlin
871 – *Ges. Schriften Bd. V.* Köln 1959
872 Kaléko, Mascha: *Das lyrische Stenogrammheft.* Hamburg 1956–58
873 – *Verse für Zeitgenossen.* Hamburg
874 Klabund: *Chansons, Streit- und Leidgedichte.* Wien 1930

Bibliographie der Vortragsgattungen

875 – *Das trunkene Lied, die schönsten Sauflieder der Welt.* Berlin 1925
876 – *Morgenrot! Klabund! Die Tage dämmern.* Berlin [vor 1922]
877 – *Himmelsleiter.* Berlin [vor 1922]
878 Kossatz, Hans: *Na bitte –.* Berlin 1955
879 Kramer, Theodor: *Die Gaunerzinke* Frankfurt a. M. 1929
880 Kramer, Theodor: *Die grünen Kader.* Leipzig 1946
881 Lehrmann, Hyazinth: *Bänkel und Brettl.* Wiesbaden 1953
882 Leip, Hans: *Der Widerschein, Rückschau 1893–1943.* Stuttgart 1943
883 – *Die Hafenorgel.* Hamburg 1948
884 – *Kadenzen.* Stuttgart 1945
885 Mehring, Walter: *Algier oder die 13 Oasenwunder.* Berlin 1925.
886 – *Arche Noah SOS.* Hamburg 1951, Berlin 1931
887 – *Das politische Cabaret.* Dresden 1920
888 – *Europäische Nächte.* Berlin 1924
889 – *Die Gedichte, Lieder und Chansons.* Berlin 1929
890 – *Das Ketzerbrevier.* München 1921
891 – *Die höllische Komödie.* 1932
892 – *In Menschenhaut.* Potsdam 1924
893 – *Die Nacht des Tyrannen.* 1938
894 – *Paris in Brand.* 1923
895 – *Und Euch zum Trotz.* 1934
896 – *No road back.* NY 1944
897 – *Wedding – Montmartre.* 1922
898 – *Westnordwestviertelwest.* 1925
899 – *Der Zeitpuls fliegt.* Hamburg 1958
900 Mleinek, M.: *Kleine Menagerie, Chansons und Gedichte für bessere Kreise.* 1959
901 Morgan, Paul: *Von der Schmuse geküßt.* Berlin
902 Morgenstern, Chr.: *Alle Galgenlieder.* Wiesbaden 1952
903 – *Böhmischer Jahrmarkt.* München
904 – *Egon und Emilie, Grotesken und Parodien.* München
905 – *Gedichte.* Frankfurt a. M. 1958
906 – *Die Schallmühle, Grotesken und Parodien.* München 1928/50
907 Mühsam, Erich: *Eine Auswahl aus seinen Werken.* Moskau 1960
908 – *Das steinerne Meer* (Anthologie)
909 – *Der Krater* (Gedichte). Berlin 1914
910 – *Die Wüste* (Verse). Berlin 1914
911 – *Sammlung 1898–1928.* Berlin 1928
912 Nestroy, Johann: *Werke* (Couplets). Zürich 1945
913 Neumann, Günter: *Die Insulaner* (Bde. L, 2) Berlin 1955
914 – *Sehn'se, das ist Berlin.* Berlin 1953

Bibliographie der Vortragsgattungen

915 Odemann, Robert T.: *Aus der Reihe getanzt*. Berlin Blanvalet-V.
916 – *Der kleine Zauberberg*. Berlin
917 – *Frechdachsereien eines Junggesellen*. Berlin
918 – *Kein Blatt vor den Mund*. Berlin 1955
919 – *Unkraut vergeht nicht*. Berlin 1957
920 Oppermann, P.: *Humorgewürztes Kabarett*. 1952
921 *Operettenlibretti* (in Reclams Universalbibliothek)
922 Ostini: *Schwarmgeister*. Stuttgart
923 Dr. Owglass (= Ps. Hans Erich Blaich): *Der saure Apfel, Simplizissimus Gedichte*. München 1904
924 – *Gegen Abend*. München
925 – *Kleine Nachtmusik*. München
926 – *Scherzo*. München
927 – *Seitensprünge*. München
928 – *Tempi passati*. München 1947
929 – *Und ewig rollt das Rad der Zeit*. München 1948
930 Plaut, J.: *Das Kabarett im Hause*. Berlin
931 Prager, Willi: *Fridolin*. Leipzig, Zürich 1920
932 Preisler, H.: *Wer – wen? Songs und Agitationsverse*. 1960
933 Presber, Rudolf: *Herbstzauber* (= Bunte-Theater-Bibliothek 6). Berlin [ca. 1904]
934 – *Media in vita*. Berlin, Stuttgart 1922
935 – *Pierrot, ein Liederbuch*. Berlin [vor 1922]
936 Prévert, Jaques: *Gedichte und Chansons*, übers. Kusenberg. Hamburg
937 Pserhofer, Arthur: *Sträfliche Einfälle*. Berlin
938 Raimund, Ferdinand: *Die Gesänge der Märchendramen in den ursprünglichen Vertonungen*. Wien 1924
939 Rath, Willy: *Bänkellieder*. 1913
940 Ringelnatz (= Ps. Hans Bötticher): *Taschenbuch*. Berlin 1957
941 – *Und auf einmal steht es neben dir. Ges. Gedichte*. Berlin 1955
942 Roda Roda: *Der Schnaps, der Rauchtabak und die verfluchte Liebe*. Vor 1922 Dr. Eysler-V.
943 Rolfs: *Das müßte verboten werden! Lit. Kabarett im Buch*. 1951
944 Rosié, Paul: *Sing Sing Singsang Songs*. Berlin
945 Roth, Eugen: *Der Wunderdoktor*. München Hanser-V.
946 – *Die Frau in der Weltgeschichte*. München
947 – *Doktor E. Rs. Humorapotheke*. München
948 – *Ein Mensch*. München
949 – *Gute Reise*. München
950 – *Kleines Tierleben*. München
951 – *Mensch und Unmensch*. München

Bibliographie der Vortragsgattungen

952 – *Neue Rezepte vom Wunderdoktor*. München
953 – *Tierleben*. München
954 Schloemp, Felix: *Schabernack und Lumpenpack*. München 1913
955 Rohlfs: *Die Schmiere, das schlechteste Kabarett der Welt* (eigene Texte). Frankfurt a. M. 1951 ff.
956 Schwitters, Kurt: *Anna Blume, Dichtungen* (= Die Silbergäule Bd. 35). Hannover
957 Senff-Georgi: *Das lustige Vortragsbuch*. Berlin 1921
958 Steinbach, Walter: *Die Balladen und Songs*. Berlin 1948
959 Steinberg, Will: *Von Sekt und schönen Frauen*. Vor 1922
960 Stemmle, R. A.: *Ihr lieben Leut, höret zu!* Berlin Blanvalet-V.
961 Straßburger, Egon H.: *Berliner Leben*. Berlin Blanvalet-V.
962 Tucholsky, Kurt: *n' Augenblick mal! Auswahl*. Hamburg 1955/58
963 – *Ausgew. Werke* (Hrsg. F. J. Raddatz) Berlin 1956f
964 – *Das Lächeln der Mona Lisa*. 1929
965 – *Deutschland über alles*. Berlin 1929
966 – *Fromme Gesänge*. Charlottenburg 1919
967 – *Gesamtausg*. Hamburg 1960
968 – *Gruß nach vorn* (Auswahl, Hrsg. Erich Kästner). Stuttgart, Berlin Hamburg 1946/55.
969 – *T. haßt – liebt* (Hrsg. Mary T.), Hamburg
970 – *Lerne lachen ohne zu weinen*. Berlin 1931
971 – *Ein Lesebuch für unsere Zeit*. Weimar 1952/3
972 – *Man sollte mal* (Auswahl v. Kesten). 1957
973 – *Mit 5 PS*. Berlin 1927/8
974 – *Nachher*. Darmstadt 1956
975 – *Na und? –*. Hamburg 1950/55
976 – *Panther, Tiger und Co*. Hamburg rororo 131
977 – *Träumereien an preußischen Kaminen*. 1920
978 – *Und überhaupt ...* (Auswahl). Hamburg
979 – *Vier Szenen für das Kabarett*. 1957
980 – *Zwischen Gestern und Morgen*. Hamburg 1952
981 – *Der Zeitsparer, Grotesken*. Berlin 1913/4
982 Villon, François: *Die Balladen und lasterhaften Lieder*, übers. V. Paul Zech. Weimar 1931, Berlin 1947, Rudolstadt 1953
983 – *Balladen*. Weimar 1949
984 – *Die sehr respektlosen Lieder des F. V.*, übers. V. K. L. Ammer. [Reclam] Leipzig Nr. 8122
985 Vischer, Fr. Th.: *Allotria*. Stuttgart 1892
986 – *Lyrische Gänge*. Stuttgart, Leipzig 1882
987 Waldau, Harry: *Repertoire*. Berlin Pegasus-V.

Bibliographie der Vortragsgattungen

988 Wäscher, Aribert: *Ich mach mir meinen Vers.* Berlin Blanvalet-V.
989 Watkins, E. P.: *Herrlich wird er auferstehn* (Negro-Spirituals, dt.-engl.). Zürich 1957
990 Wedekind, Frank: *Ges. Werke* Bd. 1. München 1920
991 Weichberger, Konrad: *Schorlemorle.* Bremen Leuwer-V.
992 Weinert, Erich: *Das Zwischenspiel* (Dt. Revue 1918–33 2 Bde. = Ges. Werke 4). 1956
993 Weyrauch, Wolfgang: *An die Wand geschrieben,* Gedichte
994 Wilczynsky, Karl: *Im Wein liegt Wahrheit,* Choräle zwischen *Nacht und Morgen*
995 Wille, Bruno: *Einsiedler und Genosse, Soziale Gedichte.* Berlin 1894
996 Wolff, Julius: *Rattenfängerlieder.* Berlin 1881
997 Wolzogen, Ernst von: *Verse zu meinem Leben.* Berlin 1907
998 Zetterström, Hasse: *Die Schwedenplatte*

A/e Bücher und Dissertationen, in denen Chansons zitiert werden (deutschsprachig):

Vor allem folgende Nummern vom *ersten Teil* dieser Bibliographie:
87*** / 160*** / 240 / 278 / 315 / 346 / 350 / 398 / 405 / 406 / 407 / 408 / 409 / 410 / 413 / 414 / 418 / 420 / 494 / 495 / 496 / 572 / 573 / 574 / 575

B/a Französischsprachige Chanson-Anthologien mit verschiedenen Autoren / Repertoires:

999 Müller, Hans Carl: *Lieder vom Montmartre.* München 1957
1000 Guilbert, Yvette: *Chansons anciennes.* Berlin 1910
1001 – *Repertoire, Texte u. Übers. ihrer Chansons.* Berlin 1910 Büxenstein-V.
1001 a Haraucourt, Edmond: *Autre Temps,* Anthologie des poèmes; Societé Le Cornet. Paris 1930 (Hydropathes)
1002 Semmer, Gerd: *Ca ira, 50 Chansons aus der frz. Revolution.* Berlin 1958

B/b Französischsprachige Chanson-Ausgaben einzelner Autoren:

1003 Béranger, P. J.: *Chansons.* Bruxelles 1841
1004 – *Lieb war der König, oh – lala!* (Chansons frz. und dt. satir., patr.). 1959
1005 Bruant, Aristide: *Dans la rue, Chansons et monologues.* Paris 1889
1006 Duval, A.: *Chansons.* 1959
1007 Gilles (Ps. Villard): *Trois Poèmes.* 1945

Bibliographie der Vortragsgattungen

1008 – *Histoires de Gilles.* [Schweiz] 1943

B/c   Französischsprachige Dichtungsanthologien, die u. a. Chansons enthalten:

1009 Baetke, Meta (Hrsg.): *Französische Volkslieder und Chansons mit orig. Texten, Melodien und Illustr.* 1961
1010 *Recueil Clairambault-Maurepas.* Paris
1011 *Recueil Maurepas.* Paris
1012 Millanvoye: *Anthologie des Poètes de Montmartre.* Paris 1909
1013 *Cabinet secrèt de Parnasse.* Paris
1014 *Cabinet satyrique.* Paris
1015 *Parnasse satyrique.* Paris
1016 Poittier/Clément: *Französische Revolutionslieder,* Übers. v. W. Mehring. Berlin 1924
   (außerdem vgl. Abschnitt IV/2/B/c!)

B/d   (entfällt)

B/e   Bücher und Dissertationen, in denen französische Chansons zitiert werden:

Vor allem folgende Nummern vom *ersten Teil* dieser Bibliographie:
9 / 12 / 13 / 17 / 27 / 87*** / 160** / 171** / 176 / 177 / 180 / 187 / 192 / 193 / 202 / 206 / 215**** / 229 / 333 / 240 / 241 / 242 / 244 / 245 / 496* /

Diskographie

zum Literarischen Chanson, Couplet und Song

Dieses Verzeichnis soll vor allem darüber informieren, von welchen Chansoninterpreten und -verfassern bereits Schallplatten durch deutsche Firmen oder Auslieferungsstellen erhältlich sind. Es ist deshalb nach den Namen der Vortragenden alphabetisch geordnet. Die wichtigsten Autoren findet man im Gesamtregister mit den durchlaufenden Nummern der jeweiligen Schallplatten.

Die Chansontitel der einzelnen Platten konnten nicht aufgeführt werden, da sonst der Umfang der Diskographie sofort auf Buchdicke angeschwollen wäre. Sie sind in jedem Fachgeschäft leicht aus den Katalogen zu ersehen, wenn die Bestellnummern und die Firma angegeben werden.

Für deutsche Chansonplatten, die noch erhältlich sind, wurde Vollständigkeit angestrebt; von der ungeheuren französischen Produktion wurden nur Platten genannt, die in Deutschland so bekannt sind, daß sie dort ausgeliefert werden.

Nach dem Namen des Vortragenden wird in der Regel die Firma oder Auslieferungszentrale durch einen Großbuchstaben angezeigt, danach hinter dem Doppelpunkt die Signatur. Für Signaturen, denen man leicht ansehen kann, daß sie zu einer Serie gehören, wird nicht jedesmal die vorstehende Plattenqualifikation (z. B. LP, 30 cm) wiederholt. Jede neue Platte wird von der vorhergehenden durch Komma abgetrennt. Gelegentlich findet man deshalb zwischen zwei Kommas zwei verschiedene Signaturen für die gleiche Platte, etwa eine alte und eine neue oder eine für Deutschland und eine für das Ausland. Jeder neue Verlag oder Vertrieb wird mit einer neuen Zahl der durchlaufenden Numerierung notiert. Wenn ein Name also unter mehreren Nummern erscheint, bedeutet das, daß der Interpret für mehrere Firmen Aufnahmen gemacht hat. Diese Diskographie ermöglicht also ein leichtes Auffinden von Schallplatten nach drei Gesichtspunkten: dem Namen des Vortragenden, dem Namen des Chanson-Verfassers (über das Hauptregister) und die Herstellungsfirma (Signaturen).

Folgende Abkürzungen werden für die großen Firmen benutzt:
A = Amadeo
AR = Ariola
B = Bella Musica, Multi-Klang
C = Columbia

Diskographie

D = Deutsche Grammophon, Polydor
E = Electrola
ET = Eterna
J = Jupiter
M = Microsillon
O = Odeon
P = Philips
T = Teldec (Telefunken–Decca)

1 L'age d'or du casino de Paris. O: OSX 501
2 Albers, Hans. T: Decca 30 HD-P 505
3 Ammann, Lukas. D: 34035 EPIS (17 cm)
4 Andersen, Lale. E: E83328 WCPL 750, STE 83328, E 83505, STE 83505
5 – AR: 10336 AU (17 cm), 36777 (Bertelsmann)
6 Assia, Lys. T: IX 5193 (17 cm)
7 Attenhofer, Elsie. D: 34057 EPIS
8 – A: AURS 8063
9 Aznavour, Charles. AR: Barclay (17 cm) EP 70315, 70316, 70342, 70357, 70388, 70411, 70435, 70468; Barclay (25 cm) LP 80135, 80120; Barclay (30 cm) LP 80191; Barclay 10522 AT; 711001, 76017 C; (17 cm) 75234 A, 10522 AT, 75228 A, 10328 AU, 75232 A, 75234 A, 10522 AT, 10328 AU, 10158 AT, 10596 AZ

10 Belina. E: Stereo STC 83510 (Ausland SCXW 7583), C 83510 (Ausland WSX 689), C 83373 (Ausland WSX 670)
11 Berlin, die dufte Stadt (Berliner Originale). E: E 83295
12 Berliner Milljöh (Altberliner Melodien). O: 60201 (Ausland OLA 1023), Stereo STO 60201
13 Brassens, Georges. P: B 76512 R (25 cm), 432203 PE (17 cm), V 23, P 76063 R
14 Brecht, Bertolt (Dreigroschenoper). T: BLK-16242 (30 cm), (franz. Fassung) HT 23, (aus Mahagonny) HT 25
15 – (Dreigroschenoper) A: 6023 (30 cm)
16 Brel, Jaques. P: P 77380 L (Philips-Twen-Serie 6. Folge)
17 Bronner, Gerhard. E: UNI 3 (ASD)
18 – A: AVRS 8011, 8017 (25 cm), AVRS EP 16008, 16015 (17 cm)
19 Bruant, Aristide. P: 33 ST 1115 (25 cm)

20 Chevalier, Maurice. P: 77.450
21 – AR: 40120 CU

Diskographie

22 – E: FFLP 1150 (ASD)
23 Claveau, André. P: 432.199
24 Conrads, Heinz. A: 8076 (25 cm)
25 Cordy, Annie. AR: 40098 CT

26 Dalida. AR: 35686 A (17 cm)
27 Damia. C: f 7501
28 Davis, Sammy jr. AR: LP R 6063(2) (zweimal 30 cm), LP 71251 R 6033 (30 cm) (Reprisen)
29 Degenhardt, Franz-Josef. D: 46593
30 Dietrich, Marlene. P: 429.062
31 – E: E 83220 (Ausland WCLP 685), E 22180, E 22612
32 Distel, Sacha. T: RCA Victor 9942 (30 cm)
33 Duval, Pere. AR: Bel-Air 311020 LP (30 cm), 211040 EP (17 cm), 211046 (17 cm)

34 Ebinger, Blandine. E: E 60724 (Ausland WDLP 679), STE 60724 (Ausland DSDW 6027)
35 – D: Mono 34052
36 Repertoire de l'Eldorado vers 1910. O: OSX 502
37 A l'Européen vers 1930 O: OSX 503

38 Ferré, Léo. AR: Barclay LP 80185 (30 cm)
39 Die kleinen Fische (Programmausschnitte) AR: 53149 G (25 cm)
40 Fréhel. C- ESDS 1328
41 Frères Jacques. P: 76.491

42 Gauty, Lys. P: 432.264
43 Geiler, Voli. C: SEGZ 2018 (17 cm)
44 – D: 44018, 47802 (30 cm)
45 Gert, Valeska. D: 34046 EPIS 45 EP
46 Giese, Therese. D: 34064
47 Gobert, Boy. D: Mono 34054
48 Greco, Juliette. P: B 77382 L (30 cm), B 77981 L (30 cm), 432121,
49 – M: 432.006 BE (17 cm)
50 Gründgens, Gustaf. D: Stereo 224086, Mono 21086
51 Guilbert, Yvette. E: ASD FKLP 7003 (25 cm)
52 – La voix de son Maitre: FKLP 7003, 7005

53 Hancke, Edith. D: Mono 34049, 44018
54 Hasse, O. E. D: Mono 34053

Diskographie

55 Herking, Ursula. D: 34019 EPIS, 44016, 44018, Mono 47801, Stereo 237801
56 Hesterberg, Trude. D: 34039 EPIS, 44018
57 Hesterberg-Herking T: DX 2087 (17 cm)
58 Heuser, Loni. D: 44018
59 Hollaender-Revue. P: S 48006 L (30 cm)
60 Hörbiger, Paul. T: UX 5601 (17 cm)

61 Igelhoff, Peter. T: UX 5607
62 Insulaner D: Helidor 330020 (25 cm)
63 Jonas, Gisela. D: 44018

64 Keller, Greta. D: 34050 EPIS, 44018
65 – T: UX 5604 (17 cm), HT-P 500 (30 cm)
66 Kinski, Klaus. A: 2030 (25 cm), 2035
67 Kitt, Eartha. AR: Kapp LP KL 1162 (30 cm), KL 1192, 70090 IU (S 70091), 76700 C
68 Knef, Hildegard. T: 30 BLK 16279 P Decca, SLK 16279 P Decca Stereo, 17 DX 2290 Decca, D 19385, D 19339, D 19400, D 19441, D 19458, DX 2241, BLK 16253-P, SLK 16253-P Stereo, Mono DX 2270, DX 2319
69 – D: 20399
70 Kom(m)ödchen, Das. T: 30 BLE 14298-P, LA 6270 (25 cm)
71 – E: E 83428 (Ausland WCLP 808)
72 Kraner, Cissy. D: 20426 EPH (17 cm), 20559, 21062, 21398, 46583, 50029, 50051
73 Kreisler, Georg. A: 8012 (25 cm), 8018, 15587 EP (17 cm), 15588, 15589, 15059, 21103 Single, 9093 (30 cm)
74 – E: Favorit FEP 515, 522, 530, 506, 529, Unikum UN 302, 303, 304
75 Kühl, Kate. D: 34051 Epis (17 cm), 34017, 34047, 44018, 44016

76 Münchner Lach- und Schießgesellschaft. P: P48108 L
77 – AR: 53144 G (25 cm)
78 – D: Stereo 237085, 237087, 46589, 46597, 46594
79 Leander, Zarah. AR: 31712 X Kasette (2x 30 cm LP), 31058, 36404 C, 36403 C, 36405 C, 36406 C, 36407 C, 36804 C, 33253 G, 33721 G, 70754 IU, 35827A (17 cm), 35818 A, 35827 A,
80 – E: O 83476 (Ausland OPX 71)
81 Lenya, Lotte. P: Réalité
82 Lind, Gitta. T: 30 BLE 14284-P

Diskographie

83 Lion, Margo. D: 34056 EPIS (17 cm)
84 Lorentz, Lore. T: UX 5017 (17 cm)
85 – D: 44018
86 Lüders, Günther. D: 34048 EPIS (17 cm)

87 Martin, Dean. AR: 71253 I (S 70 363 IT)
88 Martini, Louise. E: KW 2 (ASD)
89 – D: Mono 34060
90 May, Gisela. ET: 510011 (17 cm)
91 Mayol. O: OS 1139
92 Meyerinck, Hubert von. D: Mono 34071
93 Mistinguette O:
94 Montand, Yves. E: GEP 8654 (ASD)
95 – O: MOE 2033 (17 cm)
96 – P: B 77 912 L, 77.321, 77, 322, B77 912 L (Twen-Serie)
97 Münch, Richard. P: 885408 TY stereo
98 Münchner Humor (Valentin, Karlstadt, Weiß Ferdl). E: O 83564 (Ausland OPX 81)
99 Münchner Originale. T: UX 4604 (17 cm), 4664, 4760, 5069, HT-P 508 (30 cm)

100 Nestroy, Johann. A: 1003 (30 cm), 2018 (25 cm)

101 Paris éternel. E: 33 SX 1475 (ASD)
102 Chansons aus Paris. E: O 83221 (Ausland OPX 25), O 83307 (Ausland OPX 39)
103 Paris vous chante. P: R 77328 L (30 cm)
104 Les Favoris de Paris. E: C 83572 (Ausland WSX 717)
105 Ca ira, Chansons aus der frz. Revolution. ET: 510042 (17 cm), 510048
106 Unter den Dächern von Paris. E: C 83469 (Ausland WSX 969)
107 Cabaret in Paris. E: C 83259 (Ausland 33 WSX 576)
108 Perrier, Eric. Pathé 45 Super EG 724, 761
109 Pfitzmann, Günter. D: 44016
110 Philipp, Gunther. (Wehle, Peter). E: FEP 512 (ASD)
111 Piaf, Edith. E und C: C 21346, 22192, 22027, 21847, 21737, 21725, 41383, 41288, 41481, 40290, 83302, 83259, O 83221, O 83307, C 60710, 60774, 83340, 22296; Ausland Electrola Sonderdienst ESRF (ASD) 1373, 1361, 1305, 1036, 1051, 1070, 1135, 1136, 1174, 1292, 1198, 1262, 1289, 1306, 1312, 1357, 1197, 1215, 1022, FS (ASD) 1049, 1065, 1075, 1083, 1103, 1104, FSX 134

Diskographie

(ASD), stereo SCFX 103, T 10283 (ASD), stereo ST 10283, T 10295 (ASD), stereo ST 10295, T 10210 (ASD), 33 FS 1037 (25 cm), C 83557 (Ausland WSX 706), 78 Bf 619 (ASD)
112 - P: B 76081 R, B 77951 L, 76.081
113 - T: RCA Victor LPM 9984

114 Qualtinger, Helmut. E: KWL 6 (ASD), 041441 (Ausland GEOW 1234)

115 Reincke, Heinz. D: 34018 EPIS (17 cm)
116 Reschke, Ethel. D: 34022 EPIS (17 cm)
117 Reutter, Otto. B: EP 394 (17 cm)
118 - D: 21 101 EPH bis 21106 (17 cm), 46588, 47804
119 Richard, Jean. P: 432.299
120 Richter, Rotraut (Bruno Fritz). T: UX 5606 (17 cm)
121 Ringelnatz (Richard Münch). E: E 83427
122 - T: HT 23
123 Rossi, Vincent. C: FSX 135
124 Die Rückblende. P: 681511 TL
125 Sais, Tatjana. D: 34045 EPIS (17 cm), 44018
126 Salvador, Henri. AR: Barclay (25 cm LP) 80132
127 Scheu, Just. T: UX 5600 (17 cm)
128 Schollwer, Edith. D: 44018
129 Schroth, Hannelore. D: 44018
130 Simplizissimus, Wiener Kabarett. D: 46584
131 Sinatra, Frank. AR: 70454 IU stereo, 70612 IT, S 70613 IT stereo, 10506 AT (17 cm), 10508 AT, 70248 IT (S 70 249 IT), 70246 IT (S 70 247 IT), 71250 I (S 70 357 IT), 70192 IT (S 70 193 IT), 70138 IT (S 70 139 IT), Reprise (30 cm LP) R 1008, R 1005, 71252
132 - E: stereo SW-20 587/SHZE 113, W-20 587/HZE 113
133 Soeurs Sourire. P: P 08719 L, B 14081 R, 438 105 PE, 438 106 (17 cm) bis 109, deutsch: 421 981 PE
134 Die drei Spitzbuam. A: AVRS (25 cm) 8060, 8062, 8070, 8075, 9096, 9 112 (30 cm), 21164 (17 cm), 21165, 21171
135 Die Stachelschweine. P: P 48093 L (30 cm), 48029, 48053
136 - T: Decca 30 BLK 16 263-P, Decca (25 cm) LF 1592, stereo SLF 15, Decca (25 cm) LF 1575, stereo SLF 92

137 Thomalla, Georg. D: 44016

Diskographie

138 Vespermann, Gerd. D: 44016
139 Vita, Helen. T: 17 DX 2209 Decca
140 – AR: 36709 C (17 cm)
141 – D: 34058 EPLS (17 cm), 34036, 44018, 47808, 44016

142 Warden, Fred. P: 681517 TL
143 Wehle, Peter. A: AVRS (25 cm) 8010, 8016, EP (17 cm) 16007, 16014
144 Weiser, Grete. D: 34069 EPLS (17 cm), 34021, 44018
145 Weiss Ferdl. T: UX 5096 (17 cm), UX 5605
146 Wieder, Hanne. D: 34055 EPLS (17 cm), 34034, 44018, 44016, 50026
147 – J: Record J 45–157 (17 cm)
148 Treffpunkt Wien. T: 30 BLE 14 243-P, 30 SLE 14 243-P stereo
149 Wien bleibt Wien. A: (17 cm) 21193 (Josef Meinrad), 21168 (Hermann Leopoldi), (25 cm) 8056 (Kabarett), 8057, 8010, 8011
150 Wiener Kabarett. E: O 40.441 bis 6, KW 1–42, KWL 1 bis 7 Langspielplatten, o 8075

Gemischte deutsche Programme:
151 Deutsche Chansons. AR: 70660 IU
152 Halunkenpostille. E: stereo STE 83352 (Ausland CSDW 7122)
153 Die goldenen Zwanziger Jahre. E: 83348 (Ausland WCLP 765)
154 Das teuerste Programm der Welt. E: 83227 (Ausland WCLP 688)
155 Das kitzlige Thema. T: HT-P 504, 503

Namenregister

Aufgenommen wurden alle im Text und Anhang erwähnten Personennamen. Cabarets, Zeitschriften und besprochene Chansons erscheinen im Sachregister. Die Zahlen in Klammern beziehen sich auf die Nummern der Bibliographie und der Diskographie, die übrigen auf die Seitenzahlen.

Abraham a Santa Clara, 174
d'Ache, Caran, 37
Adler, F., 179
Adler, H., 173 (811)
Adrian, P., (199)
Ahrweiler, P., 183
Aimot, J. M., (89)
Albers, H., (2)
Althaus, P. P., 158, 164 (165)
Amman, L., (3)
Ammer, K. L., 18, 183, 184
Andersen, L., (4)
De Angelis, R., (150, 151)
Angelo, H., (31)
Angeloff, Th., 196 (145)
Angermann, R., (604, 734)
d'Annunzio, G., 70
Arent, W., 179
Aristoteles, (679)
Arp, H., 162 (320, 333, 360, 812, 813, 814, 815)
Aschenbach, W. W., (816)
Asselineau, C., (585)
Assia, L., (6)
Attenhofer, E., (7)
Audorf, J., 179
Auriol, 176
Avenarius, F., (735)
Aznavour, Ch., 113 (9)

Bab, J., 43, 46, 193 (7, 8, 225)
Bach, 177
Backhaus, H. M., 164
Baetke, M., (1009)
Bahl, F., (368)
Bahr, H., 191 (82, 253)
Baker, J., 194 (194)
Bald, G., (280)
Bald, W., 164
Ball, H., 162 (275, 356, 401, 736)
Balzer, H., (737)
Bär, H. R., 57
Barjon, L., (241, 247)
Barker, R. F. R., (134)
Barlatier, P., (166, 245)
Bartaud, J., (207)
Bartel, M., (306, 451)
Baudelaire, 174
Bauer, M., (281)
Bayard, J. E., (195)
Baze, R., 110
Beart, G., (233)
Beaud, (110)
Beauquier, Ch., (586)
Becaud, G., 171
Beethoven, L. v., 144, 197
Beifus, I., (533)
Belina, (10)
Bellery-Destontaines, 177

Namenregister

Bellman, C. M., 20 (544)
Bender, H., (703)
Benkiser, N., (499)
Benn, G., 102, 105 (534)
Benzmann, H., 22 (534, 605)
Béranger, 18, 22, 23, 25, 26, 37, 44 (817, 1003, 1004)
Bercy, A., (334)
Berg, M., 184
Bergengruen, W., 173 (473)
Bergson, H., (680)
Berlin, I., 45
Bern, M., 173 (738)
Bernauer, R., 84, (321)
Bernhard, F., (704)
Berry, G., (706)
Berthon, S., (587)
Bestian, H., (606)
Beucler, A., (453)
Beutler, M., 179
Bianchi, L., (607)
Bienert, O., 119, 158, 161
Bierbaum, J., 6, 17, 54, 55, 56, 63, 64, 70, 173, 174, 179, 180, 198 (251, 252, 494, 705, 919)
Bizet, R., (103)
Blaich, H. E., (923)
Blanche, 177
Blaukopf, K., (357)
Blochmann, E., (504)
Bodman, E. v., 179
Böhm, M., (536)
Böhme, G., (634)
Bogisch, E., (382)
Bonnaud, D., (198)
Booth, J. B., (121, 126)
Bost, P., (106, 110)
Botrel, Th., 177
Boy-Zelenski, (152)
Bradsky, B., 70 (707)
Bragaglia, A.G., (72)

Brassens, G., 40, 171 (233), 13)
Brayer, Y., (110)
Brecht, B., 7, 18, 20, 21, 22, 23, 34, 36, 57, 106, 116, 122, 124, 131, 150, 176, 181, 183, 184, 191, 202 (284, 302, 307, 326, 330, 331, 343, 354, 357, 375, 378, 712, 820–833; 14, 15)
Brel, J., 171 (16)
Brehm, E., (463)
Brentano, 23 (537)
Breuhaus, Fr. A., (90)
Bringemeier, M., (505)
Brockmeier, 57
Brod, M., 173
Brodt, B., (495)
Brombacher, K., (263)
Bronnen, G., 147
Brost, E., (740)
Bronner, G., 149 (17)
Brown, J. L., 176
Bruant, A., 18, 21, 23, 35, 38, 40, 45, 46, 48, 52, 53, 54, 66, 69, 90, 103, 121, 124, 172, 177, 193 (237, 346, 1005; 19)
Moeller van den Bruck, 41
Brunetière, F., (576)
Buchanan, F. R., (63)
Buchele, M., (322)
Budenz, T., (415)
Budzinski, Kl., 6, 15, 169, 191 (87, 101, 466)
Bücher, K., (506)
Bülow, von, 62
Bürger, G. A., 22, 173, 174
Bujeaud, J., (588)
Burckhard, P., 157
Burg, Cl., (373)
Burke, T., (37, 39)
Burton, J., (47, 48, 49, 56)
Busch, E., 83, 118, 122, 123, 161, 174

Namenregister

Busch, W., 161 (834)
Byl, A., (217)
Byron, L., 174

Cabot, T., (136)
Cangiullo, F., (73, 148, 149)
Carco, F., (190, 214, 223)
Carossa, H., 60 (323)
Casteras, R. de, (230a)
Cavalieri, C., (76)
Cerveny, J., (156)
Cezan, Cl., (209)
Chamisso, A. v., 22, 174
Champfleury, (590)
Chancellor, B. E., (36, 122)
Charell, E., 91
Charles, J., (107, 109, 228)
Charpentreau, S., (243)
Cheret, 43, 176
Chery, G., (68)
Chevalier, L., (608)
Chevalier, M., 185 (12, 17, 27, 42, 67, 176, 201, 203, 206, 210; 20, 21)
Cicero, 16
Clairambault-Maurepas (1010)
Claudius, M., 173, 174
Claveau, A., (23)
Cleaver, J., (127)
Cleff, W., (653)
Clement-Georges, 57
Clement, J. B., 177
Closson, E., (591)
Cochran, C., (118, 119, 120)
Cocteau, J., 157, 180, 185 (203)
Coirault, P., (577)
Colbert, E., (835)
Coleman, R., (69)
Colette, Mme., (205, 225)
Collm, M., 87
Conrad, M., 54

Conrads, H., 24
Cordy, A., 25
Coster, Ch. de, 174
Cotta, J., 400
Craner, C., 102, 148

Dach, S., 173
Dalbelli, W., 180
Dalida, (26)
Damia, 177 (27)
Danckert, W., (507, 508)
Daur, A., (509)
Davidson, F. J. A., (567)
Davis, S. jr., (28, 156)
Dawenson, H., (580)
Dearly, M., 177
Debussy, Cl., 38
Degener, Fr., (609)
Degenhardt, Fr., (29)
Dehmel, R., 56, 64, 102, 173, 174, 179 (836)
Delarue, P., (652)
Delmet, P., 177
Delvard, M., 7, 40, 58, 60, 63, 64, 67, 69, 187, (323, 592)
Derval, P., (213, 232)
Des Aulnoyes, Fr., (214)
Deslys, G., (228)
Desmond, S., 124
Dessau, P., 151, 155
Dibdin, T. J., (30, 111)
Dietrich, M., 23, 30, 31, 80, 81, 83, 87, 90, 150, 156, 184, 187
Disher, M. W., (38, 132)
Distel, S., (32)
Ditfurth, W. Fr., (538, 539)
Doncieux, G., (593)
Donnay, M., 38, 46, 177 (191, 197, 230, 239, 594)
Dorette, D., 118, 157, 184
Dorgelès, R., (178)

259

Namenregister

Dovifat, E., (681)
Drachmann, H., 54 (250)
Dranem, 177
Drechsler, J., 176
Drescher, M., 179
Droste-Hülshoff, A. v., 171
Dumersan en Segur, (595)
Duschek, W. W., (837)
Duse, 44
Duval, P., (240, 1006; 33)

Ebinger, Bl., 78, 80, 98, 100, 102, 103, 121, 179, 187 (722; 34, 35)
Ebner-Eschenbach, M. v., 173
Efros, N., (140, 141)
Ehrenfeld, A., (744)
Ehrlich, S., (838)
Eichmann, 144
Eisler, H., 131, 151, 155 (379)
Elliot, E., (441)
Elsner, W., (610)
Emurian, E. K., (59)
Endell, 180
Enders, C., (611)
Endrikat, F., 158, 164 (839, 840, 841, 842, 843)
Engel, L. K., (172)
Erk und Böhme, (540)
Erley, F., (21)
Erlholz, K., 78
Ernst, O., 174
Erpenbeck, F., (428)
Esch, (443)
d'Estrée, O., 70
Evreinoff, N., (29)
Ewen, D., (14, 45, 54, 55, 58)
Ewers, H. H., 37, 44, 179 (84, 475, 573)
Eysler, R., 76

Faesi, R., (844)

Fahmy, D., (578)
Fairbanks, D., 90
Falckenberg, O., 58, 59 (289)
Falguiere, 177
Falke, G., 56, 179
Falke, R., 173
Fallersleben, v., 22, 174
Famicyn, A. S., (70)
Famswork, (135)
Ferguson, L., (43)
Ferra, V., (845)
Ferre, L., (38)
Feruy, 177
Feux, 177
Fiedler, H. H., 157
Finck, W., 136, 139, 164 (101, 464, 469, 474, 719, 846, 847)
Finckh, L., 56, 173
Fischer, K., (682)
Fitzgerald, E., 156
Fitzgerald, P., (113)
Flatow, K., 19 (362)
Fleischmann, B., (295)
Fleming, P., 174
Flögel, C. F., (683)
Fontane, 174
Forain, 177
Foral, E., (579)
Fragerolles, G., 57
Fragson, 177
Frank, B., 174
Frank, R., (355)
Franz, E. A., (324)
Frapan, I., 179
Frappa, 177
Frasnay, (181)
Freericks, H., (670)
Fregoli, L., (81)
Frehel, (40)
Freiligrath, 22
Fréjaville, G., (102)

Namenregister

Freud, S., (684)
Frisch, V., 59
Fritsch, A., (510)
Fritz, Br., (120)
Fritzlar, Th., (422)
Fromm, H., (612, 627, 628)
Fuchs, R., 179
Fuhrmann, M., 179
Fuld, J., (66)
Fulda, L., 174
Funck, B., (709)
Fursy, 177 (196)

Gamm, O. F. v., (380)
Gandara, 177
Gasbarra, 122
Gass, F. U., (848)
Gaudy, F. v., 22
Gaulke, H. B., (495)
Gaupp, E., (444)
Gauty, L., (42)
Gay, J., (284)
Gaza, Ch. v., 16
Gaze, H., 197
Geffroy, G., (186)
Geibel, E., 174
Geiger, H., (310)
Geiler, V., (16, 95; 43, 44)
Geitel, K., (242)
Gellert, 174
Gennrich, F., (218, 564)
George, Cl., 189
George, R., (44)
Gerome, 177
Gerron, K., 135, 155
Gershwin, G., 156, 185 (14)
Gershwin, I., (64)
Gert, V., (45)
Geyer, L., (381)
Giampietro, J., 24, 27, 77, 78, (288, 711)

Giese, Th., (46)
Giesz, L., (370)
Gietmann, G., (661)
Gilbert, R., 157 (849–51)
Gilles, 182 (1007, 1008)
Ginzkey, F., 174
Girardi (288, 710)
Gläser, A., (746)
Glassbrenner, H., 22, 174
Gleim, 22, 174
Gobert, B., (47)
Görner, O., (642)
Goertz, H., (541, 651)
Goethe, 23, 174
Goetz, C., 150
Gordon, P., (852)
Goudeau, E., 37 (185)
Goudetzki, J., 177
Grable, B., 90
Graetz, P., 107
Gramm, G., 196 (162)
Grasset, 177
Grasshoff, F., (853)
Greco, J., (48, 49)
Gregor, J., (10, 542)
Greiner, 59
Greul, H., (712, 747)
Grieg, 197
Grillparzer, F., 174
Grothe, H., (282)
Grube, A. W., (671)
Grün, A., 174
Grünbaum, F., (854–56)
Gründgens, G., 24, 150 (288; 50)
Gryphius, 174
Guder, W., 157
Günther, I., (91)
Günther, J. Ch., 174 (543)
Gunther, M., 164
Gürtler, D., (720, 721)
Guilbert, Y., 7, 19, 23, 24, 38, 39,

Namenregister

40, 41, 45, 54, 57, 61, 69, 91, 156, 168, 169, 177, 179, 184, 186, 187, 189, 192, 195 (5, 7, 8, 9, 85, 171, 174, 177, 186, 187, 188, 192, 193, 202, 217, 219, 544, 1000, 1001)
Gumppenberg, H. v., (175, 857
Gutman-Umlauft, Fr., 62

Haas, Walter, (179)
Haas, Willy, (332)
Hachfeld, E., 145
Hacks, P., 164
Hagedorn, 174
Hakel, H., (341)
Halbe, M., (285)
Haller, 91
Halimi, A., (233)
Hämmerle, A., (303)
Hamburger, K., (613)
Hammerstein, O., (52, 53)
Hammond-Norden, (477)
Hampe, Th., (511)
Handl, W., (858)
Hancke, E., (53)
Hansen, N., (614)
Haraucourt, E., (1001a)
Hart, Brüder, 54
Hart, Heinrich, (256, 257)
Hart, J., 178
Hartleben, 174
Hartmann, A., (545)
Hartmann, E. v., (685)
Hasse, O. E., (54)
Haupt, E., (512)
Hausmann, R., (359)
Haydn, J., 46
Hebbel, 174
Hebel, 116
Hecker, W., 59
Heiberg, K., 83, 150

Heine, H., 18, 22, 23, 114, 174 (631)
Heine, Th., 58
Heinsheimer, H. W., (311)
Held, Anna, (28)
Held, F., 179
Hell, H., (615)
Heller, Leo, 180 (748)
Helmke, E., 155
Henckell, K., 23, 53, 62, 65, 155, 178, 179, 190, 193 (859)
Henry, M., 58, 59, 60, 67, (395, 396, 749)
Henschke, A., 102
Hensel, W., (513, 546)
Hepburn, A., 90
Herald, H., (312)
Herbst, Jo, (414, 750)
Herder, (547)
Herking, U., 55, 132, 134, 136, 183, 193
Hermann, M., (478)
Hermann-Neisse, M., 99 (268)
Hermanowski, G., (240)
Hertwig, A., (398)
Herwegh, 22 (860)
Herwi, B., (861)
Heselhaus, C., (354)
Hesse, 157, 173, 174
Hesterberg, T., 103, 114, 131, 183 (56, 57)
Heuser, L., 149 (58)
Heymann, W. R., 108, 114
Heymel, A. W., 56, 173
Heyne, K. E., (437)
Heyse, P., 174
Hibbert, H. G., (32, 35)
Hieble, J., (497)
Hiegel, P., (92)
Hielscher, M., 19, 149
Hieronymus, 61
Hildebrandt, H., 81, 187

Namenregister

Hille, P., 180 (256, 257, 266, 283, 294)
Hinck, W., (326)
Hirschfeld, M., (349)
Hoeffding, H., (686)
Hölty, 174
Hoepner, W., (427)
Hörbiger, P., (60)
Hoffmann, L., (470)
Hofmannsthal, 174
Hofmiller, J., (596)
Hohenemser, H., (687)
Hohl, M., (348)
Holl, Gussi, 108
Hollaender, F., 23, 78, 79, 80, 90, 99, 100, 103, 114, 121, 131, 179, 190, 197 (722; 59)
Hollaender, G., 78
Hollaender, V., 70, 78
Hollander, J. v. (446)
Holm, K., 58
Holz, Arno, 56, 173, 174 (354)
Horney, B., 150
Horst, K. A., (616)
Houdon, 177
Huch, 174
Huelsenbeck, R., (264, 265, 316, 333, 751)
Hüsch, 152 (417, 471)
Hüsgen, 59
Hyan, H., 22, 47, 49, 179, 180 (723)
Hyspa, 177 (198)

Ibsen, 98
Igelhoff, P., 90 (61)
Ihering, H., (288)
Ingolf, 157
Irber, M., 23
Isola, Frères (199)
Ivamy, E. R., (51)

Jacques, Frères (41)
Jaesrich, H., (93)
Jameson, E., (376)
Jancke, R., (688)
Janda, E., (636)
Jarro, (71, 81, 138)
Jeanroy, A., (597)
Jolles, A., (691)
Jonas, G., (63)
Jonsons, B., (689)
Jony, 177
Josephie, J., (708)
Jünger, F. G., (690)
Jungk, K., (20)
Jungmann, L., 157
Just, K. G., (514)

Kadow, M., (862)
Kaempchen, P. L., (617)
Kästner, E., 57, 67, 101, 136, 139, 157, 174, 183, 190, 191, 193 (397, 863–871, 968)
Kainz, J., (288)
Kaleko, M., (872, 873)
Kalchreuth, J. v., 164
Karlstadt, L., (98)
Kauffmann, J., (467)
Kaiser, B., (652)
Kayser, W., (618, 629, 630, 662, 663)
Keil, R., (548)
Keller, G., 174 (64, 65)
Keller, G. (515)
Keller, O., (273)
Kerner, 174
Kerr, A., 24, 102, 123, 151, 173, 191, 197, (4, 5)
Kesten, H., (342)
Kesting, M., (343)
Kiaulehn, W., 164 (338)
Kindermann, H., 176 (700)

Namenregister

Kinski, Kl., (66)
Kircher, E., (516)
Kitt, E., 81, 156, (68; 67)
Klabund, 7, 12, 18, 102, 105, 106, 114, 121, 124, 131, 163, 173, 174, 187, 190 (282, 347, 353, 724, 725, 874, 875, 876, 877)
Klages, L., (517)
Klein, G., (501)
Kleist, E. v., 174
Klemm, E., (371)
Klöckner, E., 164
Klopstock, 174
Klossowsky, E., 40, 191 (174)
Klotz, E., 164
Klotz, V., (383)
Knef, H., (68, 69)
Knieriem, 26, 34
Kobus, K., 67, 120, (285, 353)
Kock, Paul de, 177
König, E., (411)
Koepp, J., (653)
Kolman, T., (418)
Kopetzky, M., (468)
Kopp, A., (549)
Koppel, R., 70, 179
Korb, A., (57)
Kosma, J., 185
Kossatz, H., (878)
Kothe, R., 59 (533, 755)
Kramer, K. H., (654, 756)
Kramer, Th., (879, 880)
Kraner, C., (72)
Kraus, K., (358)
Krause, J., (502)
Kreisler, G., 163, 187, 191 (73, 74)
Kreuder, P., (325)
Kreutzer, K., 176
Kuckel, M., (637)
Küchler, S., 162

Kühl, K., 116, 117, 122, 124, 129, 131, 158, 161, 186, 192, 193, (75)
Kühl, S., (420)
Künnecke, E., 157
Kuh, A., (481)
Kultermann, U., (372)
Kusche, L., 157 (730)
Kutscher, A., 60 (352, 664)
Kuznecov, E., (154)

Lampe, Fr. (456)
Lang, P., (619)
Langen, A., 47, 48, 58
Langheinrich, M., 58, 59
Larousse, P., (235)
Lasker-Schüler, E., 174
de Lattaignant, Abbé, 45
Lautensack, H., 59
Leander, Z., 83, 150 (79, 80)
Leandre, 59
Le Braz, A., 177
Lefèvre, M. 177 (246)
Legay, M., 38, 57
Lehàr, F., 117
Lehmann, H., (881)
Lehmann, P., (518)
Lehner, Fr., 180
Leicht, J., (377)
Leip, H., 164, 174 (882, 883, 884)
Leitke, H., (384)
Lemaitre, J., (221)
Lemercier, 177
Lenau, 157, 174
Lennig, W., (429)
Lenya, L. (81)
Lenz, M. W., (317)
Leon-Martin, L., (104)
Leopoldi, H., (149)
Lersch, Ph., (692)
Lesch, W., (757)
Lessing, 174

Namenregister

Leu-Steiding, G., (758)
Levetzow, U. v., 180
Levy, P., (519)
Lewetzow, K. v., (759, 807)
Liegler, L., (361)
Liliencron, D. v., 56, 62, 70, 71, 118, 119, 158, 173, 174, 179, 180, 190
Lincy, L. de, (598)
Lind, G., (82)
Lindemann, W., (763)
Lindener, W., (764)
Lindes, 177
Lion, M., (83)
Lipps, Th., (693)
Lips, 26
Livsic, B., (147)
Loewensohn, E., (292)
Logau, v., 174
Lommel, R., (296)
Lorentz, K., (410, 438)
Lorentz, L., 20, 40, 134, 144, 145, 149, 182, (84, 85)
Ludwig, R., (433)
Lübke, G., 164
Lüders, G., (86)
Luft, Fr., (457)
Luther, 151
Lutz, E. J., (460)

Mackay, J. H., 179
Mackeben, Th., 19, 150
MacNab, 177
Macqueen-Pope, W., (41, 46)
Mahl, R. W., (765)
Mahnen, E. v., (482)
Maizeroy, R., 177
Maldacea, N., (75)
Mann, Kl., (313)
Mann, V., (299)
Marcus, P. E., (308)
Marcuse, M. F., (65)
Marinier, P., 46, 177
Marinovic, W., (309)
Markgraf, I., 149
Marrou, H. I., (580)
Martin, D., (104; 87)
Martini, F., (100, 167)
Martini, L., (88, 89)
Massary, Fritzi, 24, 77, 78, 79, 91, (274)
Masson, A., 177
Maurepas, (1011)
Mauriac, F., 157, 185
May, G., 124, (90)
Mayol, 177 (91)
Mayr, R., (498)
Meerstein, G., (404)
Mehring, 57, 99, 107, 108, 114, 121, 124, 163, 179, 187, 189, 193, (334, 354, 726, 777, 885 bis 899, 1016)
Meier, J., (520, 521, 550, 551)
Meinrad, J., (149)
Meisel, E., 122
Melchinger, S., (15)
Menck, Cl., (365)
Mendelssohn, L., (727)
Merker-Stammler, 198
Merode, Cl. de, 177
Mersmann, H., (522)
Metzl, L., 86
Meusy, 177
Meyer, C. F., 174
Meyer, Ch., (454)
Meyer, H., (60)
Meyer, R. M., (566, 672)
Meyerinck, H. v., (92)
Miegel, 174
Mies, P., (523)
Millandy, G., (229)
Millanvoye, (1012)

Namenregister

Mischke, (552)
Mistinguette, (13, 228; 93)
Mittler, Fr., (553)
Mleinek, M., (900)
Moeller van den Bruck, A., 41 (83, 252)
Mönckeberg, A., (3)
Mörike, 174
Moissi, 77
Moliter, J., (455)
Moncrif, 22, 23
Montand, Y., 185,192 (180; 94, 96)
Montgomery, E., (61)
Montjoie, (599)
Montorgueil, G., (189)
Montoya, G., 57, 177, 189
Morath, W., (95)
Moratti, 180
Moreau, J., 84 (714)
Morgan, P., (901)
Morgenstern, Chr., 70, 162, 174, (281, 351, 354, 902–906)
Morlock, M., 144, 145, 191
Moroni, A., (137)
Moser, H. J., (620)
Moulin, J. P., (208)
Mozart, 176
Mühsam, 22, 122, 173, 179, (254, 300, 907–911)
Müller, (489)
Müller, Carl W., (86, 99, 412)
Müller, Clara, 179
Müller, G. (271)
Müller, Hans Carl, (547, 999)
Müller, J., (631)
Müller, S., 148
Müller, Wenzel, 176, 195
Müller-Blattau, J., (524)
Müller-Freienfels, R., (694)
Müller-Hausen, (767, 766)

Müller-Neuss, 186
Münch, R., (97, 121)
Münchhausen, B. v., 179 (611)
Munoz, M., (128)
Murger, 38

Nab, Mac, 38
Naumann, H., (638, 643, 770)
Nebelspalter, (408)
Nelson, R., 23, 77, 79, 80, 81, 84, 90, 91, 114, 135, 179, 181, 190, 193 (350, 376)
Nestroy, J., 25, 26, 27, 30, 34, 35, 92, 133, 151, 155, 172, 175, 176, 190, 191 (303, 309, 361, 366, 912; 100)
Neumann, (Beil) 59
Neumann, G., 90, 134, 140, 182, (94, 913, 914)
Neuss 186
Nick, E., 132, 136, (430)
Nicolai, E., 179
Nietzsche, 199
Nohain, F., 177
Noiret, I, de 156
Noske, F., (581)
Nubel, (331)

Odd, C., (503)
Odemann, R. T., (915–919)
Oehler, F., (525)
Örtel, W., 59
Olles, H., (369)
Oppermann, (615, 920)
Orel, A., 176
Osborn, M., (291)
Osthoff, O., (421, 773)
Ostini, (922)
Ostwald, H., 179 (270, 771, 772)
Oswald, M. (19)

Namenregister

Otero, La Belle, 177
Dr. Owlglass (Blaich) 164 (923 bis 929)

Pallenberg, M., 24, 25
Pallmann, G., (301)
Pando, M., (146)
Pandolfi, V., (158)
Panter, P., 57
Paris, G., (600)
Pauck, H., (346)
Paul, B., 58
Paul, J., (695)
Pauslus, 37, 179
Penkert, A., (639)
Penzoldt, E., (439)
Perrier, E., 108
Petrolini, E., (74)
Petsch, R., (665, 666)
Petzet, W., (289)
Pfeiffer, P., 102
Pfitzmann, G., 109
Pfützner, Kl., (374, 452)
Philipp, G., (110)
Piaf, E., 185 (203; 111)
Piccini, G., (71)
Pichler, G., (366)
Pille, H., 177
Pinthus, K., (775)
Piper, R., 59 (776)
Pirner, O., (97)
Piscator, E., 122 (276, 336)
Plaut, J., (930)
Plessner, H., (696)
Poe, E. A., 37
Pohl, G., (526)
Pohl, M., (622)
Polaire, 177
Polgar, A., 24, (274)
Polin, 177
Ponto, E., 155

Porter, C., 86, 89, 156, 185, 186, 190, 191
Pottier-Clement, (777, 1016)
Pottier, E., 18
Prager, W., (297, 931)
Praetorius, M., 106
Preil, A., (778)
Preissler, H., (932)
Presber, R., (933, 934, 935)
Prescher H., (327)
Prévert, J., 157, 185, 192 (601, 936)
Prévot, R., (11)
Privas, X., 177
Prosel, Th., (304)
Pserhofer, A., (937)
Pulikowski, J. v., (527)
Pulling, Chr., (133)
Puttkammer, A. v., 179

Qualtinger, H., 102, 104, 147, 149, 190 (458)
Qandt, C., (426)

Raddatz, C., 20
Radiquet, 177
Raffaeli, 177
Rahner, H., (715)
Raimund, 25, 26, 35, 94, 155, 170, 175, 176 (938)
Rano, L., (153)
Rath, W., (939)
Raynauds, G. (571)
Rebiczek, F., (640)
Redon, G., 177
Reff, W., (445)
Reich, H., 17 (2, 667)
Rein, Leo, (644)
Reincke, H., 115
Reinhardt, M., 78, 98, 102, 107, 114, 131, 162, 180, (295, 312, 779)

Namenregister

Reinhold, C., (461)
Reinisch, 122
Reimann, H., (344)
Reissenberger, G., (450)
Rendle, T., (34)
Reschke, E., 118 (116)
Reuling, C., (697)
Reuschel, K., (528)
Reutter, O., 25, 26, 91, 102, 121, 133, 135, 172, 186, 189, 191, 193 (278, 346; 117, 118)
Ricaumont, J., (19)
Richard, J., (119)
Richepin, 44, 46
Richter, R., (120)
Rictus, Jehan, 177
Rideamus, 96, 179
Rieger, O., (632)
Ringelnatz, 57, 157, 158, 161, 181, 186, (286, 305, 402, 940, 941; 121, 122)
Riotte, Ph., 176
Ripellino, A. M., (78)
Rivière, 37
Rivollet, A., (210)
Robert, 177
Robert, J., (182)
Rochergrosse, 177
Roda, Roda, (942)
Rodgers, R., (52, 54)
Roedel, 177
Roetschi, R., (698)
Roey, J. de, (240)
Roh, F., (298)
Rolfs, R., 146 (413, 943, 955)
Rommel, O., 175
Romi, (231)
Rops, F., 59
Roselieb, H., (266)
Rosenfeld, Fr., (272)
Rosié, P., (944)

Rossi, V., (123)
Roth, E., 164 (318, 945–953)
Roth, W., 59
Rothstein, J., 70, 180
Roubaud, L., (105)
Rousseau, J. J., 45, 170
Ruch, H., 62, 63
Rudolph, A., (447)
Rückert, 174
Ruhrmann, F., (673)
Ruodlieb, 17
Rüthel, E., (483)
Ruth-Band, L., 155
Ruttkowski, W., (160, 169, 170, 496)

Sais, T., 124, 134, 140, 182 (125)
Sale, G. A., (112)
Salis, R., 37 (137, 236)
Salm, C., (780)
Salus, H., 70
Salvador, H., (126)
Salzer, M., 180 (781)
Sands, M., (129)
Schäfer, G., (623)
Schäfer, O., (782)
Schaeffers, W., 84, 157, 168, 174, 182, 196 (163, 416, 783, 784)
Schanzer, R., 70 (786)
Scharf, L., 179 (728)
Scheffler, W., (568)
Scher, P., 164
Scherrer, H., (554)
Scheu, J., (127)
Schickele, R., 173
Schidrowitz, L., (6)
Schifferli, P., (335)
Schiller, 23, 57
Schlaf, J., (788)
Schlesinger, P., 59
Schloemp, F., (954)

Namenregister

Schlösser, W., (789)
Schmidhammer, A., 59
Schmidt, W., (441)
Schmidt-Joos, S., (354)
Schmiedel, H. P., (88)
Schneegans, H., (699)
Schneider-Duncker, 78
Schneider, G., (602, 790)
Schneider, Gisela, 180
Schneider, L., (569)
Schneider, P., (462)
Schneider, R., (624)
Schnellbach, P., (624)
Schnitzler, A., 70
Schoenberger, F., (701)
Schöne, A., (378)
Schönfeld, A., (351)
Schollwer, E., (128)
Scholz, 176
Schopp, J., (555)
Schreiber, A., 179
Schreyer, L., (319, 328)
Schröder, R. A., (56, 173)
Schroth, H., (129)
Schubert, F. C., (1)
Schults, J., (702)
Schulz, G. D., 186, 189
Schulz, K., (336, 345)
Schumann, W., (85)
Schur, E., 179
Schwabach, K., (791)
Schwaen, K., (500)
Schwarz, E., (658)
Schweriner, A., (484)
Schwitters, K.,(956)
Scott, H., (130)
Scott, W. S., (131)
Seemann, E., 184 (645, 646)
Seemann-Wolzogen, E., 180
Semmer, G., (1002)
Seneca, 16

Senff-Georgi, (957)
Serranon, R., 89
Sheean, I. V., (53)
Short, E., (40)
Silcher-Erk, (556)
Simrock, K., (557)
Sims, G. R., (33)
Sinatra, F., 156 (69; 131)
Singer, E., 173, 198 (647, 792, 793)
Sinsheimer, H., (314)
Sivry, Ch. de, 38
Skalnik, K., (458)
Smith, J., 89
Soeurs, Sourire (133)
Solon, 13
Soltau, L. v., (558)
Somn, H., 37
Soyfer, J., (293)
Spanke, H., (570)
Spitteler, C., (626)
Spitzer, L., (260)
Spoliansky, M., 114
Staiger, E., 201 (668)
Stanislas, A., 177
Stanislawski, 43
Stark F., (671)
Stebler, J., (795)
Steidl, R., (796)
Steinbach, W., (958)
Steinberg, W., (959)
Steinhausen, G., (277)
Steinlen, 37, 59
Stemmle, R. A., (960)
Sternitzke, E., (641)
Stevens, A., 37
Stichting, (79)
Stormen, Win, (62)
Strachwitz, 174
Straßburger, E., (961)
Straus, O., 70, 71, 180

269

Namenregister

Strauss, R., 157, 158, 174
Sudermann, 174
Suhr, W., (18)

Tauber, R., 89
Taylor, D., (52)
Teresa, 177
Teulet, E., 177
Theisen, J., (603)
Thespis, 15
Thoma, L., 58 (269)
Thomalla, G., (137)
Thomas, E., (797)
Thurau, G., (672)
Tiersot, J., (582, 583)
Tilke, M., 186
Timmermann, E., (283)
Tolksdorf, C., (284)
Toller, E., 122
Tornay, 174
Toulouse-Lautrec, 39, 177, (183, 186, 217)
Trenet, Ch., 185 (203, 211)
Trenk-Trebitsch, W., 155
Tresch, M., (584)
Trimouillat, P., 177
Trojan, F., (673)
Troll, Th., (425, 459)
Trouwborst, R., (435)
Tucholsky, K., 7, 12, 22, 24, 78, 80, 93, 96, 102, 114, 116, 118, 119, 121, 124, 125, 139, 149, 151, 156, 161, 172, 173, 179, 184, 190, 191, 193, 202, (327, 345, 346, 962–981)
Tucker, S., 157, 185 (109)
Twoska, L., 102
Tzara, (333)

Uhland, L., (559)
Ulrich, R., (414, 799)

Usinger, F., (329)
Utesov, L., (77)
Uzes, 177

Valbel, H., (220)
Valente, C., 156
Valentin, K., 94 (279, 301; 98)
Valetti, R., 99, 122, 124, 182, 183
Vandrey, M., (800)
Vaucher, C. F., (95)
Verkauf, W., (337)
Verlaine, 38, 177 (788)
Verne, M., (226, 227)
Vesper, W., (561)
Vespermann, G., (138)
Villard, J., (25, 26, 200)
Villon, Fr., 7, 18, 19, 21, 40, 102, 151, 172, 183, 184, (982–984)
Vischer, Th., 22 (985, 986)
Visser, E., (142)
Vita, H., (139, 140, 141)
Viviani, R., (145, 159)
Vogedes, A., (294)
Vogel, H., (339)
Voskresaskij, S. A., (146)
Voss, C. D., (184)
Vring, G. v. d., (560)

Wagner, 177
Wäscher, A., (988)
Waldau, H., (987)
Walden, H., 180 (261, 262, 319)
Walden, N., (319)
Waldorff, Cl., 23, 26, 91, 95, 101, 114, 121, 133, 189, 193 (315, 717)
Warden, Fr., (142)
Warnod, A., (204, 222)
Watkins, E. P., (989)
Watson, B., (123)
Weber, W. v., 164

Namenregister

Wechssler, E., (529)
Wedekind, F., 7, 12, 18, 19, 21
  22, 23, 54, 56, 57, 58, 60, 61, 64,
  65, 66, 69, 102, 106, 124, 140,
  158, 173, 174, 179, 187, 189,
  190, 191 (252, 285, 352, 354,
  729–31, 990)
Wedekind, P., 20, 64, 156, 193 (575)
Wehinger, F. J., (465)
Wehle, P., (110, 143)
Weichberger, K., (991)
Weill, K., 151, 154, 155
Weiner, H., (732)
Weinert, E., (279, 340, 992)
Weinhöppel, H. R., 54
Weinrich, H., (168)
Weiser, Gr., (144)
Weiß, Ferdl, (98, 145)
Weiss-Rüthel, A., 164
Weissert, O., (405, 409)
Wellmann, I., 102
Wenk, E., 157 (802)
Wenng, W., (803)
Wessely, P., (288)
Weyrauch, W., (993)
Weys, R., (406)
Wheatley, H. B., (114)
Widmer, W., 196 (164)
Wieder, H., (146)
Wiegand, J., (669)
Wiener, H., 148
Wiese, B. v., (804)
Wilczynsky, K., (994)
Wildbolz, R., (633)
Wilde, O., 21
Wildgans, A., 174
Wilhelm, Kaiser, II, 61, 71, 84
Wilke, R., 58

Wille, Br., 178 (995)
Willemetz, A., (201)
Willette, 37
Wilson, A. E., (44)
Wilson, J. S., (249)
Winkelmann, J., (397)
Wiora, W., (530, 531)
Wohlbrück, O., 70, 179 (718, 805)
Wolf, F., (677)
Wolff, H., 158
Wolf, J., (996)
Wolf, W., 84
Wolfskehl, K., 60
Wollenberger, W., 148
Wolzogen, 12, 23, 55, 56, 68, 69,
  70, 89, 173, 179, 184, 190, 191,
  192, 199 (258, 259, 398, 423
  476, 562, 806–808, 997)
Wroth, W., (115, 116)
Wundt, W., (678)

Xanrof, L., 46, 177,
Xavier, 177

Zeitler, J., (563)
Zeller, B., (347)
Zepler, B., 70, 179
Zetterström, H., (998)
Zille, 95
Zillinger, E., 157
Zimmer, Fr., (532)
Zinkeisen, A., (533)
Ziwes, A., (234)
Znosko-Borovskij, A., (143)
Zoozmann, R., (809, 810)
Zuccalmaglio, 157, 184
Zuckmayer, 20
Zuniga, A., (80)
Zweig, A., (375)

Sachregister

Wie im Personenregister beziehen sich die Zahlen in Klammern auf die Nummern der Bibliographie und der Diskographie, die übrigen auf die Seitenzahlen. Liedertitel werden in Anführungsstrichen aufgeführt, Kabarett- und Zeitschriftennamen kursiv.

«A batignolles», 52
Académie des hydropathes, 37, 53 (1001)
Akteur, 170
Aktualität, 6, 183
«A la Roquette», 46, 47, 21, 90
Allotria, 182
Die Amnestierten, 182 (448, 733)
Anatol, 70
Andeutung, 11
Annast-Künstlerspiele, 182
«Apfelböck», 22
Arbeiterlied, 371, 379
Arche Nova, 182
Arie, 9, 152, 175
Ariette, 175
Astoria, 82
Atellanen, 15
Atmosphäre, 189
«Au Bois de Boulogne», 52
«Auf der Straße nach Lyon», 20
Aufstieg und Fall der Stadt Mahagonny, 155
«Augen in der Großstadt», 119, 162
Der liebe Augustin, 182
Ausdrucksebenen, 192
«A vous direz-je, Maman», 46

Bänkel, Bänkelsang, Salonbänkelsang etc., 10, 17, 18, 20 ,22, 23, 25, 54, 135, 172, 191, 194, 198, 199 (634–660)
Balladen, 5, 151, 172, 183, 184 (604–633)
«Ballade des Macheath», 21
soziale Ballade, 22
«Ballade von der Hanna Cash», 181
«Ballade von der sexuellen Hörigkeit», 152
«Ballade von einem, der keinen Standpunkt hatte», 145
«Ballade vom Zuchthaus zu Reading», 21
Bandaufnahme, 8
Barden, Minstrels und Balladmongers, 17
Basel, 182
Bau des Chansons, (661–678)
Bausewein-Liliencron, 180
Bericht, 191
Berlin, 8, 62, 68, 116, 120, 178, 182, 183 (255, 338; 11)
Berliner Göre, 96, 97
Berliner Liederspiele, (762)
Berliner Metropol-Theater, (713)
«Berliner Mittelstandbegräbnis», 106
Berliner Nummern, 102
«Berliner Requiem», 155
«Berliner Weihnacht», 131
Bernhard-Theater, 182

Sachregister

Berufssängertum, 15
Bewußtheit, artistische, 23, 167
Blickrichtungsänderungen, 33, s. Sprechrichtung!
Böse Buben, 739
Bohemiens, 10
Brechtsongs, 21
Bremen, 182
Brettl, 54, 55, 199
«Brief an Bulganin», 90
Brief an eine junge Dame, 56
«Brigitte B.», 22, 61
Die Brille, 162
Bühne und Brettl, 58
Bühnengesänge, 35, 150
Bühnenmusikeinlagen, 175
Bunte Bühne, 68, 70
Buntes Theater, 69, (758, 759)
«Bürgerliches Weihnachtsidyll», 105
Bürgertum, 175
«Burschen hinaus», 140
Butte sacrée, 37

Cabaret, 200
Cabaret Fédéral, 148 (409)
Cabaret Voltaire, 162 (347, 401, 736)
Café chantant, café concert, 36, 49, 91
Café Voltaire, 37 (372)
«ça ira», 18
«Carmagnole», 18
Carmina Burana, (740)
Haus Carow am See, 182
Casino de Paris, (1)
Caveau de la République, 192
«C'est le Mai», 45
Champagne, 184
Chanson, 150, 176, 194–199, 202

Chanson, amerikanisches, 185
Chanson, Bauformen, 13
Chanson, französisches, 169, s. Frankreich!
Chanson de geste, 195
Chanson der Music Hall, 189, s. Music Hall!
Chanson, gesellschaftskritisches, 133
Chanson-Karikatur, 101
Chanson, literarisches, 9
Chanson macabre, 61
Chanson, mondänes, 24, 77, 120
Chanson, politisches, 26, 27, s. politisches Chanson!
Chanson, populäres, 135, 185
Chanson von Wedekind, 21
Chansonvortrag, 5
chansonner, 195
chansonette, 169, 170, 195
chansonneur, 195
chansonnier, -ière, 9, 169, 195
chanteuse, 195
Chat Noir, 21, 37, 45, 46, 53, 58, 63, 90, 177, 189 (11, 82, 191)
Chor, Chöre, 151, 178, 184, 202
Clara, Variété, 182
Clubcharakter (Zensur), 11, 67, 69
Commedia dell'arte, 15, 176
Contemporées, 133
Cornichon, 182, 191 (405, 407)
Couplet, 18, 25, 26, 27, 34, 88, 91, 92, 133, 155, 174, 175, 176, 184, 191

Dada, 161, 189 (264, 329, 335, 337)
«Danach», 115
Darbietung, 5, 158
Dauer, 9

Sachregister

Dekor, 11
«D'elle à lui», 46
«Das Ladenmädel», 84, 181
«Das Laufmädel», 71
«Das Mädchen Rosemarie», 150
«Das Nachtgespenst», 135
«Der Arbeitsmann», 64
«Der gewissenhafte Maurer», 135
«Der Gott und die Bajadere», 23
«Der Graben», 129
«Der lustige Ehemann», 70
«Der Mahne-Friedrich», 21
«Der Papa wird's schon richten», 147
«Der Revoluzzer», 122
«Der Tambourgesell», 21
«Der Tantenmörder», 21, 65
«Der Untertanengeist», 146
«Der Zerrissene», 30
Deutschland, 54
Dichtelei, 58
Dichtung, soziale, 55
«Die blinde Harfnerin», 64
«Die hysterische Ziege», 101
«Die Kindsmörderin», 23
«Die letzte Nacht», 22
«Die Musik kommt», 70, 71
«Die Realistin», 66
«Die rote Rosa», 23, 53
Dilettanten, 9, 10, 178
Dirnenlied, 7, 23, 53, 54, 55, 62, 72, 81, 83, 101, 103, 104, 138, 150, 172, 193 (771)
Diseusen, 9, 79, 155, 170
Distanzhaltung, 10, 61, 81, 100, 101, 114, 158, 167, 178, 187
Distel, 182 (467)
Doppelvers, 85
«Drei alte Schachteln», 96
Dreigroschenoper, 18, 21, 151, 181 (284; 14, 15)

Drei Spitzbuam, (134)
Drittes Reich, 132
Düsseldorf, 182
Duett, 175
Dziady, 17

Eigenheiten, metrische, 8
«Eine Zigarette lang», 84
Einleitungsmonolog, 176
Einmann-Stück, 87, 186
«Ein Pferd klagt an», 131
Einzugsmärsche, 175
Eldorado (36)
Elf Scharfrichter, 7, 40, 45, 57, 58, 120 (323, 399, 439, 743, 744, 787)
Emigration, 78
Der blaue Engel, 81, 150
England, 115
Ensembles, 175
Entréemonolog, 176
«Enziangedichte», 164
Episches Theater, (326)
Epoque, La belle, 182
Erzähler, 178
«Es hat jeschnappt», 103
Expressionismus, 102
Extemporé, 35

Fédéral, 182
femme fatale, 23, 81, 83
Film, 78, 134, 150, 166 (746)
«Findergedichte», 164
Die kleinen Fische, 182
Fledermaus, 67
Folies Bergères, 232
Frankfurt, 146, 182, 183
Frankreich, 36, 157
«Frau Burger», 148
Frivolität, 23, 78

Sachregister

Galgenbrüder, -lieder, 162
Galilei, 124
Ganoven-Chanson, 23
Gattung, 5
Gaukler, Histriones etc., 17
Gebärde, 10, 11, 33, 178
Gebrauchslyrik, 56, 139
Georgspalast, 182
Gesamtkunstwerk, 176
«Gesänge» (aus Der Messingkauf), 152
«Gesang für achtstimmigen Männerchor», 114
Die Gesellschaft, 54
Gespaltenheit, 11, 51, 101
Gestischer Charakter, 36, 92, 151
Glogauer Liederbuch, 18
Gondel, 114
«Grabschrift für eine Jungfrau», 105
«Grabschrift für Villon», 21
Grenzsituation, 50
Größenwahn, 124, 182
Großstadtmotive, 23, 178
Grundhaltung des Chansonniers, 101, 167
Guslaren, 17
Der gute Mensch von Sezuan, 155

Halbstarkenstudie (Qualtinger), 147
Hamburg, 182, 183
Handlungsdarstellung, 13
«Hannelore», 23, 97, 101
Hannover, 182
Hansa Theater, 182
Happy End, 155
«Heimat Berlin», 107
«Heimliche Liebe», 144
Heldenballade, 17
«Hennecke», 118

Hinrichtungslied, 20, 21, 35, 53, 54, 172, 178
«Hobellied» (Verschwender), 176
Hörerkontakt, 161, 167
Hoppla, wir leben, 122
«Hotelzimmer-Gedichte», 139
Der hungrige Pegasus, 186
Hydropathen, 37, 53 (1001)
Hymne, 166
hypotaktisches Denken, 36

«Ich kenn ein Haus, ein Freudenhaus», 23
«Ilse,» 23, 61, 64
«Im Obdachlosenasyl», 104
Improvisation, 12
«Im Schlosse Mirabell», 64
«In einer großen Stadt», 119
Insulaner, 90, 134, 140, 182 (62)
«Die Internationale», 18, 123
Interpret, 7, 9, 10, 169
intim, 188
Intimes Theater, 182

«Japanlied», 117, 162
Jazzgesang, 108, 114, 185
«Johnny, wenn du Geburtstag hast», 80, 101
«J'suis dans l'bottin», 52
Jugend, 59
Jugendkabarett, (465)
Jugendstil, 24, 55, 193

Kabarett, 10, 134, 180, 185, 200
Kabarettchanson, 9
Kabarett der Komiker, 182
Kabarett für Höhenkunst, 180
Kabarettgeschichte, 6, 7
Kabarett, modernes deutsches, 7
Kabarettmoritat, 21
Kabarett, politisches, 101

Sachregister

Karikatur, 101
Katakombe, 136, 181 (393, 464)
Der Kaufmann von Berlin, 122
Der kaukasische Kreidekreis, 155
Kehrreim, 13, 34, 35, 93, 154, 200, 201, 202; s. Refrain!
Kinderlied, 19, 54
Kirchenweisen, gregorianische, 40
«Kleine-Leute-Ballade», 93
Kleinkunstbühne, 200
Des Knaben Wunderhorn, 62, 64
Knieriems Kometenlied, 26, 28
Kobsaren, 17
Kokottenlied, 7, s. Dirnenlied!
Kollektivcharakter, 127, 139
Komik, Komiker, 36, 91, 94, 176 (303, 679–702)
Kom(m)ödchen, 134, 144, 182 (410, 420, 438, 442, 455; 70)
Komödie, griechische, 15
Kontakt mit dem Publikum, 11, 51, 87, 163, 175, 178, s. Publikum!
Kostüm, 11
Kleine Freiheit, 182
Kloareks, 17
kreieren, 169
Kunstlied, 9, 114, 197, s. Lied!

«La Glu», 44, 46
Lach- und Schießgesellschaft, Münchner, 135, 182
«La complainte des quatre étudiants», 46
Lapin agile, 184
Lateinisches Mittelalter, (770)
Lebensbeichte, 21
Lebensform des Chansons, 9, 167
«Le fiacre», 46
«Legende vom toten Soldaten», 131

«L'Hôtel du numéro 3», 46
Leipzig, 183
«Les feuilles mortes», 185
«Les vieux messieurs», 46
«Letzte Fahrt», 116
L'Européen, (37)
Lex Heinze, 58
Liebeslied, 19, 54
«Liebe, Tod und Teufel», 150
Lied, 9, 150, 175, 196
«Lied der Arbeitslosen», 123
«Lied des Lips», 30
Liederbuch, 18
«Lieder eines armen Mädchens», 78, 99, 103, 121
«Lied in der Nacht», 63
Liedparodien, 183
«Lied vom Wunderkind», 100
«Lied von den Currendemädchen», 100
«Lied von der Dorfschönen», 117
«Lied von der Kleptomanin», 101
«Lily Marleen», (497)
Linden-Kabarett, 96
Literatur am Naschmarkt, 182 (406)
Literaturgattungen, 186
Lokalpossen, 15, 176, s. Possen!
«Lumpazivagabundus», 26, 28
Lyrik, angewandte, 56, 139
Lyrik, gesungene, 155

«Madame Adèle», 23, 72, 89, 104
«Madame Arthur», 46
«Madame scandaleuse», 150
«Ma Gigolette», 53
Mahagonny (14)
Mainz, 183
«Malvine», 115
«Marschlied 45», 132, 136
Mausefalle, 182
Meditation im Chanson und

Sachregister

Couplet, 25, 34, 35, 161, s. Reflexion!
«Mein blondes Baby» (M. Dietrich), 23
«Mein Mann ist verhindert...», 86
melodramatische Rezitation, Melodram, 9, 170, 175
Metropoltheater, 91
Mimus, Mimik, Mimen, 10, 11, 16, 17, 36, 51, 129, 166, 167, 176, 178, 190 (2)
Mirliton, 38, 58
Mittelalter, 17
Modellpersönlichkeit, 54
Die Moderne, 55
Montage, 183
Montmartre, 9, 37, 193 (11, 174, 178, 189, 190, 234, 574, 999)
«Moralische Anatomie», 67
Moritat, 65, 151, 198 (756), s. Bänkel!
Moulin Rouge, 182
München, 8, 58, 118, 182, 183 (175; 98)
Münchner Schaubude, 136
Music Hall, 9, 91, 108, 113, 114, 121, 157, 166, 185
Musikbegleitung, 9, 12, 175 (430, 482)
«Mutter Courage und ihre Kinder», 124, 155
«Muttems Hände», 96

Nachtlicht, 67
Nachtlokal, 10
naiv, 171
Die Namenlosen, 182
Naturalismus, 23, 45, 52, 55, 193
Negersängerinnen, 185
Nelson-Theater, 182

Neue Zeitungen, 17
Neuromantik, 44, 193
Nuancierung, 10
Nummernprogramm, 189

Ode, 166
Oper, 10, 175
Operette, 24, 77, 79, 150, 184, 197 (273)
Ostberlin, 182, s. Berlin!

Parabasen, 176
parataktische Denkungsart, 36, 190
«Parc Monceau», 161
Paris, 8, 44, 184, 192 (101, 102, 104, 106, 107)
Palladium, 182
Parodie, 101, 176
Partitur, 176
Pathos, 10, 128
Perspektive, doppelte, 154
Pfeffermühle, 183 (774)
Phonoindustrie, 184
«Pierreuses», 52
«Pierrots Tücke, Traum und Tod», 70
Podium, 7, 10, 108
Pointen, frivole, 24
politische Chansons, 7, 18, 22, 26, 27, 121
Possen, 91, 175
Preislied, 17
Prozessionslied, 184
Psychologie des Asozialen, 21
psychologische Situation des Vortragenden, 192
Pub, 91
Publikumsbezug, 6, 10, 170, s. Kontakt!

Quartier Latin, 37
Quodlibet, 140, 143, 176, 183

Sachregister

Raffinement, 10
Rahmenszene, 34
Rakete, 183
Rampe, 124
Raum, 9, 51, 89, 128, 129, 167, 170, 178, 188
Reflexion, 13, 35, 153, 167, s. Meditation!
Refrain, 9, 18, 25, 26, 27, 52, 83, 85, 86, 88, 92, 118, 151, 158, 166, 167, 186, 200, 201, 202, s. Kehrreim!
Relationen, 20, 172, s. Moritat!
Rendez-vous, 183
religiöser Song, (20, 240)
Repertoire-Kabarett, 146
Repertoires, 5, 18, 40
restaurative Interessen der Diseusen, 193
Revue, Revueform, 13, 91, 143, 167, 184
Revuette, Kleine Revue, 77, 79
Revue Franko-Allemande, 58
RRR – Revue Roter Rummel, 122
rote Revue, 122 (276)
Revolutionslieder, (777; 105)
Rhapsode, 25
Rhythmus, gestischer, 36, 92, 151
Rokokopoesie, 10, 45, 54 (776) s. Schäferlied!
Roland von Berlin, 77, 183
Rollenlied, 21, 167, 191
Ronacher-Varieté, 183
«A la Roquette», 21, 90, 46, 47
«Rote Melodie», 124, 125$^3_2$
roter Faden, 16, 77
rote Songs, 121, 139, 189
Cabaret Roulotte, 57
Rue de Laval, 37
Rundfunk, 7, 9, 156, 166 (746)
Rußland, 183

Sänger, 9
Salonbänkelsang, 22, s. Bänkelsang!
«Salto mortale», 111
Satire, 16, 54 (369)
Sauflied, 18, 19
Schäferlied des Rokoko, 23, 40, 24, s. Rokoko-Poesie!
Schallform, 8, 9, 10, 11, 128, 166
Schallplatten, 7, 185
Schall und Rauch, 103, 108, 114, 162, 180 (779)
Schaubude, 135, 183
Schauerballade, 54, s. Ballade!
Schauspieler, 10
Großes Schauspielhaus, 91
«Schicksal einer Dirne», 23
Schiedsrichter, 183
Schlager, 83, 89, 114, 144, 156, 183, 184, 185, 196, 197 (179, 368)
Schlußgesänge, 175
Schlußpointe, 88, 24
Schmiere, 146, 183 (413, 420, 440, 955)
Schmunzellyrik, 164
Schnulzen, 144, s. Schlager!
Schülerkabarett, (468)
Schwabing, 58, 193 (11, 339, 393, 486, 782)
«Schwarzbraunes Mägdelein», 62
Schweizer Cabaret, (408)
«Seepferdchen», 158
Selbstdarstellung, 13, 120, 191
Selbstironie, 10
Kreislers Seltsame Gesänge, 90, 163
«Sentimentale Romanze vom Flußgott und dem Mädchen», 165

Sachregister

Shanties, 202
Shows, 9
Silberne Punschterrine, 47, 180
Simplicissimus, 58, 59, 61, 67, 120, 183 (11, 305, 385, 402, 403, 923; 130)
Singspieltradition, 91, 174, 175, s. Zauberoper!
«Singt eener uffn Hof», 116
Skalden, Skopnen, Scofen, 16
Sketch, 140
Soldatenkabarett, (477)
solistische Vortragsform, 9, 175, 186
Sonett, 5, 166
Song, 7, 128, 132, 150, 152, 176, 183, 184, 185, 199, 202 (276)
«So oder so ist das Leben», 150
Chanson als Spiegel seiner Zeit, 138, 149
Spielleute, 17, 18
«Spielzeuglied», 132
Spontaneität, 6
Sportpalast, 91
Spottgesänge, 15, 54
Sprachgebärde, 11, 36, 167
Sprecher und Sprechrichtungsbewegung, 11, 33, 36, 51, 161, 167, 175, 178
Sprechgesang, 9, 191
Sprechhaltung, 11, 12
Sprechkunde, 5, 196
Sprechrichtungsumstellung, 35, 129
Sprechsituation, 159
Stachelschweine, 183 (414, 420, 750, 794; 135)
«Stilpe», 54
Studentenbrettl, (454)
Stuttgart, 182
«Sur le pavé», 52

«Sur le pont d'Avignon», 19, 45
Strophenspannung, horizontale, 190
Synthese verschiedener Künste, 6

Tabus, 11, s. Zensur!
«Tamerlan», 118
«Tanz auf dem Vulkan», 150
Tanzlied, 17, 184
Telefongespräch, 89
Teloplasma, 180
«Tempo-Gedichte», 107
Terzette, 175
Texte, Texter, 10, 169, 178
Theater am Nollendorfplatz, 122
Tingeltangel, 54, 157, 185, 200
Tonaufnahme, 8
Tonfilm, 184
Tour de Chant, 157
Tragödie, 166
Travemünde, 182
Trianon Theater, 180
Trinklied, 19, 18
Trio, 175
Troubadours, 17, 18
Trouvères, 17, 18
«Turnergedichte», 181

Überbrettl, 17, 20, 23, 55, 68, 69, 70, 76, 79, 189, 199 (398, 399, 411, 412, 422, 423, 447, 727, 758, 798, 808)
Übermensch, 69
«Ulla Winblad», 20
Umwelteinflüsse auf das Chanson, 14
Unmittelbarkeit, 184
Untertreibung, 10
USA, 185

Sachregister

Vagantendichtung, 19, 21
Vamp, 81
Variétéstil, 22, 56, 91 (200)
Haus Vaterland, 183
Verbrecherlieder, (771), s. Relationen!
Vereinscharakter, 60, 167
Verfremdungseffekte, 152
«Verhör des Lukullus», 155
Vers, 202
«Verschrieben», 54
Verwandlungsmusiken, 175
Victor-Massé, 37
Der blaue Vogel, 183
Volksbänkelsang, 20, 21, s. Bänkel etc.!
Volksballade, 7, 10, 21, s. Ballade etc.!
Volkschansonniers, 189
Volkslied, 5, 7, 19, 21, 45, 54, 114, 156, 184, 196 (504–603)
Volkstheater, 175, 176, s. Zaubertheater
Volkstümlichkeit, 91, 120
«Von der Kindsmörderin Marie Farrar», 23
Vorbilder, 6, 7, 14
Vorläufer, 15
Vorspiel, musikalisches, 12
Vorstrophe, 27, 202
Vortext, 83
Vortrag des Chansons, 187
Vortragende, 5
Vortragsbücher, 173
Vortragsdichtung, 15
Vortragseignung, 5
Vortragsgattungen, 6

Vortragsrichtung, 51, s. Sprechrichtung!
Vortragssituation, 5, 166

Waldbühne, 91
Wendeltreppe, 183
Werkl, 183, 199
Westberlin, 182
Wien, 8, 67, 146, 150, 176, 182 (149, 150, 253, 406, 419)
Wiener Volkstheater und Singspiel, 25, 155, 176, 183, 184
Wilde Bühne, 103, 114
Wintergarten, 91
«Wir Wunderkinder», 150
«Wirtshaus im Spessart», 156
Witz 16, 25
Wohlstandsmentalität, 132
Wolfenbüttel, 181
Des Knaben Wunderhorn, 62, 64

Zauberoper, 176, s. Volkstheater etc.!
Zauberstück, 175
Zeitkritik, 15, 18, 92
Zensur, 11, 69, 67
Zirkus Schumann, 108
Zürich, 182
Zum siebenten Himmel, 180
«Zu späte Ankunft der Mutter», 46
«Zu Straßburg auf der Schanz», 21
Zwanziger Jahre, 107 (712; 153)
«Zwei alte Tanten tanzen Tango», 164
Zwiebel, 183
Zwiebelfisch, (426, 490)

Inhalt

Einleitung 5
1. Darstellungsprobleme und -verlauf 5
2. Das Material 8

Allgemeine Voraussetzungen: Die Lebensform des Chansons 9
1. Der Vortragende............................. 9
2. Der Raum 9
3. Das Publikum 10
4. Der Kontakt zwischen Vortragendem und Publikum 11
5. Kontaktmedien: Sprache, Gebärde und Musik 11
6. 4 Typen der Sprechhaltung und 2 Typen der Strophenspannung 12
7. Vorbilder 14
8. Chanson als «Spiegel seiner Zeit» 14

Historischer Teil 15
1. Vorläufer 15
   Berufssängertum, Vaganten (15) – Troubadours und Trouvères (17) – Villon (18) – Volkslied, Trinklied, M. Bellman (19) – Bänkelsang und Moritat (20) – Politische Lieder und soziale Balladen (22) – Dirnenlied (23) – Rokoko-Schäferlieder (23) – Operettenlieder (24) – Exkurs: Das Couplet (25)

2. Die Anregung aus Frankreich 36
   Das Podium: *Chat noir* und Nachfolger (37) – Interpreten: Yvette Guilbert, Aristide Bruant (38) – Die Texte (45) – Zusammenfassung, Anregung nach Deutschland (53)

3. Die Antwort aus Deutschland 54
   Pläne (54) – Münchener Podium: *Elf Scharfrichter* (58) – Interpreten: Delvard, Wedekind (60) – Texte (61) – Gründe für das Scheitern, Zusammenfassung (67)

4. Jugendstil-Brettl in Berlin: Wolzogens «Bunte Bühne» 68
   Podium (68) – Interpreten (69) – Texte (69) – Das Scheitern, Nachfolger (76)

Inhalt

5. Das mondäne Chanson 77
   Podium: Operette, Revue, Revuette; Nelson/Hollaender (77) – Interpreten: Massary, Giampietro, Hildebrandt, Dietrich (78) – Texte (80)

6. Das volkstümliche Chanson 91
   Podium: Posse, Singspiel, Revue, Sportpalast (91) – Interpreten und ihre Texter: Otto Reutter (91) – Claire Waldorff (95) – Blandine Ebinger (98) – Nachfolger (102) – Texter: Klabund (102) – Franz Mehring (107) – Kurt Tucholsky (114) – Zusammenfassung (120)

7. Das politische Chanson / Der «rote» Song 121
   Podium: «Rote Revuen», Arbeiterhilfe, Piscator, Kabaretts (121) – Interpreten: Ernst Busch, Kate Kühl, Rosa Valetti (122) – Texte (125) – Auswirkungen (132)

8. Das gesellschaftskritische und Reportage-Chanson . 133
   Podium und Abgrenzung: deutsches Kabarett bis heute, Rundfunk, Film (133) – Interpreten: Herking, Wieder, Sais, Lorentz (134) – Texte (135) – Exkurs: Brechts Bühnengesänge (150)

9. Gesungene Lyrik 155
   Podium und Irrtümer, Abgrenzung zum Schlager (155) – Texte und Interpreten (158)

Zusammenfassung der Ergebnisse 166

Anmerkungen 169

Definitionen und Literaturdiskussion 194

Bibliographie der Vortragsgattungen 203

Diskographie 250

Namenregister 257

Sachregister 272